33 German Intermediate Conversations

German Interlinear Reader

Brian Smith

German Graded Readers

For more books and E-book options visit:

www.briansmith.de

Cyberkriminalität: Online-Betrug vs. persönliche Verantwortung zum Schutz der Daten

Anna: Also, ich habe neulich gelesen, dass immer mehr Leute Opfer von Online-Betrug werden. Das ist doch Wahnsinn, oder? Man klickt auf einen falschen Link, und schon ist das Konto leer. Da muss der Staat mehr tun!

Anna: So, I recently read that more and more people are falling victim to online fraud. That's crazy, isn't it? You click on the wrong link, and suddenly your account is empty. The government needs to do more!

Max: Naja, aber ehrlich gesagt, kann man den Staat nicht für alles verantwortlich machen. Die Leute müssen einfach besser aufpassen, wo sie draufklicken. Es gibt genug Warnungen und Informationen darüber, wie man sich schützen kann.

Max: Well, honestly, you can't make the government responsible for everything. People just need to be more careful about what they click on. There's plenty of warnings and information on how to protect yourself.

Anna: Aber manchmal ist es doch so gut gemacht, dass man es gar nicht merkt! Man sollte doch erwarten können, dass die großen Tech-Unternehmen mehr Sicherheitsvorkehrungen treffen, oder? Die machen Milliarden und lassen uns im Regen stehen.

Anna: But sometimes it's so well done that you don't even notice! You should be able to expect that big tech companies take more security measures, right? They make billions and leave us in the lurch.

Max: Stimmt schon, aber jeder von uns hat auch eine Verantwortung. Ich meine, man kann nicht blind durch das Internet surfen und erwarten, dass nichts passiert. Ein bisschen gesunder Menschenverstand hilft da auch.

Max: True, but each of us also has a responsibility. I mean, you can't just surf the internet blindly and expect nothing to happen. A little common sense helps as well.

Anna: Trotzdem, wenn die Kriminellen so raffiniert sind, dass selbst Technik-Experten reinfallen, wie soll dann der Durchschnittsbürger eine Chance haben?

Anna: Still, if the criminals are so sophisticated that even tech experts fall for it, how is the average person supposed to stand a chance?

Max: Ich sehe deinen Punkt, aber man kann sich auch selbst besser absichern. Sichere Passwörter, Zwei-Faktor-Authentifizierung, und man sollte nicht auf jeden Link klicken. Verantwortung liegt auch bei uns.

Max: I see your point, but you can also protect yourself better. Secure passwords, two-factor authentication, and not clicking on every link. Responsibility also lies with us.

Anna: Aber das reicht doch nicht immer! Die Hacker werden immer schlauer, und viele Menschen haben einfach nicht die technischen Fähigkeiten, um sich ausreichend zu schützen. Die Regierung sollte die Gesetze verschärfen und Unternehmen stärker in die Pflicht nehmen.

Anna: But that's not always enough! Hackers are getting smarter, and many people just don't have the technical skills to protect themselves adequately. The government should tighten laws and hold companies more accountable.

Max: Natürlich könnte man Gesetze verschärfen, aber wenn jeder ein bisschen vorsichtiger wäre, würden die Betrüger auch nicht so leichtes Spiel haben. Es ist eine Mischung aus Eigenverantwortung und staatlichem Schutz, aber die Eigenverantwortung darf man nicht vergessen.

Max: Of course, you could tighten laws, but if everyone were a bit more careful, fraudsters wouldn't have it so easy. It's a mix of personal responsibility and government protection, but we shouldn't forget about personal responsibility.

Anna: Vielleicht, aber wenn der Staat nicht genug macht, leiden am Ende nur die, die sich nicht wehren können. Da muss einfach mehr passieren.

Anna: Maybe, but if the government doesn't do enough, only those who can't defend themselves will suffer in the end. More just has to be done.

Max: Ja, vielleicht. Aber auch wir müssen mit der Zeit gehen und uns besser vorbereiten.

Max: Yes, maybe. But we also need to keep up with the times and better prepare ourselves.

Klimawandel: Menschlicher Einfluss vs. natürliche Klimazyklen

Lisa: Also, ich muss es einfach sagen: Der Klimawandel ist die größte Bedrohung, der wir jemals gegenüberstanden. Wir zerstören unseren Planeten, und die Wissenschaft ist sich doch einig, dass das vor allem durch menschliche Aktivitäten passiert. Die CO2-Emissionen, die Abholzung, die Verschmutzung der Ozeane – das ist doch offensichtlich!

Lisa: So, I just have to say it: Climate change is the biggest threat we've ever faced. We're destroying our planet, and the science is clear that this is primarily due to human activities. CO2 emissions, deforestation, ocean pollution – it's obvious!

Tom: Moment mal, Lisa. Ja, der Klimawandel ist real, aber ich finde es zu einfach, immer nur den Menschen dafür verantwortlich zu machen. Das Klima auf der Erde hat sich schon immer verändert. Es gab Eiszeiten, es gab warme Perioden – das ist doch alles ein natürlicher Prozess. Die Sonne, Vulkanausbrüche, Veränderungen in der Erdumlaufbahn, all das spielt eine Rolle.

Tom: Hold on, Lisa. Yes, climate change is real, but I think it's too easy to always blame humans for it. The Earth's climate has always changed. There have been ice ages, warm periods – it's all part of a natural process. The sun, volcanic eruptions, changes in the Earth's orbit, all play a role.

Lisa: Klar, das Klima hat sich schon immer verändert, aber nicht in diesem Tempo! Schau dir doch die letzten 100 Jahre an! Seit der Industrialisierung hat sich die Erde rapide erwärmt, und das korreliert direkt mit dem Anstieg der CO2-Emissionen. Das kann kein Zufall sein.

Lisa: Sure, the climate has always changed, but not at this pace! Look at the last 100 years! Since industrialization, the Earth has warmed rapidly, and that directly correlates with the rise in CO2 emissions. That can't be a coincidence.

Tom: Ja, aber es gibt auch Studien, die zeigen, dass diese Zyklen ganz normal sind. Der Planet erwärmt sich und kühlt sich wieder ab. Das ist in der Erdgeschichte schon immer passiert. Und wir übersehen oft, dass die Natur selbst riesige Mengen CO2 freisetzt – zum Beispiel durch Vulkane. Vielleicht überschätzen wir unseren eigenen Einfluss?

Tom: Yes, but there are also studies showing these cycles are completely normal. The planet warms up and cools down again. This has always happened throughout Earth's history. And we often overlook that nature itself releases huge amounts of CO2 – like through volcanoes. Maybe we're overestimating our own impact?

Lisa: Du redest, als wären wir nur Zuschauer! Aber wir haben direkten Einfluss! Die Eismassen schmelzen, der Meeresspiegel steigt, die Extreme im Wetter werden schlimmer. Hitzewellen, Dürren, Überschwemmungen – das passiert nicht einfach so. Die Menschen, vor allem in ärmeren Ländern, leiden jetzt schon darunter, und wir in den Industrienationen haben einen großen Teil dazu beigetragen.

Lisa: You talk as if we're just spectators! But we have a direct impact! The ice masses are melting, sea levels are rising, and extreme weather is getting worse. Heatwaves, droughts, floods – these things don't just happen by chance. People, especially in poorer countries, are already suffering, and we in industrialized nations have contributed greatly to this.

Tom: Ich will das Leid nicht kleinreden, aber man darf die Rolle der Natur nicht vernachlässigen. Du sprichst von Extremwetter, aber sowas gab es doch auch früher. Denk mal an das Mittelalter – da gab es die „Kleine Eiszeit". Die Winter waren extrem hart, und das lange bevor wir angefangen haben, Kohle zu verbrennen. Vielleicht übertreiben wir das mit dem menschlichen Einfluss ein wenig?

Tom: I don't want to downplay the suffering, but we can't neglect nature's role. You talk about extreme weather, but that happened in the past too. Think about the Middle Ages – there was the "Little Ice Age." Winters were extremely harsh, and that was long before we started burning coal. Maybe we're overdoing it with the human impact?

Lisa: Übertreiben? Es gibt doch klare wissenschaftliche Beweise dafür, dass der menschliche Einfluss der dominierende Faktor ist. Wir leben in einer Welt, in der fossile Brennstoffe unseren Alltag dominieren. Autos, Flugzeuge, Fabriken – wir pumpen ständig Treibhausgase in die Atmosphäre. Das kannst du nicht einfach abtun.

Lisa: Overdoing it? There's clear scientific evidence that human influence is the dominant factor. We live in a world where fossil fuels dominate our daily lives. Cars, planes, factories – we're constantly pumping greenhouse gases into the atmosphere. You can't just dismiss that.

Tom: Natürlich spielen fossile Brennstoffe eine Rolle, aber die Frage ist, wie groß diese Rolle wirklich ist. Die Erde hat sich auch ohne menschlichen Einfluss dramatisch verändert. Ich finde, wir sollten nicht in Panik verfallen und sofort drastische Maßnahmen ergreifen, die unserer Wirtschaft schaden könnten. Was bringt es, wenn wir die Wirtschaft ruinieren und am Ende die natürliche Klimaveränderung sowieso weitergeht?

Tom: Of course fossil fuels play a role, but the question is, how big is that role really? The Earth has changed dramatically without human influence. I think we shouldn't panic and take drastic measures that could harm our economy. What's the point if we ruin the economy and natural climate changes continue anyway?

Lisa: Wirtschaft, Wirtschaft, Wirtschaft – das ist doch immer das Argument! Aber was bringt uns eine starke Wirtschaft, wenn wir keinen bewohnbaren Planeten mehr haben? Wir müssen jetzt handeln, sonst ist es zu spät. Und übrigens, wer sagt denn, dass die Umstellung auf erneuerbare Energien schlecht für die Wirtschaft ist? Das könnte auch neue Arbeitsplätze schaffen und Innovation fördern.

Lisa: Economy, economy, economy – that's always the argument! But what good is a strong economy if we no longer have a habitable planet? We have to act now, or it will be too late. And by the way, who says transitioning to renewable energy is bad for the economy? It could also create new jobs and foster innovation.

Tom: Ich sage ja nicht, dass wir gar nichts tun sollten. Aber wir müssen realistisch sein. Diese Panikmache bringt doch nichts. Es gibt viele Länder, die weiterhin Öl und Gas fördern, während wir hier Windräder aufstellen. Wenn wir uns zu stark einschränken, verlieren wir international an Konkurrenzfähigkeit, und am Ende ändert sich vielleicht gar nichts am Klima.

Tom: I'm not saying we should do nothing. But we need to be realistic. This panic doesn't help. There are many countries still producing oil and gas while we're here setting up wind turbines. If we limit ourselves too much, we'll lose international competitiveness, and in the end, maybe nothing will change with the climate.

Lisa: Das ist genau das Problem: Jeder wartet darauf, dass der andere etwas tut. Diese Haltung führt dazu, dass wir alle verlieren. Und ehrlich gesagt, wir als Industrienation haben eine historische Verantwortung. Wir haben über Jahrzehnte hinweg massiv zur globalen Erwärmung beigetragen, und jetzt müssen wir auch unseren Teil zur Lösung beitragen.

Lisa: That's exactly the problem: Everyone's waiting for someone else to act. This attitude leads to everyone losing. And honestly, we as an industrial nation have a historical responsibility. We have contributed massively to global warming over the decades, and now we have to do our part to fix it.

Tom: Verantwortung, klar. Aber lass uns doch mal pragmatisch bleiben. Selbst wenn wir morgen alle CO2-Emissionen stoppen, wird das Klima nicht sofort besser. Die Erde wird weiterhin ihre Zyklen durchlaufen. Was wir stattdessen tun sollten, ist, uns besser auf die Veränderungen vorzubereiten, anstatt alles auf den menschlichen Einfluss zu schieben und hektische, teure Maßnahmen zu ergreifen.

Tom: Responsibility, sure. But let's stay pragmatic. Even if we stop all CO2 emissions tomorrow, the climate won't improve right away. The Earth will continue its cycles. What we should do instead is better prepare for the changes, rather than blaming everything on human influence and taking hasty, expensive actions.

Lisa: Und genau diese Einstellung sorgt dafür, dass wir die Probleme immer weiter aufschieben! Wir müssen handeln, jetzt! Das ist keine Zeit für Abwarten und „mal schauen, was die Natur so macht". Die Wissenschaft gibt uns klare Handlungsanweisungen, und es wäre einfach unverantwortlich, die zu ignorieren.

Lisa: And this is exactly the attitude that keeps delaying solutions! We have to act, now! This is no time for waiting and seeing "what nature will do." Science gives us clear guidance, and it would be irresponsible to ignore that.

Tom: Aber wir sollten nicht in Panik geraten. Die Anpassung an neue klimatische Bedingungen ist genauso wichtig wie die Reduktion von Emissionen. Außerdem, was machen wir, wenn sich herausstellt, dass die natürlichen Faktoren doch eine größere Rolle spielen als gedacht? Dann haben wir Unmengen an Geld investiert, das wir vielleicht anders hätten einsetzen können.

Tom: But we shouldn't panic. Adapting to new climatic conditions is just as important as reducing emissions. And what if it turns out that natural factors play a bigger role than we thought? Then we've spent huge amounts of money that we could have used elsewhere.

Lisa: Tom, wir können es uns einfach nicht leisten, nichts zu tun. Die Risiken sind zu groß. Selbst wenn es natürliche Faktoren gibt – was, wenn wir wirklich den entscheidenden Unterschied machen? Dann könnten wir eine Katastrophe verhindern. Es geht nicht nur um Wissenschaft, es geht um Ethik und Verantwortung für die zukünftigen Generationen.

Lisa: Tom, we simply can't afford to do nothing. The risks are too great. Even if natural factors are at play – what if we really make the critical difference? We could prevent a catastrophe. It's not just about science, it's about ethics and responsibility for future generations.

Tom: Das stimmt, wir haben Verantwortung. Aber diese Verantwortung bedeutet auch, kluge Entscheidungen zu treffen. Nicht aus Panik, sondern basierend auf einem ausgewogenen Verständnis der Fakten. Vielleicht liegt die Wahrheit ja irgendwo dazwischen – aber wir sollten nicht vergessen, dass die Natur ihren eigenen Plan hat.

Tom: That's true, we do have responsibility. But that also means making smart decisions. Not out of panic, but based on a balanced understanding of the facts. Maybe the truth lies somewhere in between – but we shouldn't forget that nature has its own plan.

Lisa: Vielleicht. Aber wenn wir nichts tun und einfach abwarten, werden wir nie herausfinden, ob wir wirklich die Veränderung hätten bewirken können. Das Risiko ist es wert, zu handeln – für uns und für die, die nach uns kommen.

Lisa: Maybe. But if we do nothing and just wait, we'll never know if we really could have made a difference. The risk is worth taking action – for us and for those who come after us.

Tom: Da gebe ich dir recht, aber ich bleibe dabei: Wir müssen vorsichtig und überlegt vorgehen, ohne dabei die Naturgesetze zu ignorieren.

Tom: I agree with you there, but I still think we need to proceed cautiously and thoughtfully, without ignoring the laws of nature.

Lisa: Und ich sage, dass wir handeln müssen – schnell und entschieden, bevor es wirklich zu spät ist.

Lisa: And I say we must act – quickly and decisively, before it's truly too late.

Tom: Dann müssen wir wohl zustimmen, dass wir uns uneinig sind.

Tom: Then I guess we'll have to agree to disagree.

Wirtschaftliche Entwicklung vs. Umweltschutz

Julia: Manchmal verstehe ich die Leute wirklich nicht. Wie können wir es einfach zulassen, dass unsere Wälder für wirtschaftliche Interessen abgeholzt werden? Der Amazonas-Regenwald wird die „Lunge der Erde" genannt, und wir zerstören ihn für kurzfristigen Profit. Das kann doch nicht richtig sein!

Julia: Sometimes I really don't understand people. How can we just allow our forests to be cleared for economic interests? The Amazon rainforest is called the "lungs of the Earth," and we're destroying it for short-term profit. That can't be right!

Markus: Aber Julia, wir müssen auch realistisch sein. Länder wie Brasilien haben eine riesige Bevölkerung zu ernähren. Die Abholzung schafft Arbeitsplätze, fördert den Export von Rohstoffen und bringt Wohlstand. Ohne diese wirtschaftliche Entwicklung wären Millionen von Menschen arbeitslos.

Markus: But Julia, we have to be realistic. Countries like Brazil have a huge population to feed. Deforestation creates jobs, boosts raw material exports, and brings prosperity. Without this economic development, millions of people would be unemployed.

Julia: Ja, aber zu welchem Preis? Es geht hier nicht nur um Brasilien oder ein paar Jobs. Die Abholzung trägt massiv zum Klimawandel bei. Wälder sind wichtige CO2-Speicher. Wenn sie abgeholzt werden, wird dieses CO2 freigesetzt und beschleunigt die Erderwärmung. Außerdem verlieren wir wertvolle Artenvielfalt – das sind nicht nur Bäume, sondern ganze Ökosysteme, die unwiederbringlich zerstört werden.

Julia: Yes, but at what cost? This isn't just about Brazil or a few jobs. Deforestation contributes massively to climate change. Forests are crucial carbon sinks. When they're cut down, that CO2 is released, accelerating global warming. Plus, we lose valuable biodiversity – it's not just trees, but entire ecosystems being irreversibly destroyed.

Markus: Das ist nicht zu leugnen, aber die Frage ist doch: Wie sollen sich diese Länder sonst entwickeln? Viele dieser Regionen sind auf die Landwirtschaft angewiesen. Die Menschen brauchen

Ackerland, um zu überleben. Und ja, ich stimme dir zu, der Regenwald ist wichtig, aber wir können nicht erwarten, dass Entwicklungsländer ihre wirtschaftliche Zukunft opfern, nur um die Umwelt zu schützen. Wir haben im Westen auch jahrhundertelang Wälder abgeholzt, um unsere Wirtschaft aufzubauen.

Markus: That's undeniable, but the question is: How else are these countries supposed to develop? Many of these regions rely on agriculture. People need farmland to survive. And yes, I agree the rainforest is important, but we can't expect developing countries to sacrifice their economic future just to protect the environment. We in the West spent centuries cutting down forests to build our economy.

Julia: Aber genau deswegen sollten wir doch jetzt daraus gelernt haben! Die Welt steht vor einer ökologischen Krise, und es ist einfach unverantwortlich, weiter so zu machen wie bisher. Stattdessen sollten wir auf nachhaltige Alternativen setzen. Agroforstwirtschaft zum Beispiel, bei der Bäume und Landwirtschaft nebeneinander existieren können, könnte eine Lösung sein. So würde man Arbeitsplätze schaffen, ohne die Natur komplett zu zerstören.

Julia: But that's exactly why we should have learned from this! The world is facing an ecological crisis, and it's simply irresponsible to keep doing things the way we always have. Instead, we should focus on sustainable alternatives. Agroforestry, for instance, where trees and agriculture can coexist, could be a solution. That way we could create jobs without completely destroying nature.

Markus: Nachhaltigkeit klingt immer gut, aber das Problem ist die Finanzierung. Diese nachhaltigen Projekte sind oft teurer und schwieriger umzusetzen als die einfache Abholzung. Und warum sollten Länder, die gerade erst anfangen, ihre Wirtschaft zu entwickeln, auf teure Lösungen setzen, die ihren Fortschritt bremsen könnten? Der globale Süden kann nicht ständig vom globalen Norden belehrt werden, wie sie ihre Ressourcen zu nutzen haben.

Markus: Sustainability always sounds good, but the problem is funding. These sustainable projects are often more expensive and harder to implement than simple deforestation. And why should countries that are just beginning to develop their economy adopt expensive solutions that might slow their progress? The global South can't constantly be lectured by the global North about how to use their resources.

Julia: Ich verstehe, dass diese Länder auch ihre Wirtschaft stärken wollen, aber wir sprechen hier von globalen Konsequenzen. Der Amazonas betrifft uns alle. Wenn er verschwindet, hat das Auswirkungen auf das weltweite Klima, nicht nur auf Brasilien oder die umliegenden Länder. Wir müssen endlich erkennen, dass der Schutz der Umwelt und wirtschaftliche Entwicklung kein Widerspruch sein muss. Es braucht nur die richtige Unterstützung von internationalen Organisationen und Industrieländern.

Julia: I understand that these countries want to strengthen their economies, but we're talking about global consequences here. The Amazon affects all of us. If it disappears, it impacts the global climate, not just Brazil or the surrounding countries. We need to finally recognize that environmental protection and economic development don't have to be mutually exclusive. We just need the right support from international organizations and industrialized countries.

Markus: Aber genau das ist der Punkt: Unterstützung. Die reichen Länder sprechen immer davon, wie wichtig der Regenwald ist, aber sie zahlen kaum dafür. Warum soll Brasilien oder Indonesien auf den Profit aus der Abholzung verzichten, wenn die westlichen Länder nicht bereit sind, fair zu investieren? Außerdem hat jedes Land das Recht, über seine eigenen Ressourcen zu entscheiden.

Markus: But that's exactly the point: support. The rich countries always talk about how important the rainforest is, but they hardly pay for it. Why should Brazil or Indonesia forgo the profits from deforestation if Western countries aren't willing to invest fairly? Plus, every country has the right to decide over its own resources.

Julia: Natürlich, aber dieses „Recht" endet doch, wenn die Folgen global sind. Stell dir vor, jedes Land würde nur auf seine eigenen

Interessen schauen und keine Rücksicht auf den Rest der Welt nehmen. Die Abholzung geht uns alle etwas an, und wir müssen gemeinsam handeln. Ich stimme dir zu, dass die reichen Länder eine größere Verantwortung haben, sowohl finanziell als auch moralisch. Aber das heißt nicht, dass wir die Augen vor den Problemen verschließen können, nur weil sie auf der anderen Seite der Welt stattfinden.

Julia: Of course, but this "right" ends when the consequences are global. Imagine if every country only looked after its own interests and didn't consider the rest of the world. Deforestation affects all of us, and we have to act together. I agree that rich countries bear a greater responsibility, both financially and morally. But that doesn't mean we can turn a blind eye to these problems just because they're happening on the other side of the world.

Markus: Ich sage ja nicht, dass wir die Augen verschließen sollen, aber wir müssen realistisch bleiben. Nicht jeder hat den Luxus, sich um den Umweltschutz zu kümmern. Viele Menschen in den betroffenen Ländern kämpfen ums tägliche Überleben. Für sie ist die Abholzung oft die einzige Möglichkeit, ihre Familien zu ernähren. Es ist leicht, aus der Ferne zu urteilen, aber die Realität vor Ort ist komplizierter.

Markus: I'm not saying we should turn a blind eye, but we need to stay realistic. Not everyone has the luxury of worrying about environmental protection. Many people in the affected countries are struggling just to survive day by day. For them, deforestation is often the only way to feed their families. It's easy to judge from afar, but the reality on the ground is more complicated.

Julia: Das verstehe ich, aber es gibt auch andere Wege. Tourismus zum Beispiel. Wenn der Regenwald geschützt und zu einem touristischen Highlight wird, könnte das Arbeitsplätze schaffen, ohne die Natur zu zerstören. Oder internationale Zahlungen für den Erhalt des Waldes – eine Art „grüner Marshallplan", bei dem reiche Länder finanzielle Unterstützung leisten, um den Regenwald zu retten und gleichzeitig den wirtschaftlichen Fortschritt zu ermöglichen.

Julia: I understand that, but there are other ways. Tourism, for example. If the rainforest is protected and turned into a tourist highlight, it could create jobs without destroying nature. Or international payments for preserving the forest – a kind of "green Marshall Plan," where rich countries provide financial support to save the rainforest while enabling economic progress.

Markus: Tourismus klingt schön, aber wie viele Menschen können wirklich davon leben? Und was passiert, wenn der Tourismus einbricht, wie während der Corona-Pandemie? Auf solche unsicheren Einnahmequellen allein zu setzen, ist riskant. Die Menschen brauchen stabile Arbeitsplätze und eine zuverlässige Einkommensquelle. Und was internationale Zahlungen betrifft: Solche Programme gibt es schon, aber sie sind oft bürokratisch und ineffektiv. Die Gelder kommen nicht immer dort an, wo sie gebraucht werden.

Markus: Tourism sounds nice, but how many people can really live off that? And what happens if tourism collapses, like during the COVID pandemic? Relying solely on such unstable income sources is risky. People need stable jobs and a reliable income. And as for international payments: These programs already exist, but they're often bureaucratic and inefficient. The funds don't always reach where they're needed.

Julia: Aber das sind doch alles lösbare Probleme! Es geht darum, die richtigen Systeme zu schaffen, damit der Schutz der Umwelt und wirtschaftlicher Fortschritt Hand in Hand gehen. Wir können nicht einfach so weitermachen wie bisher. Die Wälder sind nicht nur ein Rohstofflager, sondern ein lebendiger Teil unseres Planeten, und wenn wir sie verlieren, verlieren wir auch einen Teil von uns.

Julia: But these are all solvable problems! It's about creating the right systems so that environmental protection and economic progress go hand in hand. We can't keep going the way we have. Forests aren't just a warehouse of resources; they're a living part of our planet, and if we lose them, we lose a part of ourselves.

Markus: Das ist eine schöne Vorstellung, aber wie gesagt, es ist nicht so einfach. Die Welt ist auf Wachstum und Entwicklung angewiesen, und das erfordert oft Opfer. Natürlich sollten wir nach Wegen suchen, um nachhaltiger zu wirtschaften, aber wir dürfen nicht vergessen, dass wirtschaftlicher Fortschritt vielen Menschen die Möglichkeit gibt, aus der Armut zu entkommen. Es ist eine schwierige Balance.

Markus: That's a nice idea, but as I said, it's not that simple. The world depends on growth and development, and that often requires sacrifices. Of course, we should look for ways to be more sustainable, but we mustn't forget that economic progress gives many people the chance to escape poverty. It's a difficult balance.

Julia: Aber es ist doch keine Entweder-oder-Frage! Wir können wirtschaftliche Entwicklung fördern und gleichzeitig die Umwelt schützen. Dafür braucht es nur den politischen Willen und die Bereitschaft, neue Wege zu gehen. Wenn wir nicht bald umdenken, wird es für viele Menschen auf dieser Welt – gerade die ärmsten – noch schlimmer, weil sie die Auswirkungen des Klimawandels am härtesten treffen.

Julia: But it's not an either-or question! We can promote economic development while protecting the environment. All it takes is political will and the willingness to try new paths. If we don't rethink things soon, it's going to get even worse for many people on this planet – especially the poorest, who are hardest hit by climate change.

Markus: Das stimmt, aber die Frage bleibt: Wer zahlt für diesen Wandel? Die reichen Länder sind oft nicht bereit, genug zu tun, und die ärmeren Länder können es sich nicht leisten. Solange das nicht gelöst wird, wird die Abholzung weitergehen, weil sie kurzfristig die einfachste Lösung ist.

Markus: That's true, but the question remains: Who pays for this change? Rich countries are often not willing to do enough, and poorer countries can't afford it. Until that's solved, deforestation will continue, because it's the easiest short-term solution.

Julia: Aber langfristig zerstören wir damit unsere eigenen Lebensgrundlagen. Wir müssen endlich anfangen, in die Zukunft zu investieren, statt nur kurzfristige Gewinne zu verfolgen. Die

Natur hat ihren eigenen Wert, und wir sollten sie nicht nur als Ressource betrachten, die es auszubeuten gilt.

Julia: But in the long term, we're destroying our own livelihoods. We have to start investing in the future, instead of chasing short-term profits. Nature has its own value, and we shouldn't see it just as a resource to be exploited.

Markus: Ich verstehe, was du meinst, und ich bin auch dafür, die Natur zu schützen, wo es möglich ist. Aber wir dürfen nicht vergessen, dass es auch um die Lebensgrundlagen von Millionen von Menschen geht. Die Balance zu finden, ist die große Herausforderung.

Markus: I understand what you mean, and I'm also in favor of protecting nature where possible. But we can't forget that it's also about the livelihoods of millions of people. Finding the balance is the real challenge.

Julia: Und genau deswegen müssen wir uns gemeinsam anstrengen – international, lokal, und auf allen Ebenen. Es ist Zeit, dass wir erkennen, dass die Erhaltung unserer Wälder nicht nur eine moralische Pflicht ist, sondern auch eine wirtschaftliche Notwendigkeit für die Zukunft.

Julia: And that's exactly why we need to work together – internationally, locally, and on all levels. It's time we recognize that preserving our forests is not just a moral duty, but also an economic necessity for the future.

Plastikverschmutzung: Verbraucherpflicht vs. Unternehmensverantwortung

Mia: Ich sage dir, Jonas, diese ganze Plastikverschmutzung macht mich verrückt. Überall liegt Müll herum, und die Ozeane sind voll davon. Es ist einfach nicht zu fassen, dass wir immer noch so viel Einwegplastik produzieren. Die Unternehmen müssen endlich zur Verantwortung gezogen werden!

Mia: I'm telling you, Jonas, this whole plastic pollution issue drives me crazy. There's trash everywhere, and the oceans are full of it. I can't believe we're still producing so much single-use plastic. Companies need to finally be held accountable!

Jonas: Ja, das ist ärgerlich, aber ich finde, du machst es dir ein bisschen zu leicht, Mia. Die Unternehmen sind vielleicht Teil des Problems, aber am Ende sind es doch die Verbraucher, die den Müll produzieren. Wenn die Leute einfach ihren Plastikmüll richtig entsorgen oder auf Plastik verzichten würden, wäre das Problem nicht so groß. Jeder sollte bei sich selbst anfangen.

Jonas: Yes, it's frustrating, but I think you're oversimplifying things, Mia. Companies might be part of the problem, but in the end, it's the consumers who create the waste. If people just disposed of their plastic properly or avoided it altogether, the problem wouldn't be so big. Everyone should start with themselves.

Mia: Klar, die Verbraucher spielen auch eine Rolle, aber du kannst doch nicht ernsthaft behaupten, dass wir allein die Verantwortung tragen. Schau dir die Supermärkte an – fast jedes Produkt ist in Plastik verpackt. Was sollen wir da groß machen? Wir haben doch oft gar keine Wahl! Die Unternehmen produzieren dieses Plastik, weil es für sie billiger ist, und sie drücken uns die Folgen auf.

Mia: Sure, consumers play a role, but you can't seriously say we're solely responsible. Look at supermarkets – almost every product is wrapped in plastic. What are we supposed to do? Often, we don't even have a choice! Companies produce this plastic because it's cheaper for them, and they pass the consequences onto us.

Jonas: Aber wir haben doch schon Alternativen. Es gibt Läden, die auf Verpackungen verzichten, und viele Produkte gibt es auch in Glas oder Papier. Wenn die Nachfrage nach plastikfreien Produkten steigt, werden die Unternehmen gezwungen sein, umzudenken. Am Ende entscheiden die Konsumenten mit ihrem Geldbeutel, welche Produkte erfolgreich sind.

Jonas: But we already have alternatives. There are stores that avoid packaging, and many products are available in glass or paper. If the demand for plastic-free products grows, companies will be forced to rethink. In the end, consumers vote with their wallets on which products succeed.

Mia: Das mag in der Theorie stimmen, aber in der Praxis sieht es anders aus. Nicht jeder kann sich die teureren, plastikfreien Alternativen leisten. Viele Familien müssen aufs Geld achten und greifen dann eben doch zum billigeren Produkt, das in Plastik eingepackt ist. Es ist einfach nicht fair, den Menschen die ganze Verantwortung aufzubürden, während die Unternehmen Milliarden mit ihrer Plastikproduktion verdienen.

Mia: That might be true in theory, but in practice, it's different. Not everyone can afford the more expensive, plastic-free alternatives. Many families have to watch their spending and end up choosing the cheaper product wrapped in plastic. It's just not fair to place all the responsibility on people while companies make billions from their plastic production.

Jonas: Ich verstehe deinen Punkt, aber ich denke trotzdem, dass Konsumenten mehr Macht haben, als sie glauben. Wenn genügend Leute Plastik boykottieren oder nachhaltige Produkte fordern, dann wird sich der Markt anpassen. Die Unternehmen reagieren auf die Nachfrage, sie produzieren nur das, was wir kaufen.

Jonas: I see your point, but I still think consumers have more power than they realize. If enough people boycott plastic or demand sustainable products, the market will adapt. Companies respond to demand; they only produce what we buy.

Mia: Jonas, ich glaube, du überschätzt den Einfluss der Verbraucher. Natürlich können wir bewusster einkaufen, aber ohne politische und gesetzliche Maßnahmen werden die großen Konzerne nicht aufhören, Plastik in Massen zu produzieren. Schau dir doch mal an, wie viel Plastik in der Produktion von Fast Food oder in der Kosmetikbranche verwendet wird. Da kannst du als Einzelner kaum etwas ausrichten.

Mia: Jonas, I think you're overestimating the power of consumers. Sure, we can shop more consciously, but without political and legal measures, big corporations won't stop mass-producing plastic. Just look at how much plastic is used in fast food production or the cosmetics industry. There's little you can do as an individual.

Jonas: Und da bin ich anderer Meinung. Denk doch mal an den Boom von Bio-Lebensmitteln oder veganen Produkten. Das war auch nicht staatlich reguliert, sondern kam durch die Nachfrage der Verbraucher. Wenn wir wollen, dass Unternehmen aufhören, so viel Plastik zu produzieren, müssen wir einfach aufhören, Plastikprodukte zu kaufen. So einfach ist das.

Jonas: And that's where I disagree. Think about the boom in organic food or vegan products. That didn't come from government regulation, but from consumer demand. If we want companies to stop producing so much plastic, we just have to stop buying plastic products. It's that simple.

Mia: So einfach ist das leider nicht. Die Unternehmen haben jahrzehntelang auf Kosten der Umwelt Profite gemacht, und jetzt sollen wir, die Verbraucher, es wieder gutmachen? Es ist höchste Zeit, dass die Politik klare Regeln aufstellt und Unternehmen dazu zwingt, weniger Plastik zu verwenden und in umweltfreundliche Alternativen zu investieren. Wir können nicht immer nur den Konsumenten die Schuld geben.

Mia: It's unfortunately not that simple. Companies have been making profits at the expense of the environment for decades, and now we, the consumers, are supposed to fix it? It's high time that politics sets clear rules and forces companies to use less plastic and invest in environmentally friendly alternatives. We can't keep blaming the consumers.

Jonas: Natürlich sollte es auch Gesetze geben, aber ich glaube einfach, dass wir als Gesellschaft zu sehr darauf warten, dass der Staat alles für uns regelt. Verantwortung fängt bei jedem Einzelnen an. Ich meine, wenn du eine Plastikflasche kaufst und sie am Ende einfach in die Natur wirfst, ist das nicht die Schuld des Unternehmens, sondern deine. Wir haben alle eine persönliche Verantwortung für unseren Müll.

Jonas: Of course, there should be laws, but I think as a society, we wait too much for the government to fix everything for us. Responsibility starts with each individual. I mean, if you buy a plastic bottle and throw it into nature, that's not the company's fault, it's yours. We all have personal responsibility for our waste.

Mia: Da hast du recht, aber die persönliche Verantwortung reicht eben nicht aus. Das Problem ist viel größer. Die großen Konzerne produzieren massenhaft Plastik, weil es für sie profitabel ist, und das auf Kosten der Umwelt. Wir können als Einzelpersonen nicht die Welt retten, wenn die eigentlichen Verursacher ungestraft weitermachen dürfen. Es braucht systemische Veränderungen!

Mia: You're right, but personal responsibility isn't enough. The problem is much bigger. Big corporations produce plastic on a massive scale because it's profitable for them, and that's at the expense of the environment. As individuals, we can't save the world if the real culprits keep getting away with it. We need systemic changes!

Jonas: Aber wenn wir immer nur auf systemische Veränderungen warten, wird sich nie etwas tun. Die Politik ist langsam, und Unternehmen ändern ihre Strategien nicht über Nacht. Jeder kleine Schritt zählt. Wenn wir alle bewusster mit unserem Konsum umgehen, machen wir einen Unterschied. Außerdem, wer soll denn die ganzen Gesetze durchsetzen, wenn keiner bereit ist, sein eigenes Verhalten zu ändern?

Jonas: But if we keep waiting for systemic changes, nothing will ever happen. Politics is slow, and companies don't change their strategies overnight. Every small step counts. If we all become more conscious of our consumption, we make a difference.

Besides, who's going to enforce all these laws if no one's willing to change their own behavior?

Mia: Es geht doch gar nicht darum, dass die Menschen nichts tun sollen. Natürlich sollten wir alle unseren Teil dazu beitragen, aber das ist nur die halbe Miete. Du kannst nicht ignorieren, dass die Plastikproduktion immer noch exponentiell wächst, und das hauptsächlich wegen der Konzerne, die Profit daraus schlagen. Ohne strenge Regularien wird sich das nicht ändern.

Mia: It's not about people doing nothing. Of course, we should all do our part, but that's only half the solution. You can't ignore that plastic production is still growing exponentially, mainly because companies are profiting from it. Without strict regulations, that won't change.

Jonas: Und ich denke, du unterschätzt den Einfluss von Marktdruck. Wenn genug Menschen nachhaltige Produkte fordern, dann wird die Wirtschaft sich anpassen. Die Unternehmen wollen Geld verdienen, das ist klar, aber sie werden nicht weiter Plastik produzieren, wenn keiner es kauft.

Jonas: And I think you're underestimating the power of market pressure. If enough people demand sustainable products, the economy will adapt. Companies want to make money, that's clear, but they won't keep producing plastic if no one buys it.

Mia: Schau, ich wünsche mir auch, dass es so einfach wäre. Aber die Realität sieht anders aus. Viele Konzerne setzen gezielt auf Greenwashing – sie tun so, als ob sie umweltfreundlich wären, aber in Wahrheit ändern sie nichts Grundlegendes. Die Macht, die diese Großkonzerne haben, ist immens, und das darfst du nicht unterschätzen. Wir brauchen Gesetze, die diese Unternehmen zwingen, wirklich umweltfreundlich zu werden.

Mia: Look, I wish it were that simple too. But reality is different. Many corporations deliberately engage in greenwashing – they act like they're environmentally friendly, but in reality, they're not changing anything fundamental. The power these big corporations have is immense, and you can't underestimate that. We need laws that force these companies to truly become eco-friendly.

Jonas: But what about our freedom to choose what we buy? Should the government really regulate everything? In the end, that will only drive prices up and burden people who can't afford it even more. I think we should focus more on personal responsibility and education so that people know how to consume more sustainably.

Mia: Education is important, but it's not enough. There are too many people who either don't have a choice or who simply aren't aware of the damage plastic causes. You can't expect everyone to have the time and resources to research every product. Companies need to be held accountable, and that can only happen through clear legal regulations.

Jonas: And I still believe that if we all take a little more responsibility and consume more consciously, we can achieve a lot without the government having to control everything. We just need a shift in consciousness.

nicht länger warten, und es ist höchste Zeit, dass die Verursacher – also die großen Konzerne – zur Verantwortung gezogen werden.

Mia: Maybe. But without pressure on companies and clear laws, we won't solve this problem. The environment can't wait any longer, and it's high time the culprits – the big corporations – are held accountable.

Jonas: Und ich sage, wir müssen bei uns selbst anfangen, bevor wir die Schuld nur bei den Konzernen suchen. Nur so können wir langfristig etwas verändern.

Jonas: And I say we have to start with ourselves before we place all the blame on the corporations. Only then can we make a lasting change.

Mia: Dann einigen wir uns darauf, dass beides nötig ist – die Verantwortung des Einzelnen und die Verantwortung der Unternehmen. Aber ich bleibe dabei: Ohne starke Gesetze wird es nicht funktionieren.

Mia: Then let's agree that both are necessary – individual responsibility and corporate responsibility. But I still say: Without strong laws, it won't work.

Ausbeutung von Arbeitern: Globalisierungsvorteile vs. unfaire Arbeitsbedingungen

Sophie: Weißt du, Tim, ich habe gerade diesen Bericht über die Arbeitsbedingungen in Textilfabriken gelesen, besonders in Ländern wie Bangladesch oder Indien. Es ist einfach schockierend. Die Menschen dort arbeiten unter unmenschlichen Bedingungen für einen Hungerlohn, nur damit wir hier billige Kleidung kaufen können. Das kann doch nicht richtig sein!

Sophie: You know, Tim, I just read this report about working conditions in textile factories, especially in countries like Bangladesh or India. It's simply shocking. People there work in inhumane conditions for a pittance, just so we can buy cheap clothes here. That can't be right!

Tim: Ja, das ist hart, aber gleichzeitig profitiert die Weltwirtschaft auch von der Globalisierung. Diese Länder entwickeln sich durch diese Jobs weiter. Klar, die Arbeitsbedingungen sind oft schlecht, aber für viele Menschen dort sind diese Jobs der einzige Ausweg aus der Armut. Ohne die Globalisierung wären sie vielleicht noch schlimmer dran.

Tim: Yes, it's tough, but at the same time, the global economy benefits from globalization. These countries are developing through these jobs. Sure, the working conditions are often bad, but for many people there, these jobs are the only way out of poverty. Without globalization, they might be even worse off.

Sophie: Aber Tim, das kann doch kein Argument sein! Nur weil es „besser als nichts" ist, heißt das doch nicht, dass wir diese Zustände akzeptieren sollten. Unternehmen in den reichen Ländern machen Milliarden, während die Menschen, die ihre Produkte herstellen, in Armut leben und unter gefährlichen Bedingungen arbeiten. Das ist schlicht und einfach Ausbeutung!

Sophie: But Tim, that can't be an argument! Just because it's "better than nothing" doesn't mean we should accept these conditions. Companies in rich countries are making billions, while the people producing their products live in poverty and work under dangerous conditions. That's pure exploitation!

Tim: Ich will das ja auch nicht schönreden, aber die Welt ist eben nicht so schwarz-weiß. Natürlich sollten wir uns für bessere Arbeitsbedingungen einsetzen, aber es ist auch wichtig zu verstehen, dass diese Jobs oft der erste Schritt in Richtung wirtschaftlicher Entwicklung sind. Schau dir Länder wie China an – vor 30 Jahren haben dort auch viele Menschen unter extrem schlechten Bedingungen gearbeitet, aber heute ist China eine der größten Volkswirtschaften der Welt.

Tim: I'm not trying to sugarcoat it, but the world isn't so black and white. Of course, we should push for better working conditions, but it's also important to understand that these jobs are often the first step toward economic development. Look at countries like China – 30 years ago, many people there worked under extremely poor conditions, but today China is one of the largest economies in the world.

Sophie: China ist aber die Ausnahme, nicht die Regel. In vielen anderen Ländern hat sich die Situation kaum verbessert, obwohl die Globalisierung dort seit Jahrzehnten voranschreitet. Es geht doch nicht nur darum, Arbeitsplätze zu schaffen – diese Arbeitsplätze müssen auch menschenwürdig sein! Es gibt internationale Arbeitsstandards, die eingehalten werden müssen, und es ist skandalös, dass große Konzerne diese ignorieren, nur um ihre Gewinne zu maximieren.

Sophie: But China is the exception, not the rule. In many other countries, the situation has barely improved, even though globalization has been progressing there for decades. It's not just about creating jobs – these jobs need to be dignified! There are international labor standards that must be followed, and it's scandalous that big corporations ignore these just to maximize their profits.

Tim: Ich stimme dir zu, dass die Arbeitsbedingungen verbessert werden müssen, aber gleichzeitig dürfen wir nicht vergessen, dass diese Länder ihre eigenen wirtschaftlichen Interessen haben. Für viele Regierungen in Entwicklungsländern ist es wichtiger, dass es überhaupt Arbeit gibt, anstatt sofort auf westliche Standards zu setzen. Wenn die Löhne zu hoch steigen oder die Anforderungen zu streng werden, könnten diese Unternehmen einfach woanders hinziehen, und dann gibt es gar keine Jobs mehr. Was wäre dann besser?

Tim: I agree that working conditions need to improve, but at the same time, we can't forget that these countries have their own economic interests. For many governments in developing countries, it's more important to have jobs at all, rather than immediately imposing Western standards. If wages rise too much or the requirements get too strict, these companies might just move elsewhere, and then there would be no jobs at all. Would that be better?

Sophie: Aber genau das ist doch das Problem! Die Unternehmen nutzen ihre Macht aus und spielen die Länder gegeneinander aus. Sie suchen immer den billigsten Ort, um ihre Produkte herstellen zu lassen, und kümmern sich dabei überhaupt nicht um die Menschen, die unter diesen Bedingungen arbeiten. Wir müssen aufhören, das als „normalen" Teil der Globalisierung zu betrachten.

Sophie: But that's exactly the problem! Companies exploit their power and play countries against each other. They're always looking for the cheapest place to manufacture their products and don't care at all about the people working in those conditions. We need to stop treating this as a "normal" part of globalization.

Tim: Ja, aber es ist nicht so einfach. Wenn wir Unternehmen zu sehr regulieren, könnte das auch negative Folgen haben. Die Preise könnten steigen, und das trifft dann vor allem die ärmeren Menschen hier in den Industrieländern. Außerdem könnten die Unternehmen abwandern und die betroffenen Länder in noch größere Armut stürzen. Man muss einen Mittelweg finden, der sowohl den Arbeitern in diesen Ländern als auch den Verbrauchern in den Industrienationen gerecht wird.

Tim: Yes, but it's not that simple. If we regulate companies too much, it could also have negative consequences. Prices could go up, and that would especially hit poorer people here in industrialized countries. Plus, companies might relocate, plunging the affected countries into even deeper poverty. We need to find a middle ground that is fair to both the workers in these countries and the consumers in industrial nations.

Sophie: Einen Mittelweg? Das klingt, als würdest du vorschlagen, dass ein bisschen Ausbeutung schon in Ordnung ist, solange wir davon profitieren. Ich finde das zynisch. Es geht hier nicht nur um höhere Preise für uns – es geht darum, dass Menschenrechte respektiert werden. Es kann doch nicht sein, dass wir uns billige Kleidung oder Elektronik nur leisten können, weil irgendwo auf der Welt Menschen dafür leiden müssen.

Sophie: A middle ground? That sounds like you're suggesting a bit of exploitation is okay as long as we benefit from it. I find that cynical. This isn't just about higher prices for us – it's about respecting human rights. It can't be that we can only afford cheap clothes or electronics because people somewhere in the world are suffering for it.

Tim: Aber was wäre die Alternative? Sollten wir aufhören, in diesen Ländern zu produzieren und die Menschen dort einfach sich selbst überlassen? Das würde doch auch nicht helfen. Viele Familien sind auf diese Jobs angewiesen. Wenn wir plötzlich alle Produktionen zurück nach Europa oder die USA verlagern, würden Millionen von Menschen arbeitslos werden. Wir können nicht einfach den Stecker ziehen und erwarten, dass alles besser wird.

Tim: But what would the alternative be? Should we stop producing in these countries and just leave the people there to fend for themselves? That wouldn't help either. Many families rely on these jobs. If we suddenly moved all production back to Europe or the US, millions of people would lose their jobs. We can't just pull the plug and expect everything to get better.

Sophie: Natürlich nicht, aber wir können die Unternehmen in die Pflicht nehmen, faire Löhne zu zahlen und sicherzustellen, dass die Arbeitsbedingungen den internationalen Standards entsprechen. Es gibt Beispiele von Unternehmen, die gezeigt haben, dass es möglich ist, profitabel zu sein und gleichzeitig ihre Arbeiter fair zu behandeln. Es ist eine Frage des Willens und der Verantwortung.

Sophie: Of course not, but we can hold companies accountable to pay fair wages and ensure that working conditions meet international standards. There are examples of companies that have shown it's possible to be profitable while treating their workers fairly. It's a matter of will and responsibility.

Tim: Ich stimme dir zu, dass die Unternehmen mehr Verantwortung übernehmen sollten, aber es ist auch die Aufgabe der Regierungen in den betroffenen Ländern, für ihre Arbeiter zu sorgen. Wenn die Regierungen nicht dafür sorgen, dass es Mindeststandards gibt, dann wird es für internationale Konzerne immer einfacher sein, die billigsten und am wenigsten regulierten Arbeitsmärkte zu nutzen. Das Problem ist also auch politisch.

Tim: I agree that companies should take more responsibility, but it's also the task of the governments in these affected countries to take care of their workers. If governments don't ensure minimum standards, it becomes easier for international corporations to exploit the cheapest and least regulated labor markets. So, the problem is also political.

Sophie: Da gebe ich dir recht, aber du kannst nicht erwarten, dass Regierungen in Ländern, die oft von Korruption und Armut geplagt sind, das alleine regeln. Deswegen müssen wir hier in den Industrieländern Druck auf die Unternehmen ausüben und auch durch internationale Abkommen und Gesetze sicherstellen, dass solche Ausbeutungen aufhören. Es ist nicht fair, alles den Ländern des globalen Südens aufzubürden, die oft in schwierigen Situationen stecken.

Sophie: I agree, but you can't expect governments in countries often plagued by corruption and poverty to handle it alone. That's why we in industrialized countries must pressure companies and ensure through international agreements and laws that such exploitation ends. It's not fair to burden everything on the Global South, which is often in difficult situations.

Tim: Das ist ein guter Punkt. Aber wie würdest du das umsetzen? Internationale Abkommen dauern ewig und sind oft schwer durchzusetzen. In der Zwischenzeit brauchen die Menschen in diesen Ländern Arbeit. Ich glaube, wir müssen einen pragmatischen Ansatz finden. Vielleicht könnten Anreize für Unternehmen geschaffen werden, die fair und nachhaltig produzieren. Und ja, Konsumenten haben auch eine Verantwortung. Wenn wir alle bereit wären, ein paar Euro mehr für fair gehandelte Produkte zu zahlen, könnte sich auch etwas ändern.

Tim: That's a good point. But how would you implement it? International agreements take forever and are often hard to enforce. In the meantime, people in these countries need work. I think we need to find a pragmatic approach. Maybe incentives could be created for companies that produce fairly and sustainably. And yes, consumers also have a responsibility. If we were all willing to pay a few more euros for fairly traded products, something could change.

Sophie: Absolut, die Konsumenten spielen eine wichtige Rolle. Aber die große Verantwortung liegt immer noch bei den Unternehmen. Sie haben die Macht, ihre Lieferketten zu verändern und Arbeitsstandards zu verbessern. Es sollte nicht davon abhängen, ob ein paar wohlhabende Konsumenten bereit sind, mehr zu zahlen – es sollte der Standard sein, dass Menschen unter fairen Bedingungen arbeiten. Und die Regierungen in den Industrieländern müssen sicherstellen, dass diese Standards eingehalten werden, auch durch Handelsabkommen und Sanktionen gegen Unternehmen, die dagegen verstoßen.

Sophie: Absolutely, consumers play an important role. But the major responsibility still lies with the companies. They have the power to change their supply chains and improve labor standards. It shouldn't depend on whether a few wealthy consumers are willing to pay more – it should be the standard that people work under fair conditions. And the governments in industrialized countries must ensure that these standards are enforced, through trade agreements and sanctions against companies that violate them.

Tim: Aber was, wenn diese Maßnahmen dazu führen, dass Unternehmen abwandern und noch günstigere, aber vielleicht weniger regulierte Märkte suchen? Dann stehen die Arbeiter, um die wir uns eigentlich kümmern wollten, plötzlich ohne Job da. Die Globalisierung hat nun mal ihre Vor- und Nachteile. Ich glaube, wir sollten versuchen, einen Ausgleich zu finden, der allen Beteiligten nutzt, statt nur auf harte Strafen und Vorschriften zu setzen.

Tim: But what if these measures cause companies to relocate and seek even cheaper, but perhaps less regulated markets? Then the workers we were trying to help would suddenly be without jobs. Globalization has its pros and cons. I think we should try to find a balance that benefits all parties, instead of relying solely on strict penalties and regulations.

Sophie: Ich verstehe deine Sorge, aber wenn wir immer Angst davor haben, dass Unternehmen sich zurückziehen, werden wir nie wirkliche Verbesserungen erreichen. Es geht darum, ein globales Bewusstsein zu schaffen und Unternehmen, die Verantwortung übernehmen, zu belohnen, während wir diejenigen, die weiterhin Menschen ausbeuten, zur Rechenschaft ziehen. Die Globalisierung kann eine positive Kraft sein, aber nur, wenn sie gerecht und nachhaltig ist.

Sophie: I understand your concern, but if we're always afraid of companies pulling out, we'll never achieve real improvements. It's about creating global awareness and rewarding companies that take responsibility, while holding those who continue to exploit people accountable. Globalization can be a positive force, but only if it's fair and sustainable.

Tim: Da stimme ich dir zu. Die Globalisierung hat das Potenzial, Millionen von Menschen aus der Armut zu holen, aber sie muss fairer gestaltet werden. Vielleicht ist der Schlüssel eine Kombination aus internationalem Druck, unternehmerischer Verantwortung und einer informierten Konsumentenschaft. Nur so können wir sicherstellen, dass wirtschaftliche Entwicklung und faire Arbeitsbedingungen Hand in Hand gehen.

Tim: I agree with you. Globalization has the potential to lift millions out of poverty, but it needs to be made fairer. Maybe the key is a combination of international pressure, corporate responsibility, and informed consumers. Only then can we ensure that economic development and fair working conditions go hand in hand.

Sophie: Genau. Es geht nicht darum, die Globalisierung komplett abzulehnen, sondern sie so zu gestalten, dass sie allen Menschen nützt – nicht nur den großen Unternehmen. Wir müssen gemeinsam daran arbeiten, dass die Menschen, die unsere Kleidung, Elektronik oder andere Konsumgüter herstellen, ein würdiges Leben führen können.

Sophie: Exactly. It's not about rejecting globalization entirely, but shaping it so that it benefits all people – not just the big companies. We must work together to ensure that the people who make our clothes, electronics, or other consumer goods can lead dignified lives.

Tim: Ja, da hast du recht. Es ist eine große Herausforderung, aber ich glaube, wenn wir den richtigen Weg finden, können wir sowohl wirtschaftlichen Fortschritt als auch menschenwürdige Arbeitsbedingungen ermöglichen.

Tim: Yes, you're right. It's a big challenge, but I believe that if we find the right path, we can achieve both economic progress and dignified working conditions.

Menschenhandel: Humanitäre Hilfe vs. strenge Grenzkontrollen

Laura: Hast du den letzten Bericht über Menschenhandel gelesen, Ben? Es ist unfassbar, wie viele Menschen immer noch Opfer von Schleuserbanden werden. Diese Menschen fliehen vor Krieg, Armut und Gewalt und landen in den Händen von Kriminellen. Es bricht mir das Herz. Wir müssen mehr tun, um diesen Menschen zu helfen und sie aufzunehmen, anstatt unsere Grenzen immer weiter zu schließen.

Laura: Have you read the latest report on human trafficking, Ben? It's unbelievable how many people still fall victim to smugglers. These people are fleeing war, poverty, and violence, only to end up in the hands of criminals. It breaks my heart. We need to do more to help them and take them in, instead of constantly closing our borders.

Ben: Ja, das ist schrecklich, was diesen Menschen passiert. Aber, Laura, wir können nicht einfach alle Grenzen öffnen und jeden reinlassen. Das wäre doch völlig unkontrolliert und würde nur dazu führen, dass noch mehr Menschen sich auf die gefährliche Reise machen. Strenge Grenzkontrollen sind notwendig, um diesen illegalen Handel einzudämmen und die Sicherheit im eigenen Land zu gewährleisten.

Ben: Yes, it's terrible what happens to these people. But, Laura, we can't just open all the borders and let everyone in. That would be completely uncontrolled and would only encourage more people to make the dangerous journey. Strict border controls are necessary to curb this illegal trade and ensure safety in our own country.

Laura: Sicherheit? Und was ist mit der Sicherheit der Menschen, die alles riskieren, um aus einem Kriegsgebiet zu fliehen? Diese Leute haben oft keine andere Wahl! Wenn wir die Grenzen dicht machen, treiben wir sie nur weiter in die Arme der Schleuser. Es ist unsere humanitäre Pflicht, diesen Menschen zu helfen, sie zu retten und ihnen eine sichere Flucht zu ermöglichen.

Laura: Safety? What about the safety of people who risk everything to flee a war zone? These people often have no other choice! If we close the borders, we only push them further into the arms of smugglers. It's our humanitarian duty to help these people, to rescue them and provide a safe way for them to escape.

Ben: Das verstehe ich, aber wir können nicht die Probleme der ganzen Welt lösen. Natürlich brauchen diese Menschen Hilfe, aber es gibt nur begrenzte Kapazitäten. Die Ressourcen in den Aufnahmeländern sind nicht unendlich, und wenn wir die Grenzen zu sehr öffnen, könnte das unser eigenes System überlasten. Außerdem gibt es auch Sicherheitsrisiken, wenn Menschen unkontrolliert ins Land kommen.

Ben: I understand that, but we can't solve the world's problems. Of course these people need help, but there are only limited resources. The resources in receiving countries aren't endless, and if we open the borders too much, it could overwhelm our own system. There are also security risks when people come into the country unchecked.

Laura: Das ist doch genau die Denkweise, die diese Krise erst verschlimmert hat! Wenn wir legale und sichere Fluchtwege schaffen, würden weniger Menschen auf gefährliche Schleuser setzen. Die meisten dieser Menschen suchen einfach nur Schutz und ein besseres Leben. Es geht nicht darum, die Grenzen komplett zu öffnen, sondern den Menschenhandel zu bekämpfen, indem wir die Fluchtwege sicherer und organisierter machen.

Laura: That's exactly the kind of thinking that has made this crisis worse! If we create legal and safe escape routes, fewer people would rely on dangerous smugglers. Most of these people are just looking for safety and a better life. It's not about completely opening the borders, but about fighting human trafficking by making escape routes safer and more organized.

Ben: Aber das ist doch unrealistisch. Wenn sich herumspricht, dass es legale Fluchtwege gibt, werden Millionen von Menschen nach Europa oder in die USA strömen. Wir haben doch jetzt schon Probleme mit Integration und sozialer Gerechtigkeit. Es gibt nicht genug Jobs, Wohnungen oder Ressourcen für alle. Am Ende leiden dann alle – sowohl die, die kommen, als auch die, die schon hier sind.

Ben: But that's unrealistic. If word gets out that there are legal escape routes, millions of people will flood into Europe or the U.S. We already have problems with integration and social justice. There aren't enough jobs, housing, or resources for everyone. In the end, everyone suffers – both those who come and those already here.

Laura: Das ist doch Panikmache! Es geht hier um Menschenleben, Ben. Die meisten Flüchtlinge wollen doch gar nicht dauerhaft hierbleiben. Sie wollen Sicherheit und ein menschenwürdiges Leben, bis die Lage in ihrer Heimat sich verbessert. Wir müssen solidarischer sein. Und es ist eine Lüge, dass wir keine Ressourcen hätten – wir haben genug Geld für Waffen und Militär, aber wenn es um Menschen geht, die in Not sind, fehlt plötzlich das Budget?

Laura: That's just fearmongering! This is about human lives, Ben. Most refugees don't even want to stay here permanently. They want safety and a decent life until the situation in their home country improves. We need to be more compassionate. And it's a lie that we don't have the resources – we have plenty of money for weapons and the military, but suddenly there's no budget when it comes to people in need?

Ben: Natürlich sollten wir humanitäre Hilfe leisten, aber die Realität ist komplexer. Viele Menschen, die kommen, bleiben dauerhaft. Die Integration ist eine riesige Herausforderung, die nicht so einfach gelöst werden kann. Wir müssen auch an unsere eigene Bevölkerung denken – es gibt hier genug Probleme, die ungelöst sind. Strenge Grenzkontrollen sind notwendig, um sicherzustellen, dass wir nicht überfordert werden.

Ben: Of course, we should provide humanitarian aid, but the reality is more complex. Many people who come end up staying permanently. Integration is a huge challenge that isn't easily solved. We also have to think about our own population – there are enough problems here that are still unresolved. Strict border controls are necessary to ensure we don't get overwhelmed.

Laura: Und was ist mit der moralischen Verantwortung? Wir können doch nicht einfach wegsehen, während Menschen in Verzweiflung leben, nur weil es schwierig ist, ihnen zu helfen.

Strenge Grenzkontrollen lösen das Problem des Menschenhandels doch nicht – sie verschlimmern es sogar. Die Schleuserbanden profitieren von diesen Kontrollen, weil die Menschen dann gezwungen sind, illegale und gefährliche Wege zu gehen.

Laura: And what about moral responsibility? We can't just look away while people live in despair, just because it's difficult to help them. Strict border controls don't solve the problem of human trafficking – they actually make it worse. Smuggling gangs profit from these controls because people are then forced to take illegal and dangerous routes.

Ben: Ich gebe dir recht, dass Schleuserbanden bekämpft werden müssen, aber das bedeutet nicht, dass wir unsere Grenzen komplett öffnen können. Es braucht beides: strikte Kontrollen, um illegale Migration zu verhindern, und gezielte humanitäre Hilfe in den Herkunftsländern, um den Menschen vor Ort zu helfen. Wir müssen an den Ursachen ansetzen, nicht nur an den Symptomen.

Ben: I agree with you that smuggling gangs must be fought, but that doesn't mean we can completely open our borders. We need both: strict controls to prevent illegal migration and targeted humanitarian aid in the countries of origin to help people there. We have to tackle the root causes, not just the symptoms.

Laura: Aber das dauert! Menschen sterben jetzt, während du von langfristigen Lösungen sprichst. Natürlich müssen wir die Ursachen bekämpfen, aber das ändert nichts daran, dass diese Menschen sofortige Hilfe brauchen. Sie in Lagern festzuhalten oder zurückzuschicken, in Länder, in denen sie Gefahr laufen, erneut Opfer von Gewalt oder Menschenhandel zu werden, ist unmenschlich.

Laura: But that takes time! People are dying now, while you're talking about long-term solutions. Of course, we need to address the root causes, but that doesn't change the fact that these people need immediate help. Holding them in camps or sending them back to countries where they risk becoming victims of violence or trafficking again is inhumane.

Ben: Es ist nicht unmenschlich, wenn es darum geht, Ordnung und Sicherheit zu gewährleisten. Wir können nicht einfach jeden ins Land lassen, ohne zu wissen, wer sie sind oder ob sie möglicherweise eine Gefahr darstellen. Natürlich sollten wir denen helfen, die wirklich Schutz brauchen, aber wir müssen auch genau hinschauen, wer da kommt. Die Kontrolle muss bei uns bleiben.

Ben: It's not inhumane when it's about maintaining order and security. We can't just let everyone into the country without knowing who they are or whether they might pose a threat. Of course, we should help those who truly need protection, but we also need to carefully consider who's coming. The control has to stay with us.

Laura: Das klingt, als würdest du jeden potenziellen Flüchtling unter Generalverdacht stellen. Die meisten dieser Menschen fliehen vor Krieg, Verfolgung oder extremer Armut. Sie sind nicht die Gefahr, sie sind in Gefahr! Und die Vorstellung, dass wir das Problem einfach vor unsere Grenzen verlagern können, indem wir sie schließen, ist illusorisch. Menschen werden immer Wege finden, zu fliehen, wenn die Not groß genug ist.

Laura: That sounds like you're putting every potential refugee under suspicion. Most of these people are fleeing war, persecution, or extreme poverty. They're not the danger; they're in danger! And the idea that we can just push the problem away by closing our borders is an illusion. People will always find ways to flee if the need is great enough.

Ben: Das ist mir bewusst, aber es gibt auch kriminelle Netzwerke, die diese Fluchtbewegungen ausnutzen. Es gibt Berichte, dass Terroristen versuchen, über solche Routen ins Land zu kommen. Wir müssen unsere Grenzen kontrollieren, um sicherzustellen, dass wir uns vor solchen Gefahren schützen. Es geht nicht darum, alle abzulehnen, sondern die Kontrolle zu behalten und die Sicherheit zu gewährleisten.

Ben: I'm aware of that, but there are also criminal networks that exploit these migration movements. There are reports that terrorists are trying to enter countries through such routes. We need to control our borders to ensure we protect ourselves from these dangers. It's not about rejecting everyone but keeping control and ensuring security.

Laura: Aber wenn wir die Menschen nicht reinlassen, treiben wir sie doch erst recht in die Arme von Kriminellen. Und die Terroristen? Die werden immer Mittel und Wege finden, wenn sie wollen. Die Mehrheit der Menschen sind doch keine Kriminellen, sondern Opfer. Und anstatt so viel Geld in Grenzmauern und Abschottung zu stecken, sollten wir in Programme investieren, die diesen Menschen echte Hilfe bieten.

Laura: But if we don't let people in, we're just driving them further into the hands of criminals. And the terrorists? They will always find ways if they want to. The majority of people aren't criminals; they're victims. Instead of spending so much money on border walls and isolation, we should invest in programs that offer these people real help.

Ben: Das ist ein idealistischer Ansatz, aber nicht unbedingt realistisch. Grenzen müssen kontrolliert werden, sonst haben wir Chaos. Ich bin nicht dagegen, diesen Menschen zu helfen, aber wir müssen auch an die Stabilität und Sicherheit unseres eigenen Landes denken. Das eine darf nicht auf Kosten des anderen gehen.

Ben: That's an idealistic approach, but it's not necessarily realistic. Borders need to be controlled, or else we'll have chaos. I'm not against helping these people, but we also have to think about the stability and security of our own country. One cannot come at the expense of the other.

Laura: Es geht doch nicht um Chaos, sondern um Menschlichkeit. Wir haben eine globale Verantwortung, und es kann nicht sein, dass wir sie einfach abschieben, nur weil es kompliziert ist. Menschenhandel und Flucht lassen sich nicht mit Mauern und Zäunen stoppen. Wir müssen die Ursachen bekämpfen und den Opfern Schutz bieten. Alles andere ist in meinen Augen unmoralisch.

Laura: This isn't about chaos; it's about humanity. We have a global responsibility, and we can't just shove it aside because it's complicated. Human trafficking and migration can't be stopped with walls and fences. We need to tackle the root causes and provide protection to the victims. Anything else, in my view, is immoral.

Ben: Und ich sehe es als unsere Pflicht, ein Gleichgewicht zu finden. Humanitäre Hilfe, ja, aber auch Ordnung und Kontrolle. Ohne Regeln und Grenzen wäre die Welt noch chaotischer, als sie es ohnehin schon ist. Wir dürfen die Sicherheit unseres eigenen Landes nicht gefährden, nur weil wir überall auf der Welt helfen wollen.

Ben: And I see it as our duty to find a balance. Humanitarian aid, yes, but also order and control. Without rules and borders, the world would be even more chaotic than it already is. We can't risk the security of our own country just because we want to help everywhere in the world.

Laura: Aber das ist doch ein Trugschluss. Sicherheit und Humanität schließen sich nicht aus. Wir können Grenzen haben und trotzdem Menschen in Not helfen, ohne sie in die Hände von Menschenhändlern zu treiben. Die Frage ist doch, wie wir unsere Politik gestalten – und momentan ist die Priorität offenbar Abschottung statt Hilfe.

Laura: But that's a misconception. Security and humanity are not mutually exclusive. We can have borders and still help people in need without pushing them into the hands of traffickers. The real question is how we shape our policies – and right now, the priority seems to be isolation rather than help.

Ben: Das ist eine schwierige Balance, die wir finden müssen. Ich glaube, es gibt keine einfachen Lösungen. Aber strikte Grenzkontrollen sind ein wichtiger Teil davon, auch wenn es schwer ist, das zu akzeptieren. Wir müssen das größere Bild im Auge behalten.

Ben: It's a difficult balance we need to find. I don't think there are any easy solutions. But strict border controls are an important part of it, even if it's hard to accept. We need to keep the bigger picture in mind.

Laura: Das größere Bild ist für mich klar: Es geht um Menschenleben. Und ich hoffe, dass wir uns nicht in Abschottung verlieren, während die Welt um uns herum brennt.

Laura: The bigger picture is clear to me: It's about human lives. And I hope we don't lose ourselves in isolation while the world burns around us.

Ben: Und ich hoffe, dass wir einen Weg finden, sowohl zu helfen als auch die Stabilität und Sicherheit zu bewahren.

Ben: And I hope we find a way to both help and maintain stability and security.

Terrorismus: Nationale Sicherheit vs. individuelle Freiheiten

Anna: Ich verstehe ja, dass Sicherheit wichtig ist, aber ich habe wirklich Bedenken, wenn ich sehe, wie unsere Freiheiten immer weiter eingeschränkt werden. Überwachung, Gesichtserkennung an öffentlichen Plätzen, immer mehr Polizeibefugnisse – wo hört das auf? Es fühlt sich an, als ob wir in einem Überwachungsstaat leben.

Anna: I understand that security is important, but I'm really concerned when I see our freedoms being increasingly restricted. Surveillance, facial recognition in public places, more police powers – where does it stop? It feels like we're living in a surveillance state.

Paul: Aber Anna, was ist die Alternative? Die Bedrohung durch den Terrorismus ist real, das darfst du nicht vergessen. Es gab in den letzten Jahren genug Anschläge, die gezeigt haben, wie verwundbar wir sind. Ohne diese Maßnahmen könnten wir diese Leute nicht aufhalten, bevor etwas Schlimmes passiert. Sicherheit hat nun mal ihren Preis.

Paul: But Anna, what's the alternative? The threat of terrorism is real, you can't forget that. There have been enough attacks in recent years that show how vulnerable we are. Without these measures, we couldn't stop these people before something terrible happens. Security has its price.

Anna: Aber dieser Preis ist mir zu hoch! Wenn wir unsere Freiheiten opfern, verlieren wir doch genau das, was wir eigentlich schützen wollen. Sollten wir uns nicht überlegen, ob wir nicht langsam die Grenze überschreiten? Wie viel Überwachung ist noch akzeptabel, bevor wir anfangen, unsere eigene Bevölkerung zu kriminalisieren?

Anna: But that price is too high for me! If we sacrifice our freedoms, we're losing exactly what we're trying to protect. Shouldn't we consider if we're crossing the line? How much surveillance is acceptable before we start criminalizing our own population?

Paul: Das ist übertrieben, finde ich. Es geht ja nicht darum, jeden einzelnen Bürger unter Generalverdacht zu stellen, sondern gezielt potenzielle Gefährder zu überwachen. Die Sicherheitsbehörden müssen ihre Arbeit machen können. Wenn wir ihnen die Werkzeuge wegnehmen, dann wird es nur schwieriger, die wirklich gefährlichen Leute zu finden.

Paul: I think that's exaggerated. It's not about putting every single citizen under suspicion, but about specifically monitoring potential threats. The security agencies need to be able to do their job. If we take away their tools, it'll just be harder to find the truly dangerous people.

Anna: Aber diese „Werkzeuge" betreffen uns doch alle. Wenn unsere Daten ohne unser Wissen gesammelt werden, wenn wir überall gefilmt werden – wo bleibt da unsere Privatsphäre? Das öffnet doch Tür und Tor für Missbrauch. Und was ist mit den Fällen, in denen unschuldige Menschen ins Visier geraten? Wer kontrolliert das?

Anna: But these "tools" affect all of us. When our data is collected without our knowledge, when we're filmed everywhere – where's our privacy? That opens the door to abuse. And what about cases where innocent people are targeted? Who controls that?

Paul: Natürlich müssen diese Maßnahmen kontrolliert werden, das ist klar. Aber bisher gibt es doch Gesetze, die den Einsatz von Überwachung regeln. Es wird doch nicht einfach willkürlich jeder überwacht. Wenn jemand nichts zu verbergen hat, sollte er sich doch auch keine Sorgen machen.

Paul: Of course, these measures need to be controlled, that's clear. But there are already laws that regulate surveillance. It's not like everyone is being monitored arbitrarily. If someone has nothing to hide, they shouldn't have anything to worry about.

Anna: Ach, das Argument „Wer nichts zu verbergen hat, hat nichts zu befürchten" kann ich echt nicht mehr hören! Es geht nicht darum, ob man etwas zu verbergen hat, sondern um das Prinzip. Wir sollten alle das Recht auf Privatsphäre haben, ohne dass der Staat uns ständig über die Schulter schaut. Und außerdem, was passiert, wenn diese Daten in die falschen Hände geraten? Hackerangriffe auf staatliche Datenbanken sind keine Seltenheit.

Anna: Oh, I'm so tired of hearing the argument "if you have nothing to hide, you have nothing to fear!" It's not about whether someone has something to hide, it's about the principle. We should all have the right to privacy without the state constantly looking over our shoulders. And besides, what happens if this data falls into the wrong hands? Hacks on government databases aren't rare.

Paul: Sicher, das Risiko gibt es immer. Aber das größere Risiko ist doch, dass wir nichts tun und dann irgendwann einen großen Anschlag haben, weil wir zu sorglos waren. Stell dir mal vor, wie die Stimmung wäre, wenn die Sicherheitsbehörden sagen müssten: „Wir hätten es verhindern können, aber uns waren die Hände gebunden." Dann schreien doch alle danach, warum man nicht früher eingegriffen hat.

Paul: Sure, that risk is always there. But the bigger risk is that we do nothing and then eventually face a major attack because we were too careless. Imagine the outcry if the security agencies had to say, "We could have prevented it, but our hands were tied." Then everyone would be demanding why we didn't act sooner.

Anna: Ich verstehe, dass es schwierig ist, die Balance zu finden. Aber ich glaube, wir geraten immer mehr in eine Spirale, in der wir aus Angst vor Terror alles akzeptieren, was uns als „Schutz" verkauft wird. Und wo hört das auf? Wird es irgendwann normal, dass jeder Bürger komplett überwacht wird, nur um ein kleines bisschen sicherer zu sein?

Anna: I understand that it's hard to find the balance. But I think we're getting caught in a spiral where we accept everything out of fear of terrorism that's sold to us as "protection." And where does it stop? Will it one day be normal for every citizen to be completely monitored just for a little more safety?

Paul: Ich glaube nicht, dass es jemals so weit kommen wird. Aber wir leben in einer anderen Zeit. Die Bedrohungen sind real, und wir müssen uns anpassen. Die Terroristen nutzen das Internet, sie organisieren sich im Verborgenen, sie sind oft schwer zu fassen.

Wenn wir ihnen technisch nicht auf Augenhöhe begegnen, haben wir keine Chance, sie zu stoppen.

Paul: I don't think it will ever go that far. But we live in different times. The threats are real, and we have to adapt. The terrorists use the internet, they organize in secret, they're often hard to catch. If we don't meet them on a technical level, we have no chance of stopping them.

Anna: Klar, die Technologie entwickelt sich weiter, aber müssen wir deshalb unsere Grundrechte immer weiter einschränken? Wenn wir anfangen, alles nur unter dem Deckmantel der Sicherheit zu rechtfertigen, dann verlieren wir am Ende mehr, als wir gewinnen. Was bringt uns Sicherheit, wenn wir uns am Ende wie in einem Gefängnis fühlen?

Anna: Sure, technology is advancing, but does that mean we have to keep restricting our fundamental rights? If we start justifying everything under the guise of security, we end up losing more than we gain. What good is security if, in the end, we feel like we're living in a prison?

Paul: Ich glaube, du übertreibst. Es geht ja nicht darum, die Menschen zu kontrollieren, sondern gefährliche Situationen zu verhindern. Niemand will deine Privatsphäre verletzen, aber wenn es darum geht, Anschläge zu verhindern, muss man eben manchmal Kompromisse eingehen. Wir können uns nicht leisten, naiv zu sein.

Paul: I think you're exaggerating. It's not about controlling people, but preventing dangerous situations. No one wants to violate your privacy, but when it comes to preventing attacks, sometimes compromises must be made. We can't afford to be naïve.

Anna: Das Problem ist aber, dass diese „Kompromisse" sich ständig ausweiten. Was heute als Ausnahme eingeführt wird, wird morgen zur Regel. Erst waren es nur verdächtige Personen, dann bestimmte Bevölkerungsgruppen, und am Ende betrifft es uns alle. Ich finde, wir müssen viel vorsichtiger sein, welche Rechte wir aufgeben.

Anna: The problem is that these "compromises" keep expanding. What's introduced as an exception today becomes the rule tomorrow. First, it's just suspicious individuals, then certain population groups, and eventually it affects all of us. I think we need to be much more careful about which rights we're giving up.

Paul: Und ich finde, wir dürfen nicht so paranoid sein, wenn es um die Sicherheit geht. Ich habe kein Problem damit, dass Kameras in der Stadt installiert sind, wenn es dazu beiträgt, dass Anschläge verhindert werden. Die Welt hat sich verändert, und wir müssen uns dieser neuen Realität stellen.

Paul: And I think we shouldn't be so paranoid when it comes to security. I don't have a problem with cameras being installed in the city if it helps prevent attacks. The world has changed, and we need to face this new reality.

Anna: Aber wann ist genug? Was kommt als Nächstes? Biometrische Datenbanken für jeden? GPS-Tracker an unseren Handys, damit der Staat immer weiß, wo wir sind? Es ist eine schleichende Entwicklung, die uns immer weniger Kontrolle über unser eigenes Leben lässt.

Anna: But when is enough? What's next? Biometric databases for everyone? GPS trackers on our phones so the state always knows where we are? It's a creeping development that gives us less and less control over our own lives.

Paul: Wir leben doch schon jetzt in einer Welt, in der fast jeder von uns ein Smartphone hat und ständig online ist. Die Daten, die wir freiwillig preisgeben, sind oft viel aufschlussreicher als das, was der Staat sammelt. Und ehrlich gesagt, ich fühle mich wohler, wenn ich weiß, dass die Sicherheitsbehörden zumindest versuchen, uns zu schützen.

Paul: We already live in a world where almost everyone has a smartphone and is constantly online. The data we give up voluntarily is often much more revealing than what the state collects. And honestly, I feel safer knowing that security agencies are at least trying to protect us.

Anna: Natürlich müssen wir geschützt werden, aber ich möchte nicht, dass wir in einer Welt leben, in der wir unsere Freiheiten für eine vermeintliche Sicherheit eintauschen. Die Terroristen wollen doch genau das erreichen – dass wir aus Angst unsere eigenen Werte aufgeben. Das darf nicht passieren.

Anna: Of course, we need protection, but I don't want to live in a world where we trade our freedoms for so-called security. That's exactly what the terrorists want – for us to give up our values out of fear. That can't happen.

Paul: Ich sehe das anders. Ich glaube, dass wir beides haben können: Sicherheit und Freiheit. Es geht nicht darum, alles zu überwachen, sondern gezielt und effizient vorzugehen. Niemand möchte einen Überwachungsstaat, aber ein bisschen mehr Sicherheit durch gezielte Maßnahmen halte ich für gerechtfertigt.

Paul: I see it differently. I believe we can have both: security and freedom. It's not about monitoring everything, but targeting specific threats efficiently. No one wants a surveillance state, but a bit more security through targeted measures seems justified to me.

Anna: Ich verstehe deine Position, aber für mich sind unsere Freiheiten das höchste Gut. Wenn wir anfangen, diese aufzugeben, haben wir am Ende vielleicht ein Land, das sicherer ist – aber zu welchem Preis? Für mich ist das kein Preis, den wir zahlen sollten.

Anna: I understand your position, but to me, our freedoms are the highest good. If we start giving them up, we might end up with a country that's safer – but at what cost? To me, that's not a price we should pay.

Paul: Und ich glaube, dass Sicherheit genauso wichtig ist wie Freiheit. Es geht darum, die richtige Balance zu finden. In einer perfekten Welt bräuchten wir keine Überwachung, aber in der Realität müssen wir uns gegen Bedrohungen wappnen, die leider real sind.

Paul: And I believe that security is just as important as freedom. It's about finding the right balance. In a perfect world, we wouldn't need surveillance, but in reality, we have to protect ourselves against threats that, unfortunately, are real.

Anna: Die Frage bleibt, wie weit wir bereit sind, für diese Sicherheit zu gehen. Ich hoffe, dass wir nicht irgendwann aufwachen und merken, dass wir zwar sicher, aber nicht mehr wirklich frei sind.

Anna: The question remains how far we're willing to go for this security. I hope we don't wake up one day and realize that while we're safe, we're no longer truly free.

Paul: Vielleicht, aber ich hoffe, dass wir die Balance finden, bevor es so weit kommt. Es ist ein schwieriger Weg, aber ich glaube, wir können es schaffen, wenn wir klug und vorsichtig handeln.

Paul: Maybe, but I hope we find the balance before it comes to that. It's a difficult path, but I believe we can achieve it if we act wisely and carefully.

Überwachung: Staatliche Kontrolle zur Sicherheit vs. Eingriff in die Privatsphäre

Miriam: Ich weiß ja nicht, wie es dir geht, aber ich fühle mich zunehmend unwohl mit all den Überwachungsmaßnahmen, die der Staat durchsetzt. Kameras an jeder Ecke, Tracking-Apps, Gesichtserkennung – das ist doch wie in einem dystopischen Roman. Wo bleibt unsere Privatsphäre?

Miriam: I don't know about you, but I'm feeling increasingly uncomfortable with all the surveillance measures the government is implementing. Cameras on every corner, tracking apps, facial recognition – it's like something out of a dystopian novel. What happened to our privacy?

Jan: Ich verstehe deine Bedenken, aber ganz ehrlich, Miriam, Überwachung dient doch der Sicherheit. Schau dir an, was in der Welt los ist: Terroranschläge, Kriminalität, Cyberattacken. Ohne diese Überwachung wären wir viel verwundbarer. Wenn ich weiß, dass Überwachung dafür sorgt, dass wir sicher sind, stört mich das nicht.

Jan: I understand your concerns, but honestly, Miriam, surveillance is for our safety. Just look at what's going on in the world: terrorist attacks, crime, cyberattacks. Without this surveillance, we'd be much more vulnerable. If I know that surveillance is keeping us safe, it doesn't bother me.

Miriam: Aber zu welchem Preis? Ja, Sicherheit ist wichtig, aber ich möchte nicht in einer Welt leben, in der jede meiner Bewegungen aufgezeichnet wird. Was passiert mit den Daten? Wer hat Zugang dazu? Wir wissen doch gar nicht, wie diese Informationen verwendet werden und ob sie nicht irgendwann gegen uns eingesetzt werden.

Miriam: But at what cost? Yes, security is important, but I don't want to live in a world where every move I make is recorded. What happens to the data? Who has access to it? We don't even know how this information is used or if it might be used against us someday.

Jan: Die Daten werden doch nur von den Behörden verwendet, um uns zu schützen. Wenn du nichts Illegales machst, brauchst du doch keine Angst zu haben. Und in den meisten Fällen geht es doch nur darum, verdächtige Personen zu überwachen, nicht dich oder mich.

Jan: The data is only used by authorities to protect us. If you're not doing anything illegal, you don't have anything to worry about. And in most cases, it's only about monitoring suspicious people, not you or me.

Miriam: Aber das ist genau das Problem! Woher wissen wir, wer als „verdächtig" gilt? Es gab schon genug Fälle, in denen unschuldige Menschen überwacht oder sogar festgenommen wurden, nur weil sie zufällig ins Visier geraten sind. Außerdem, was ist, wenn sich die politischen Verhältnisse ändern und diese Daten plötzlich gegen normale Bürger verwendet werden?

Miriam: But that's exactly the problem! How do we know who is considered "suspicious"? There have already been enough cases where innocent people were monitored or even arrested just because they got caught in the crosshairs. And what if the political situation changes and these data are suddenly used against regular citizens?

Jan: Das sind doch extreme Szenarien. Wir leben in einer Demokratie, nicht in einem autoritären Staat. Es gibt doch Gesetze, die regeln, wie Überwachung eingesetzt werden darf. Solange diese Gesetze respektiert werden, sehe ich kein Problem. Wir müssen einfach vertrauen, dass der Staat unsere Sicherheit im Auge hat.

Jan: Those are extreme scenarios. We live in a democracy, not an authoritarian state. There are laws that regulate how surveillance is used. As long as these laws are respected, I don't see a problem. We just have to trust that the government has our safety in mind.

Miriam: Vertrauen? Ich weiß nicht. Historisch gesehen gab es immer wieder Regierungen, die ihre Macht missbraucht haben, auch in Demokratien. Wenn wir jetzt schon so viele Daten über uns preisgeben, machen wir uns doch extrem angreifbar. Was, wenn eines Tages jemand an der Macht ist, der diese Daten missbraucht? Dann ist es zu spät, etwas dagegen zu tun.

Miriam: Trust? I'm not so sure. Historically, there have always been governments that abused their power, even in democracies. If we're already giving up so much data about ourselves, we're making ourselves extremely vulnerable. What if, one day, someone comes to power who abuses that data? By then, it's too late to do anything about it.

Jan: Ich gebe dir recht, dass wir wachsam bleiben müssen, aber das gilt doch für alle Bereiche. Wir können nicht alles abschaffen, was potenziell missbraucht werden könnte. Die Technologie entwickelt sich weiter, und wenn wir nicht Schritt halten, könnten die Kriminellen die Oberhand gewinnen. Schau dir die Cyberkriminalität an – ohne Überwachung und Datensammlungen wären wir völlig wehrlos.

Jan: I agree that we need to stay vigilant, but that applies to all areas. We can't get rid of everything that could potentially be abused. Technology is evolving, and if we don't keep up, the criminals will gain the upper hand. Look at cybercrime – without surveillance and data collection, we'd be completely defenseless.

Miriam: Natürlich müssen wir aufpassen, aber ich finde, es muss eine Grenze geben. Es gibt doch jetzt schon Länder, in denen die Menschen ständig überwacht werden, und das führt zu massiver Einschränkung der Freiheit. Denk an China mit seinem Sozialkreditsystem. Willst du, dass wir irgendwann auch so leben? Wo jede Entscheidung, die wir treffen, überwacht und bewertet wird?

Miriam: Of course, we need to be careful, but there has to be a limit. There are already countries where people are constantly monitored, and that leads to massive restrictions on freedom. Think about China with its social credit system. Do you want us to end up living like that, where every decision we make is monitored and evaluated?

Jan: China ist ein Extrembeispiel, das kannst du nicht mit Europa oder den USA vergleichen. Hier gibt es Datenschutzgesetze, die verhindern, dass solche Systeme entstehen. Außerdem geht es bei der Überwachung nicht darum, jeden Schritt zu kontrollieren, sondern um Gefahrenabwehr. Stell dir vor, durch Gesichtserkennung könnten Terroristen frühzeitig erkannt und gestoppt werden. Wäre es das nicht wert?

Jan: China is an extreme example; you can't compare it to Europe or the U.S. Here, we have data protection laws that prevent such systems from developing. And surveillance isn't about controlling every move, it's about preventing threats. Imagine if facial recognition could identify and stop terrorists early. Wouldn't that be worth it?

Miriam: Natürlich wollen wir alle sicher leben, aber Sicherheit darf nicht über allem stehen. Wenn wir unsere Freiheit aufgeben, um uns sicher zu fühlen, verlieren wir am Ende beides. Das berühmte Zitat von Benjamin Franklin fällt mir da ein: „Wer Freiheit aufgibt, um Sicherheit zu gewinnen, wird am Ende beides verlieren." Ich glaube, wir sind gerade auf dem besten Weg dahin.

Miriam: Of course, we all want to live safely, but security shouldn't be above everything else. If we give up our freedom to feel secure, we'll end up losing both. The famous quote by Benjamin Franklin comes to mind: "Those who would give up essential liberty to purchase a little temporary safety deserve neither liberty nor safety." I think we're heading straight down that path.

Jan: Ich sehe das anders. Ich finde, dass wir die Technologie nutzen sollten, um uns besser zu schützen. Wir leben in einer vernetzten Welt, und es gibt so viele Gefahren, die früher nicht existiert haben. Wenn uns Kameras und Überwachungssysteme davor schützen können, sollten wir sie nutzen. Und wie gesagt, solange die Gesetze eingehalten werden, sehe ich keinen Grund zur Sorge.

Jan: I see it differently. I think we should use technology to better protect ourselves. We live in a connected world, and there are so many dangers that didn't exist before. If cameras and surveillance systems can protect us from these, we should use them. And as long as the laws are followed, I see no reason for concern.

Miriam: Aber die Gesetze ändern sich! Schau dir nur an, wie nach jedem Terroranschlag neue Überwachungsmaßnahmen eingeführt werden. Erst sind es Kameras, dann die Überwachung des Internets, jetzt diskutiert man sogar über Vorratsdatenspeicherung und die Überwachung von Chats. Es wird immer mehr, und das Tempo, in dem unsere Freiheiten eingeschränkt werden, ist beängstigend.

Miriam: But the laws keep changing! Just look at how new surveillance measures are introduced after every terrorist attack. First, it's cameras, then internet surveillance, now they're even discussing data retention and monitoring chats. It keeps growing, and the pace at which our freedoms are being restricted is frightening.

Jan: Aber das geschieht doch nicht grundlos. Diese Maßnahmen sind eine Reaktion auf reale Bedrohungen. Du kannst doch nicht leugnen, dass Terrorismus und Cyberkriminalität immer größer werden. Die Behörden müssen auf diese Bedrohungen reagieren. Und ja, manchmal bedeutet das, dass wir ein bisschen von unserer Privatsphäre opfern müssen, um sicher zu sein.

Jan: But that doesn't happen without reason. These measures are a reaction to real threats. You can't deny that terrorism and cybercrime are growing. Authorities have to respond to these threats. And yes, sometimes that means sacrificing a bit of our privacy to stay safe.

Miriam: Ein „bisschen"? Das Problem ist, dass dieses „bisschen" sich ständig ausweitet. Am Ende haben wir überhaupt keine Privatsphäre mehr. Außerdem glaube ich, dass es auch andere Wege gibt, um die Sicherheit zu erhöhen, ohne dass wir komplett überwacht werden. Investitionen in Bildung, Integration, Präventionsprogramme – das sind doch langfristig viel bessere Lösungen als ein Überwachungsstaat.

Miriam: A "bit"? The problem is that this "bit" keeps expanding. In the end, we'll have no privacy left at all. Besides, I believe there are other ways to increase security without total surveillance. Investments in education, integration, prevention programs – these are long-term solutions that are much better than a surveillance state.

Jan: Natürlich sind Prävention und Bildung wichtig, aber das eine schließt das andere doch nicht aus. Überwachung ist ein Werkzeug, kein Ersatz für andere Maßnahmen. Und wir sollten froh sein, dass es so fortschrittliche Technologien gibt, die uns helfen können. Es wäre doch fahrlässig, diese Möglichkeiten ungenutzt zu lassen, nur weil wir Angst haben, dass sie missbraucht werden könnten.

Jan: Of course, prevention and education are important, but one doesn't exclude the other. Surveillance is a tool, not a replacement for other measures. And we should be glad that we have such advanced technologies that can help us. It would be negligent not to use these possibilities just because we're afraid they might be abused.

Miriam: Aber genau darum geht es! Technologie kann immer missbraucht werden, besonders wenn sie so mächtig ist wie die, die gerade entwickelt wird. Wir sprechen von Gesichtserkennung, Drohnenüberwachung, Algorithmen, die unser Verhalten vorhersagen sollen – das sind keine Science-Fiction-Ideen mehr, sondern Realität. Und diese Technologien geben unglaublich viel Macht in die Hände weniger Menschen.

Miriam: But that's exactly the point! Technology can always be abused, especially when it's as powerful as what's being developed right now. We're talking about facial recognition, drone surveillance, algorithms designed to predict our behavior – these are no longer science fiction, they're reality. And these technologies give an incredible amount of power to a few people.

Jan: Und deshalb brauchen wir klare Regeln und Kontrollen. Ich stimme dir zu, dass Machtmissbrauch verhindert werden muss, aber das bedeutet nicht, dass wir die Technologie komplett ablehnen sollten. Es geht darum, einen Mittelweg zu finden – zwischen Sicherheit und Freiheit. Ein gewisses Maß an Überwachung ist notwendig, um uns zu schützen.

Jan: And that's why we need clear rules and controls. I agree that we must prevent abuses of power, but that doesn't mean we should reject technology altogether. It's about finding a middle ground – between security and freedom. A certain level of surveillance is necessary to protect us.

Miriam: Aber der Mittelweg verschiebt sich immer weiter. Was heute noch als extrem gilt, wird morgen normal. Wenn wir einmal akzeptiert haben, dass Überwachung Teil unseres Alltags ist, gibt es kein Zurück mehr. Ich will nicht in einer Welt leben, in der jeder Schritt, jede Entscheidung und jede Meinung beobachtet wird.

Miriam: But that middle ground keeps shifting. What seems extreme today becomes normal tomorrow. Once we accept that surveillance is part of our daily lives, there's no turning back. I don't want to live in a world where every step, every decision, and every opinion is being watched.

Jan: Ich verstehe deine Sorge, aber ich glaube, du malst ein zu düsteres Bild. Die meisten Menschen sind nicht daran interessiert, jede deiner Bewegungen zu überwachen. Es geht darum, Risiken zu minimieren und potenzielle Gefahren zu erkennen. Solange die Überwachung verhältnismäßig ist und der Datenschutz gewährleistet bleibt, sehe ich darin keine Bedrohung für unsere Freiheit.

Jan: I understand your concern, but I think you're painting too dark a picture. Most people aren't interested in monitoring your every move. It's about minimizing risks and identifying potential dangers. As long as surveillance is proportionate and data protection is ensured, I don't see it as a threat to our freedom.

Miriam: Vielleicht, aber für mich fühlt es sich trotzdem wie ein schmaler Grat an. Ich will einfach nicht, dass wir in einer Welt aufwachen, in der Freiheit nur noch ein Wort auf dem Papier ist, weil wir alles der Sicherheit untergeordnet haben.

Miriam: Maybe, but for me, it still feels like a fine line. I just don't want us to wake up in a world where freedom is nothing more than a word on paper because we've subordinated everything to security.

Jan: Das verstehe ich, und ich denke, wir müssen als Gesellschaft ständig wachsam bleiben. Aber ich bleibe dabei: Sicherheit und Freiheit können koexistieren, wenn wir klug mit der Technologie umgehen. Der Schlüssel liegt darin, die richtige Balance zu finden und die Kontrollmechanismen ständig zu hinterfragen.

Jan: I understand that, and I think we, as a society, need to remain constantly vigilant. But I stand by my belief: security and freedom can coexist if we use technology wisely. The key is finding the right balance and constantly questioning the control mechanisms.

Miriam: Vielleicht. Aber ich hoffe, dass wir diese Balance nicht erst finden, wenn es schon zu spät ist.

Miriam: Maybe. But I hope we don't find that balance only when it's already too late.

Künstliche Intelligenz: Jobmotor oder Jobkiller?

Klara: Hast du die neuesten Berichte über Künstliche Intelligenz gelesen, Felix? Immer mehr Jobs werden durch Automatisierung und KI ersetzt. Das macht mir ehrlich gesagt Angst. Was passiert mit all den Menschen, deren Arbeitsplätze dadurch verschwinden? Die Wirtschaft kann doch nicht einfach alles auf Effizienz trimmen und die Menschen dabei vergessen!

Klara: Have you read the latest reports on artificial intelligence, Felix? More and more jobs are being replaced by automation and AI. Honestly, that scares me. What will happen to all the people whose jobs disappear because of it? The economy can't just focus on efficiency and forget about people!

Felix: Klara, ich verstehe deine Sorgen, aber ich sehe das anders. Ja, einige Jobs werden durch KI ersetzt, aber gleichzeitig werden auch neue Jobs geschaffen. Das war doch schon immer so bei technologischen Revolutionen. Früher hat man auch gedacht, die Industrialisierung würde Millionen Menschen arbeitslos machen – und was ist passiert? Die Menschen haben neue Fähigkeiten erlernt, neue Berufe sind entstanden, und die Produktivität ist gestiegen. Ich glaube, dass KI mehr Chancen bietet, als wir momentan sehen.

Felix: Klara, I understand your concerns, but I see it differently. Yes, some jobs will be replaced by AI, but at the same time, new jobs will be created. That's always been the case with technological revolutions. People once thought industrialization would make millions unemployed – and what happened? People learned new skills, new professions emerged, and productivity increased. I believe AI offers more opportunities than we currently realize.

Klara: Aber die Geschwindigkeit, mit der das heute passiert, ist doch eine ganz andere. Früher gab es Zeit, sich anzupassen. Heute werden ganze Branchen innerhalb von Jahren durch KI umgekrempelt. Nehmen wir mal die Logistikbranche: Selbstfahrende LKWs sind keine Zukunftsmusik mehr, und was passiert dann mit all den Fahrern? Nicht jeder kann einfach mal so auf einen Tech-Job umsteigen.

Klara: But the speed at which it's happening today is completely different. In the past, there was time to adapt. Now, entire industries are being upended by AI within a few years. Take the logistics industry: self-driving trucks are no longer science fiction, so what happens to all the drivers? Not everyone can just switch to a tech job.

Felix: Das stimmt, der Wandel passiert schneller. Aber genau deshalb müssen wir auch in die Weiterbildung der Menschen investieren. Anstatt Angst vor dem Wandel zu haben, sollten wir die Menschen befähigen, in den neuen Branchen zu arbeiten, die durch KI entstehen. KI kann auch Jobs schaffen, die wir uns heute noch gar nicht vorstellen können – denk mal an alle Berufe, die mit der Entwicklung und Wartung dieser Systeme zu tun haben.

Felix: That's true, the change is happening faster. But that's exactly why we need to invest in retraining people. Instead of fearing the change, we should empower people to work in the new industries created by AI. AI can also create jobs we can't even imagine today – think about all the roles related to developing and maintaining these systems.

Klara: Das klingt ja schön und gut, aber realistisch gesehen haben nicht alle Menschen die Möglichkeit, sich neu zu qualifizieren. Was ist mit den Älteren, die vielleicht kurz vor der Rente stehen? Oder mit denen, die einfach nicht die finanziellen Mittel haben, um sich weiterzubilden? Die fallen hinten runter, und das ist in meinen Augen ein großes Problem. Es ist einfach zu sagen, dass neue Jobs entstehen, aber für wen?

Klara: That sounds nice, but realistically, not everyone has the opportunity to retrain. What about older people who are close to retirement? Or those who simply don't have the financial means to pursue further education? They get left behind, and in my view, that's a big problem. It's easy to say new jobs will be created, but for whom?

Felix: Da gebe ich dir recht. Nicht jeder wird es leicht haben, sich anzupassen. Deshalb sollte die Politik stärker in soziale Absicherung und Weiterbildung investieren. Es gibt bereits Initiativen, die genau darauf abzielen, Menschen in neuen

Technologien zu schulen. Wenn wir die richtigen Rahmenbedingungen schaffen, können wir den Übergang gestalten, anstatt ihn einfach passieren zu lassen.

Felix: I agree with you. Not everyone will have an easy time adjusting. That's why governments should invest more in social safety nets and retraining. There are already initiatives aimed at training people in new technologies. If we create the right framework, we can manage the transition rather than just letting it happen.

Klara: Aber die Realität ist doch, dass Unternehmen oft nur an den schnellen Profit denken. Sie ersetzen Arbeitskräfte durch Maschinen, weil es günstiger und effizienter ist. Warum sollten sie dann noch Geld in die Weiterbildung ihrer Mitarbeiter stecken, wenn sie einfach neue KI-Systeme kaufen können? Das Problem ist doch das System, das nur auf Gewinnmaximierung ausgerichtet ist und die Menschen auf der Strecke lässt.

Klara: But the reality is that companies often only care about quick profits. They replace workers with machines because it's cheaper and more efficient. So why would they invest in retraining their employees when they can just buy new AI systems? The problem is the system itself, which focuses only on maximizing profits and leaves people behind.

Felix: Natürlich wollen Unternehmen effizienter werden, das ist der Kapitalismus. Aber ich glaube, dass auch die Unternehmen langfristig ein Interesse daran haben, qualifizierte Arbeitskräfte zu haben. KI kann viele repetitive Aufgaben übernehmen, aber kreative und soziale Fähigkeiten bleiben weiterhin wichtig. Außerdem müssen KI-Systeme programmiert, gewartet und verbessert werden – dafür braucht man Menschen.

Felix: Of course, companies want to become more efficient, that's capitalism. But I also believe that companies have a long-term interest in having skilled workers. AI can take over many repetitive tasks, but creative and social skills remain important. Also, AI systems need to be programmed, maintained, and improved and that requires people.

Klara: Creativity and social skills are important, but that only applies to a small part of the workforce. What about the millions of people who work in simple jobs? There's not always an easy alternative for them. And even if AI only takes over part of the tasks, there will be fewer and fewer jobs. You can't seriously believe that for every person who loses their job to a machine, a new, better job will automatically be created.

Felix: No, I'm not saying there's a 1:1 alternative for everyone. But I think the job market has always adapted to new technologies. We have to shape it as a society. If we offer the right education and support, we can cushion the transition. Maybe we also need to consider concepts like universal basic income to help people during times of upheaval.

Menschen, die davon profitieren, sind meist die ohnehin schon Reichen.

Klara: Universal basic income sounds like an interesting idea, but is it really the solution? I find it hard to imagine how it would be financed, and whether it would motivate people to take new paths in the long term. But yes, maybe we do need such radical ideas to cope with the changes. Still, my biggest issue remains: AI primarily benefits large corporations, and the people who profit from it are usually already wealthy.

Felix: Ja, das ist ein berechtigter Punkt. Die Verteilung des Wohlstands, den KI schafft, ist eine große Herausforderung. Wenn nur die großen Tech-Konzerne profitieren und der Rest der Gesellschaft leer ausgeht, haben wir ein Problem. Deshalb glaube ich, dass es hier klare Regeln und Steuern braucht, um sicherzustellen, dass der Nutzen von KI auch bei den Menschen ankommt, die ihre Jobs verlieren oder sich in neuen Bereichen qualifizieren müssen.

Felix: Yes, that's a valid point. The distribution of wealth created by AI is a big challenge. If only the big tech companies benefit while the rest of society is left behind, we have a problem. That's why I believe we need clear regulations and taxes to ensure that the benefits of AI reach the people who lose their jobs or need to retrain in new fields.

Klara: Aber die Politik hinkt doch immer hinterher. Schau dir die ganzen Debatten um die Digitalisierung an – viele Politiker verstehen gar nicht, wie schnell sich die Welt verändert, geschweige denn, was KI wirklich bedeutet. Und in der Zwischenzeit gehen Jobs verloren. Ich habe das Gefühl, dass wir hier auf eine riesige soziale Krise zusteuern, die wir noch nicht richtig erkannt haben.

Klara: But politics is always lagging behind. Just look at the debates around digitalization – many politicians don't even understand how fast the world is changing, let alone what AI really means. And in the meantime, jobs are being lost. I feel like we're heading toward a massive social crisis that we haven't fully recognized yet.

Felix: Das ist leider oft so, ja. Aber ich glaube, dass die öffentliche Debatte langsam Fahrt aufnimmt. Die Frage ist, ob wir rechtzeitig die richtigen Maßnahmen ergreifen. Ich bin jedenfalls optimistisch, dass wir es schaffen können, wenn wir früh genug handeln. Es gibt viele Möglichkeiten, wie KI uns das Leben erleichtern und neue Möglichkeiten schaffen kann – aber es braucht politische Weichenstellungen, das ist klar.

Felix: That's often the case, yes. But I believe the public debate is slowly picking up. The question is whether we'll take the right steps in time. I'm optimistic that we can manage it if we act early enough. There are many ways AI can make our lives easier and create new opportunities – but it clearly needs political direction.

Klara: Optimismus ist gut, aber ich bleibe skeptisch. Was wir jetzt brauchen, sind konkrete Pläne und keine leeren Versprechungen. Ich will nicht in einer Zukunft leben, in der Maschinen fast alles machen und die Menschen, die das Pech hatten, in den „falschen" Berufen zu arbeiten, einfach auf der Strecke bleiben. KI darf nicht zur sozialen Spaltung führen.

Klara: Optimism is good, but I remain skeptical. What we need now are concrete plans, not empty promises. I don't want to live in a future where machines do almost everything, and the people who were unlucky enough to work in the "wrong" jobs are just left behind. AI must not lead to social division.

Felix: Ich bin bei dir, dass wir vorsichtig sein müssen. Aber ich sehe die KI eher als Werkzeug, das wir nutzen können, um die Welt zu verbessern – wenn wir es richtig angehen. Es liegt an uns, die Chancen zu ergreifen und die Risiken zu minimieren. Ich glaube, wenn wir es schaffen, KI richtig zu integrieren, können wir Arbeitsplätze nicht nur zerstören, sondern auch ganz neue, spannende Möglichkeiten schaffen.

Felix: I agree with you that we need to be careful. But I see AI more as a tool we can use to make the world better – if we approach it the right way. It's up to us to seize the opportunities and minimize the risks. I believe if we integrate AI properly, we won't just destroy jobs but also create entirely new, exciting possibilities.

Klara: Das hoffe ich auch. Aber dafür müssen wir den Wandel aktiv gestalten, statt nur zuzusehen, wie die Maschinen immer mehr übernehmen. KI kann eine Hilfe sein, aber sie darf nicht die Menschen ersetzen. Wir müssen sicherstellen, dass niemand zurückgelassen wird.

Klara: I hope so too. But for that, we need to actively shape the change, instead of just watching as machines take over more and more. AI can be a help, but it must not replace people. We need to ensure that no one is left behind.

Felix: Genau das ist der Punkt: KI wird nicht die Menschen ersetzen, sondern uns dabei helfen, neue Dinge zu schaffen und andere Aufgaben zu übernehmen. Aber du hast recht – es muss fair und gerecht ablaufen. Wir dürfen die sozialen Auswirkungen nicht unterschätzen.

Felix: That's exactly the point: AI won't replace people, but help us create new things and take on different tasks. But you're right – it has to be fair and just. We must not underestimate the social impact.

Klara: Und genau deswegen müssen wir jetzt handeln. KI ist kein Zukunftsthema mehr, sondern Realität. Die Frage ist, ob wir die Kontrolle darüber behalten oder ob sie uns irgendwann entgleitet.

Klara: And that's exactly why we need to act now. AI is no longer a future topic, but a reality. The question is whether we'll keep control of it or whether it will eventually slip out of our hands.

Felix: Da sind wir uns einig. KI bietet enorme Chancen, aber auch große Herausforderungen. Es liegt an uns, wie wir diese Technologie nutzen – und vor allem, wie wir sicherstellen, dass alle davon profitieren, nicht nur ein paar wenige.

Felix: On that, we agree. AI offers enormous opportunities but also great challenges. It's up to us how we use this technology – and above all, how we ensure that everyone benefits, not just a few.

Datenschutz: Bequemlichkeit beim Datenteilen vs. Risiken für die persönliche Sicherheit

Lena: Weißt du, Tom, ich habe das Gefühl, wir teilen viel zu viele Daten ohne nachzudenken. Jedes Mal, wenn ich eine neue App installiere, fragt sie nach meinem Standort, meinen Kontakten, Zugriff auf die Kamera – und ich stimme einfach zu, weil es sonst nicht funktioniert. Aber was passiert eigentlich mit all diesen Daten? Wer hat Zugriff darauf? Das macht mir echt Sorgen.

Lena: You know, Tom, I feel like we share way too much data without thinking. Every time I install a new app, it asks for my location, my contacts, access to the camera – and I just agree because it won't work otherwise. But what actually happens to all this data? Who has access to it? That really worries me.

Tom: Ach, ich weiß nicht, Lena. Ich sehe das nicht so dramatisch. Klar, wir teilen viele Daten, aber dafür bekommen wir auch eine Menge Bequemlichkeit zurück. Stell dir vor, du müsstest bei jeder App deine Adresse oder deine Vorlieben jedes Mal neu eingeben. Es wäre doch total unpraktisch. Außerdem, die meisten dieser Daten werden doch nur genutzt, um die Dienste zu verbessern oder personalisierte Werbung zu schalten. Ist doch nicht schlimm, oder?

Tom: Oh, I don't know, Lena. I don't see it as such a big deal. Sure, we share a lot of data, but we get a lot of convenience in return. Imagine if you had to enter your address or preferences every time you used an app. That would be really inconvenient. Plus, most of this data is only used to improve services or show personalized ads. That's not so bad, right?

Lena: Aber genau das ist doch das Problem! Unsere Daten werden zu einer Ware, die verkauft wird. Wir wissen überhaupt nicht, wo unsere Informationen landen oder wie sie verwendet werden. Und was, wenn sie gehackt oder missbraucht werden? Es gibt genug Beispiele von Datenlecks, bei denen Millionen von persönlichen Informationen an die Öffentlichkeit gelangt sind. Das ist doch keine Kleinigkeit!

Lena: But that's exactly the problem! Our data becomes a product that's sold. We have no idea where our information ends up or how it's used. And what if it gets hacked or misused? There are plenty of examples of data breaches where millions of personal details were leaked to the public. That's no small issue!

Tom: Das stimmt, Datenlecks gibt es, aber es passiert nicht ständig. Die meisten großen Unternehmen haben doch Sicherheitsmaßnahmen, um solche Vorfälle zu verhindern. Und mal ehrlich, was würde ein Hacker mit deinen Daten anfangen? Ich meine, so spannend sind sie jetzt auch wieder nicht. Wer interessiert sich schon für meine Einkaufsliste oder wo ich letzte Woche gegessen habe?

Tom: That's true, data leaks happen, but not all the time. Most big companies have security measures to prevent such incidents. And honestly, what would a hacker do with your data? I mean, it's not that exciting. Who cares about my shopping list or where I ate last week?

Lena: Das ist ziemlich naiv, Tom. Es geht nicht nur um deine Einkaufsliste. Stell dir vor, jemand hat Zugriff auf deine finanziellen Informationen, deine Gesundheitsdaten oder weiß genau, wo du dich jederzeit aufhältst. Solche Informationen könnten missbraucht werden, um dich zu erpressen oder Identitätsdiebstahl zu begehen. Und mal abgesehen davon, unsere Privatsphäre ist ein Grundrecht. Wir sollten nicht so leichtfertig damit umgehen.

Lena: That's pretty naïve, Tom. It's not just about your shopping list. Imagine someone has access to your financial information, your health data, or knows exactly where you are at all times. Such information could be misused to blackmail you or commit identity theft. And besides, our privacy is a fundamental right. We shouldn't take it so lightly.

Tom: Ja, Privatsphäre ist wichtig, aber wir leben auch in einer Welt, die immer vernetzter ist. Du kannst dich doch nicht völlig von der digitalen Welt abkoppeln, nur weil du Angst hast, dass deine Daten missbraucht werden. Der Alltag wird dadurch viel einfacher. Apps, die deine Vorlieben kennen, können dir personalisierte Empfehlungen geben, du bekommst maßgeschneiderte Werbung, die wirklich zu dir passt, und Services wie Online-Banking oder Navigation wären ohne Datenteilung gar nicht möglich.

Tom: Yes, privacy is important, but we live in an increasingly connected world. You can't just disconnect from the digital world because you're afraid your data might be misused. It makes everyday life so much easier. Apps that know your preferences can give you personalized recommendations, you get tailored ads that really fit you, and services like online banking or navigation wouldn't be possible without data sharing.

Lena: Das mag sein, aber muss denn wirklich jede App so viele Daten von mir haben? Warum muss ein Fitness-Tracker meinen Standort 24/7 wissen, oder warum will eine Wetter-App Zugriff auf meine Kontakte? Oft geben wir viel mehr Informationen preis, als eigentlich nötig ist. Die Unternehmen nutzen unsere Bequemlichkeit aus, um so viele Daten wie möglich zu sammeln, und wir merken es nicht einmal.

Lena: That may be true, but does every app really need so much data from me? Why does a fitness tracker need to know my location 24/7, or why does a weather app want access to my contacts? We often give away way more information than necessary. Companies exploit our convenience to collect as much data as possible, and we don't even notice.

Tom: Klar, manche Apps verlangen vielleicht zu viele Berechtigungen, aber das kannst du ja immer noch selbst entscheiden. Niemand zwingt dich, alles zu teilen. Außerdem, wenn dir eine App zu invasiv erscheint, gibt es meistens Alternativen. Die Nutzer haben mehr Kontrolle, als du denkst.

Tom: Sure, some apps may ask for too many permissions, but you can still decide for yourself. No one's forcing you to share everything. And if an app seems too invasive, there are usually alternatives. Users have more control than you think.

Lena: Aber wie viele Menschen nehmen sich wirklich die Zeit, alle Einstellungen zu prüfen? Die meisten klicken doch einfach auf „Akzeptieren", weil sie die App schnell benutzen wollen. Und genau das ist das Problem. Die Unternehmen verlassen sich darauf, dass die Nutzer faul oder uninformiert sind. Es fehlt an Transparenz. Wir wissen oft gar nicht, welche Daten gesammelt werden und was damit passiert.

Lena: But how many people actually take the time to check all the settings? Most just click "accept" because they want to use the app quickly. And that's exactly the problem. Companies rely on users being lazy or uninformed. There's a lack of transparency. We often don't even know what data is being collected or what happens to it.

Tom: Das stimmt teilweise, aber es gibt auch immer mehr Regelungen, die den Nutzern mehr Kontrolle geben. Die DSGVO (Datenschutz-Grundverordnung) zum Beispiel gibt uns in Europa deutlich mehr Rechte, was den Schutz unserer Daten angeht. Wir können einsehen, welche Daten von uns gespeichert werden, und wir können verlangen, dass sie gelöscht werden. Das ist doch ein Schritt in die richtige Richtung.

Tom: That's partly true, but there are also more and more regulations giving users more control. The GDPR (General Data Protection Regulation) in Europe, for example, gives us significantly more rights when it comes to data protection. We can see what data is stored about us and request that it be deleted. That's a step in the right direction.

Lena: Ja, die DSGVO ist ein guter Ansatz, aber sie wird oft nicht ausreichend durchgesetzt, und viele Unternehmen versuchen, die Regeln zu umgehen. Außerdem betrifft das nicht alle Länder. In den USA oder anderen Regionen gibt es viel laxere Gesetze. Und es reicht nicht aus, wenn nur die großen Firmen wie Google oder Facebook überwacht werden – auch kleine Apps und Plattformen müssen stärker in die Pflicht genommen werden.

Lena: Yes, the GDPR is a good approach, but it's often not enforced enough, and many companies try to bypass the rules. Plus, it doesn't apply to all countries. In the U.S. or other regions, the laws are much looser. And it's not enough to only monitor big companies like Google or Facebook – smaller apps and platforms also need to be held more accountable.

Tom: Ich stimme dir zu, dass es mehr Transparenz und strengere Kontrollen geben sollte, aber das bedeutet nicht, dass wir uns komplett von diesen Diensten abwenden sollten. Es ist ein Balanceakt. Wir müssen lernen, wie wir unsere Daten besser schützen, aber gleichzeitig die Vorteile der Technologie nutzen. Du kannst ja auch selbst Maßnahmen ergreifen: stärkere Passwörter, Zwei-Faktor-Authentifizierung, regelmäßige Überprüfung deiner Privatsphäre-Einstellungen. Damit kann man schon viel machen.

Tom: I agree that there should be more transparency and stricter controls, but that doesn't mean we should completely turn away from these services. It's a balancing act. We need to learn how to better protect our data while still enjoying the benefits of technology. You can also take your own measures: stronger passwords, two-factor authentication, regularly reviewing your privacy settings. That can already make a big difference.

Lena: Natürlich, ich nehme meine Sicherheit auch ernst, aber es fühlt sich oft an, als würden wir den Unternehmen hinterherrennen. Die Technik entwickelt sich so schnell, dass wir kaum mitkommen. Und während wir uns mit Passwörtern und Authentifizierungen herumschlagen, sammeln die Konzerne fleißig weiter Daten über uns. Es gibt einfach ein Ungleichgewicht. Wir haben als Einzelne nicht genug Macht, um uns wirklich zu schützen.

Lena: Of course, I take my security seriously, but it often feels like we're just chasing after companies. Technology is developing so fast that we can barely keep up. And while we're busy with passwords and authentications, the corporations are still busily collecting data about us. There's just an imbalance. As individuals, we don't have enough power to truly protect ourselves.

Tom: Aber was wäre die Alternative? Ganz auf digitale Dienste verzichten? Das ist doch kaum realistisch. Wir können nicht einfach in die Zeit vor dem Internet zurückkehren. Ich glaube, der beste Weg ist, ein gesundes Gleichgewicht zu finden. Wir müssen uns der Risiken bewusst sein, aber die Vorteile, die das Datenteilen mit sich bringt, nicht komplett ablehnen. Stell dir mal vor, wie praktisch es ist, dass Google Maps immer weiß, wo du bist, und dir

Tom: But what's the alternative? Completely giving up digital services? That's hardly realistic. We can't just go back to the time before the internet. I think the best way is to find a healthy balance. We need to be aware of the risks but not completely reject the advantages that data sharing brings. Just think how convenient it is that Google Maps always knows where you are and can instantly suggest the best routes. Or how smart home assistants make your life easier.

Lena: Ja, das ist bequem, keine Frage. Aber Bequemlichkeit darf nicht der Grund sein, warum wir unsere Privatsphäre aufs Spiel setzen. Irgendwann könnte der Schaden größer sein als der Nutzen. Was passiert, wenn diese Daten missbraucht werden, sei es von Hackern, von Regierungen oder sogar von den Unternehmen selbst? Es geht nicht nur darum, was heute passiert, sondern auch, was in der Zukunft möglich ist.

Lena: Yes, that's convenient, no doubt. But convenience shouldn't be the reason we put our privacy at risk. One day, the harm could outweigh the benefits. What happens if this data is misused, whether by hackers, governments, or even the companies themselves? It's not just about what's happening today but also about what could be possible in the future.

Tom: Ich verstehe, dass du da vorsichtig bist, aber wir können nicht alles kontrollieren. Und ehrlich gesagt, manchmal frage ich mich, ob wir das Problem nicht größer machen, als es ist. Die meisten Daten, die gesammelt werden, sind harmlos und dienen dazu, unsere Erfahrung zu verbessern. Sicher, es gibt Risiken, aber die Welt verändert sich ständig. Vielleicht sollten wir uns auch anpassen und lernen, damit zu leben.

Tom: I understand that you're being cautious, but we can't control everything. And honestly, sometimes I wonder if we're making the problem bigger than it is. Most of the data collected is harmless and is used to improve our experience. Sure, there are risks, but the world is constantly changing. Maybe we should adapt and learn to live with it.

Lena: Oder wir sollten mehr Druck auf die Unternehmen ausüben, damit sie verantwortungsvoller mit unseren Daten umgehen. Es kann doch nicht sein, dass wir einfach alles akzeptieren, nur weil es „bequemer" ist. Technologie sollte uns helfen, ohne uns zu überwachen oder auszubeuten. Und solange das nicht gewährleistet ist, werde ich weiterhin skeptisch bleiben.

Lena: Or we should put more pressure on companies to handle our data more responsibly. It can't be that we just accept everything because it's "more convenient." Technology should help us without surveilling or exploiting us. And until that's guaranteed, I'll remain skeptical.

Tom: Ich verstehe deinen Punkt. Wir brauchen definitiv mehr Schutz und Kontrolle über unsere Daten. Aber ich denke, es ist möglich, Technologie und Datenschutz in Einklang zu bringen. Es liegt an uns, bewusst zu entscheiden, welche Daten wir teilen und welche nicht. Bequemlichkeit und Sicherheit müssen sich nicht ausschließen – es braucht nur mehr Transparenz und Verantwortung.

Tom: I understand your point. We definitely need more protection and control over our data. But I think it's possible to balance technology and privacy. It's up to us to consciously decide what data we share and what we don't. Convenience and security don't have to be mutually exclusive – we just need more transparency and responsibility.

Lena: Da sind wir uns einig. Solange die Verantwortung aber hauptsächlich bei den Unternehmen liegt und nicht bei uns als Nutzern, werde ich weiterhin vorsichtig sein. Ich will nicht in einer Welt leben, in der Daten mehr wert sind als Menschenrechte.

Lena: We agree on that. But as long as the responsibility mainly lies with the companies and not with us as users, I'll remain cautious. I don't want to live in a world where data is worth more than human rights.

Tom: Das will ich auch nicht, aber ich glaube, wir können beides haben: Die Vorteile der Technologie und den Schutz unserer Privatsphäre. Wir müssen nur den richtigen Weg finden.

Tom: I don't want that either, but I believe we can have both: the benefits of technology and the protection of our privacy. We just need to find the right way.

73

Soziale Medien: Plattform für freie Meinungsäußerung vs. Verbreitung von Fehlinformationen

Nina: Ehrlich gesagt, Tom, ich habe in letzter Zeit das Gefühl, dass soziale Medien eher Schaden anrichten als nutzen. Ja, sie sind toll, um mit Freunden in Kontakt zu bleiben oder um sich auszudrücken, aber die Menge an Fehlinformationen, die da draußen verbreitet wird, ist einfach erschreckend. Jeder kann irgendwas posten, und plötzlich glauben es Millionen Menschen. Wo soll das noch hinführen?

Nina: Honestly, Tom, I've been feeling lately that social media does more harm than good. Yes, they're great for staying in touch with friends or expressing yourself, but the amount of misinformation being spread is just shocking. Anyone can post anything, and suddenly millions believe it. Where is this headed?

Tom: Ich verstehe, dass es viel Unsinn im Netz gibt, aber Nina, soziale Medien sind auch eine unglaubliche Plattform für freie Meinungsäußerung. Früher hatten nur große Medienhäuser das Sagen. Jetzt kann jeder seine Stimme erheben, und das finde ich unglaublich wertvoll. Natürlich gibt es Fehlinformationen, aber das war schon immer so, auch vor den sozialen Medien. Die Lösung kann doch nicht sein, diese Plattformen zu zensieren.

Tom: I understand that there's a lot of nonsense online, but Nina, social media is also an incredible platform for free expression. In the past, only big media houses had a voice. Now anyone can raise their voice, and I think that's incredibly valuable. Sure, there's misinformation, but that's always been the case, even before social media. The solution can't be to censor these platforms.

Nina: Klar, freie Meinungsäußerung ist wichtig, aber was passiert, wenn diese Meinungen gefährlich werden? Es geht nicht nur um falsche Informationen, die harmlose Themen betreffen – denk mal an die Corona-Pandemie. Da wurden Lügen über Impfungen und den Virus verbreitet, die Menschenleben gekostet haben. Wenn Fehlinformationen solche Auswirkungen haben, kann man doch nicht einfach sagen: „Ja, ist halt Meinungsfreiheit."

Nina: Sure, free speech is important, but what happens when those opinions become dangerous? It's not just about false information on harmless topics – think about the coronavirus pandemic. Lies about vaccines and the virus were spread, and they cost lives. When misinformation has such consequences, you can't just say, "Well, that's freedom of speech."

Tom: Ja, es gibt extreme Beispiele, aber trotzdem sollten wir aufpassen, die Meinungsfreiheit nicht zu sehr einzuschränken. Wer entscheidet denn, was „richtig" oder „falsch" ist? Wenn wir anfangen, alles zu kontrollieren, was gepostet wird, landen wir schnell in einer Art Zensur. Und das ist gefährlich. Außerdem ist es doch auch die Verantwortung der Nutzer, kritisch zu denken und nicht alles zu glauben, was sie lesen.

Tom: Yes, there are extreme examples, but we should still be careful not to restrict free speech too much. Who decides what's "right" or "wrong"? If we start controlling everything that gets posted, we quickly end up with censorship. And that's dangerous. Plus, it's also the users' responsibility to think critically and not believe everything they read.

Nina: Aber nicht jeder ist in der Lage, kritisch zu hinterfragen, vor allem wenn die Desinformation so professionell gemacht ist. Und was ist mit den Algorithmen? Die sozialen Netzwerke spielen eine riesige Rolle dabei, welche Inhalte wir sehen. Sie fördern oft reißerische oder polarisierende Beiträge, weil diese mehr Interaktionen generieren. Das verstärkt die Verbreitung von Fehlinformationen enorm. Es ist nicht einfach nur eine Frage der Meinungsfreiheit – diese Plattformen haben eine Verantwortung.

Nina: But not everyone is able to think critically, especially when misinformation is so professionally done. And what about the algorithms? Social networks play a huge role in what content we see. They often promote sensational or polarizing posts because they generate more engagement. This greatly amplifies the spread of misinformation. It's not just a matter of free speech – these platforms have a responsibility.

Tom: Natürlich haben sie eine Verantwortung, aber Algorithmen sind doch in erster Linie dafür da, Inhalte zu liefern, die uns

Tom: Of course, they have a responsibility, but algorithms are primarily designed to deliver content that interests us. If it's sometimes extreme opinions or content, that's also on us as users. We're the ones clicking on it. It's not the platforms' job to dictate what we should see. That would be a dangerous development.

Nina: Ja, aber genau das passiert doch schon – nur eben andersherum. Die Algorithmen diktieren, was wir sehen, basierend darauf, was uns am meisten triggert. Das führt dazu, dass Fehlinformationen schneller verbreitet werden als fundierte Fakten. Und je mehr Leute in ihren eigenen Filterblasen leben, desto schwerer wird es, sie mit der Realität zu erreichen. Deswegen brauchen wir Regeln und Moderation auf diesen Plattformen, sonst eskaliert es weiter.

Nina: Yes, but that's exactly what's already happening – just the other way around. The algorithms dictate what we see based on what triggers us the most. This causes misinformation to spread faster than well-researched facts. And the more people live in their own filter bubbles, the harder it becomes to reach them with reality. That's why we need rules and moderation on these platforms, or it will escalate further.

Tom: Ich bin da skeptisch. Wer soll denn diese Regeln festlegen? Wer entscheidet, was moderiert wird und was nicht? Ich meine, klar, offensichtliche Lügen und Hassrede sollten gelöscht werden, aber wo zieht man die Grenze? Was für den einen eine harmlose Meinung ist, empfindet der andere als gefährlich. Es ist ein schmaler Grat zwischen Moderation und Zensur. Ich finde, es ist besser, den Leuten die Freiheit zu lassen, selbst zu entscheiden, was sie glauben.

Tom: I'm skeptical about that. Who should set these rules? Who decides what gets moderated and what doesn't? I mean, sure, obvious lies and hate speech should be removed, but where do you draw the line? What one person sees as a harmless opinion, another might find dangerous. It's a fine line between moderation and censorship. I think it's better to let people have the freedom to decide for themselves what to believe.

Nina: Aber genau das funktioniert doch nicht. Menschen fallen auf Fake News herein, gerade weil sie oft keine Zeit oder keine Lust haben, alles zu überprüfen. Und es geht nicht nur um harmlose Meinungen. Schau dir die politischen Radikalisierungen an, die durch Social Media gefördert werden. Diese Plattformen geben extremen Gruppen eine riesige Bühne, um ihre Ideologien zu verbreiten. Wenn wir das nicht eindämmen, riskieren wir, dass der gesellschaftliche Zusammenhalt völlig zerbricht.

Nina: But that's exactly what isn't working. People fall for fake news because they often don't have the time or desire to fact-check everything. And it's not just about harmless opinions. Look at the political radicalization being fueled by social media. These platforms give extreme groups a huge stage to spread their ideologies. If we don't contain this, we risk the complete breakdown of social cohesion.

Tom: Das ist ein gutes Argument, aber auch in der Vergangenheit gab es extremistische Gruppen. Das Problem liegt doch nicht in den sozialen Medien selbst, sondern darin, wie wir damit umgehen. Die Lösung kann nicht sein, dass wir alle Inhalte regulieren und zensieren. Es muss vielmehr darum gehen, die Medienkompetenz der Menschen zu stärken, damit sie lernen, solche Inhalte kritisch zu hinterfragen.

Tom: That's a good argument, but extremist groups have existed in the past too. The problem isn't social media itself, but how we handle it. The solution can't be to regulate and censor all content. It's more about improving people's media literacy, so they learn to critically question such content.

Nina: Das mit der Medienkompetenz ist ja schön und gut, aber das reicht doch nicht. Wir müssen auch die Plattformen in die Verantwortung nehmen. Sie verdienen Milliarden durch Werbung, die auf der Verbreitung von Inhalten basiert. Wenn diese Inhalte gefährlich oder falsch sind, sollten die Unternehmen auch haften.

Es kann nicht sein, dass die Verbreitung von Fehlinformationen nur auf die Nutzer abgewälzt wird, während Facebook, Twitter und Co. sich zurücklehnen und sagen: „Wir bieten nur die Plattform."

Nina: Media literacy is all well and good, but that's not enough. We also need to hold the platforms accountable. They make billions through ads based on spreading content. If this content is dangerous or false, the companies should be liable. It can't be that the spread of misinformation is solely blamed on users while Facebook, Twitter, and others sit back and say, "We're just providing the platform."

Tom: Da stimme ich dir zu, dass die Plattformen mehr Verantwortung übernehmen sollten, aber Haftung? Das wäre ein enormer Eingriff in die Art und Weise, wie das Internet funktioniert. Diese Plattformen leben von der freien Meinungsäußerung und davon, dass jeder etwas posten kann. Wenn sie anfangen müssen, jede Information auf Richtigkeit zu prüfen, wäre das das Ende der freien Diskussion im Netz. Und woher soll das Geld kommen, um diese enorme Menge an Inhalten zu moderieren?

Tom: I agree that platforms should take more responsibility, but liability? That would be a huge interference in how the internet works. These platforms thrive on free speech and the fact that anyone can post. If they have to start verifying the accuracy of every piece of information, it would end free discussion online. And where would the money come from to moderate this massive amount of content?

Nina: Es geht nicht darum, jeden einzelnen Post zu kontrollieren, sondern klare Richtlinien und Mechanismen zu schaffen, um gefährliche Fehlinformationen schneller zu erkennen und zu stoppen. Es gibt ja schon Ansätze, wie Faktenchecks oder Warnhinweise unter Posts. Das müsste einfach noch konsequenter durchgesetzt werden. Und ja, es kostet Geld – aber wenn man sieht, wie viel diese Unternehmen verdienen, kann man wohl erwarten, dass sie einen Teil davon in die Sicherung ihrer Plattformen investieren.

Nina: It's not about controlling every single post, but creating clear guidelines and mechanisms to identify and stop dangerous misinformation more quickly. There are already approaches, like fact-checking or warning labels under posts. That just needs to be enforced more consistently. And yes, it costs money – but given how much these companies earn, we can expect them to invest part of that in securing their platforms.

Tom: Ich habe nichts gegen Faktenchecks, aber sie sollten nicht übermäßig eingesetzt werden. Ich finde es auch problematisch, wenn nur bestimmte Meinungen als „Fakten" dargestellt werden, während andere als Fehlinformationen gelten. Es gibt oft verschiedene Perspektiven auf komplexe Themen, und es ist wichtig, dass alle gehört werden, auch wenn sie nicht der „Mainstream-Meinung" entsprechen. Wir müssen aufpassen, dass wir nicht in eine Situation geraten, in der nur noch eine bestimmte Sichtweise zugelassen wird.

Tom: I don't have a problem with fact-checks, but they shouldn't be overused. I also find it problematic when only certain opinions are presented as "facts" while others are labeled as misinformation. There are often different perspectives on complex issues, and it's important that all are heard, even if they don't align with the "mainstream" view. We need to be careful not to end up in a situation where only one viewpoint is allowed.

Nina: Es geht nicht um Meinungen, sondern um Fakten. Natürlich gibt es verschiedene Ansichten zu vielen Themen, aber wenn jemand behauptet, dass die Erde flach ist oder dass Impfungen mehr schaden als nützen, dann sind das keine legitimen Meinungen, sondern gefährliche Fehlinformationen. Wir dürfen nicht alles unter dem Deckmantel der Meinungsfreiheit durchgehen lassen, wenn es Menschenleben gefährdet.

Nina: It's not about opinions, but facts. Of course, there are different views on many topics, but if someone claims the earth is flat or that vaccines do more harm than good, those aren't legitimate opinions – they're dangerous misinformation. We can't allow everything under the guise of free speech when it puts lives at risk.

Tom: Yes, extreme examples like the flat earth are easy to debunk, but where do you draw the line? There are many topics where facts are less clear and where there are differing scientific opinions. Who decides which opinion is right and which is wrong? If we start censoring content, we risk stifling critical discussions as well. That's not the right path.

Nina: It's not about stifling discussions but about protecting society from dangerous misinformation. Social media has become too powerful to be left unchecked. We need clear regulations to ensure that verifiably false information isn't shared millions of times. It's not a restriction of free speech if we keep lies and hate speech off these platforms.

Tom: I agree that measures are needed to curb extreme misinformation, but it remains a tricky issue. We need to find a way to protect free speech while ensuring that dangerous content isn't spread unchecked. But I also think the responsibility lies with us as users to be more mindful of the information we see and share.

Nina: Da bin ich mit dir einer Meinung. Wir müssen alle mehr Verantwortung übernehmen, aber die Plattformen müssen auch ihren Teil beitragen. Es geht darum, das Gleichgewicht zwischen freier Meinungsäußerung und dem Schutz der Gesellschaft zu finden. Solange die sozialen Medien allerdings so funktionieren, wie sie es aktuell tun, sehe ich das Gleichgewicht gefährdet.

Nina: I agree with you on that. We all need to take more responsibility, but the platforms also need to do their part. It's about finding the balance between free speech and protecting society. As long as social media works the way it currently does, I see that balance being at risk.

Tom: Vielleicht. Aber ich glaube, dass wir das Problem lösen können, ohne die Freiheit im Netz zu gefährden. Die Diskussion darüber ist wichtig, und ich hoffe, dass wir als Gesellschaft einen Weg finden, der beiden Seiten gerecht wird – der Freiheit und der Sicherheit.

Tom: Maybe. But I believe we can solve the problem without jeopardizing freedom on the internet. The discussion is important, and I hope we, as a society, can find a way that does justice to both sides – freedom and safety.

Tierversuche: Medizinische Fortschritte vs. Tierrechte

Maja: Weißt du, Alex, jedes Mal, wenn ich höre, dass Tiere für medizinische Tests leiden müssen, wird mir richtig schlecht. Millionen von Tieren werden jedes Jahr in Laboren gequält, nur damit wir neue Medikamente oder Kosmetikprodukte testen können. Das ist doch barbarisch! Wir müssen endlich aufhören, Tiere so zu behandeln, als wären sie uns unterlegen.

Maja: You know, Alex, every time I hear that animals suffer for medical tests, I feel sick. Millions of animals are tortured in labs every year just so we can test new medicines or cosmetic products. It's barbaric! We need to stop treating animals as if they're inferior to us.

Alex: Ich verstehe deine Emotionen, Maja, wirklich. Aber Tierversuche haben uns auch geholfen, riesige medizinische Fortschritte zu machen. Ohne sie gäbe es viele der Medikamente und Behandlungen, die wir heute für selbstverständlich halten, gar nicht. Denk mal an Impfstoffe, Krebsmedikamente, sogar an einfache Schmerzmittel. Hätten wir all das ohne Tierversuche entwickeln können?

Alex: I understand your feelings, Maja, really. But animal testing has helped us make huge medical advances. Without it, many of the medicines and treatments we take for granted today wouldn't exist. Think of vaccines, cancer medications, even simple painkillers. Could we have developed all that without animal testing?

Maja: Aber zu welchem Preis? Ja, es gibt Fortschritte, aber ist es das wirklich wert, wenn dafür Millionen von Tieren leiden müssen? Sie werden in Käfigen gehalten, leiden unter Schmerzen, und viele sterben qualvoll. Ich finde, das ist einfach nicht gerechtfertigt, vor allem, weil es heutzutage Alternativen gibt – Computersimulationen, Zellkulturen und sogar menschliche Probanden in späten Testphasen. Wir sind doch nicht mehr im Mittelalter!

Maja: But at what cost? Yes, there's progress, but is it really worth it if millions of animals have to suffer? They're kept in cages, endure pain, and many die horribly. I think it's simply not justified, especially since we have alternatives today – computer simulations, cell cultures, and even human volunteers in later testing phases. We're not living in the Middle Ages anymore!

Alex: Stimmt, es gibt Alternativen, aber die sind noch lange nicht ausgereift. Computersimulationen und Zellkulturen können das komplexe Zusammenspiel eines ganzen Organismus nicht vollständig nachbilden. Tiere spielen in der Forschung eine Schlüsselrolle, weil sie uns erlauben, die Auswirkungen von Medikamenten und Therapien auf den gesamten Körper zu verstehen. Klar, wir sollten uns um bessere Alternativen bemühen, aber im Moment sind Tierversuche oft noch notwendig.

Alex: True, there are alternatives, but they're far from fully developed. Computer simulations and cell cultures can't completely replicate the complex interactions of a whole organism. Animals play a key role in research because they allow us to understand the effects of medicines and therapies on the entire body. Sure, we should strive for better alternatives, but right now, animal testing is often still necessary.

Maja: Aber das ist doch genau der Punkt! Nur weil etwas „notwendig" ist, heißt das nicht, dass es moralisch richtig ist. Wenn wir wissen, dass Tiere dabei leiden, warum suchen wir dann nicht intensiver nach Lösungen, die ohne sie auskommen? Ich finde, wir haben einfach die Pflicht, andere Lebewesen nicht für unsere Zwecke zu missbrauchen – egal, wie nützlich es scheint.

Maja: But that's exactly the point! Just because something is "necessary" doesn't mean it's morally right. If we know animals are suffering, why aren't we looking harder for solutions that don't involve them? I believe we have a duty not to exploit other living beings for our purposes – no matter how useful it seems.

Alex: Aber was wäre die Alternative? Wollen wir Medikamente oder Therapien direkt an Menschen testen? Das wäre doch noch viel riskanter. Es gibt viele Krankheiten, bei denen wir Tierversuche gebraucht haben, um sicherzustellen, dass die

Medikamente nicht gefährlich sind. Klar, es ist ein moralisches Dilemma, aber die Gesundheit und das Leben von Millionen Menschen stehen auf dem Spiel. Wie sollen wir das verantworten, wenn wir ohne ausreichende Tests Medikamente freigeben?

Alex: But what's the alternative? Do we want to test medicines or therapies directly on humans? That would be even more dangerous. There are many diseases where we needed animal testing to ensure the medicines weren't harmful. Sure, it's a moral dilemma, but the health and lives of millions of people are at stake. How can we justify releasing medicines without adequate testing?

Maja: Es geht doch nicht darum, ungetestete Medikamente auf den Markt zu bringen! Es gibt Phasen in der Forschung, die man auch ohne Tiere durchführen kann. Und irgendwann müssen Medikamente sowieso an Menschen getestet werden – warum also nicht früher, in kleineren, kontrollierten Studien? Außerdem glaube ich, dass viele Tierversuche gar nicht so notwendig sind, wie behauptet wird. Oft geht es doch nur darum, Vorschriften zu erfüllen oder alte, bequeme Methoden weiterzuführen, anstatt wirklich innovativ zu sein.

Maja: It's not about releasing untested medicines! There are phases in research that can be done without animals. And medicines have to be tested on humans eventually – so why not earlier, in smaller, controlled studies? Plus, I believe many animal tests aren't as necessary as claimed. Often, it's just about fulfilling regulations or continuing old, convenient methods instead of being truly innovative.

Alex: Da hast du vielleicht recht. Es gibt sicherlich Fälle, in denen Tierversuche zu oft eingesetzt werden. Aber wir können nicht alle Tests einfach ersetzen. Manche Krankheiten, vor allem komplexe wie Alzheimer oder Krebs, erfordern Forschung an lebenden Organismen, weil wir noch nicht alles über die Mechanismen im Körper verstehen. Und selbst wenn wir alternative Methoden hätten, wären diese oft viel teurer und langwieriger. Was ist mit den Menschen, die jetzt auf lebensrettende Medikamente warten?

Alex: You might be right about that. There are certainly cases where animal testing is used too often. But we can't replace all tests. Some diseases, especially complex ones like Alzheimer's or cancer, require research on living organisms because we still don't fully understand the mechanisms in the body. And even if we had alternative methods, they would often be much more expensive and time-consuming. What about the people waiting for life-saving medicines now?

Maja: Das ist immer das Argument, oder? „Wir müssen jetzt helfen." Aber es ist doch auch eine Frage der Ethik. Ich meine, wir könnten schneller vorankommen, wenn wir Menschen für Experimente benutzen würden, aber das tun wir nicht – weil wir wissen, dass es moralisch falsch wäre. Warum gelten diese moralischen Prinzipien nicht für Tiere? Sie sind fühlende Wesen, sie haben Schmerzempfinden und wollen leben, genau wie wir.

Maja: That's always the argument, isn't it? "We have to help now." But it's also an ethical question. I mean, we could move faster if we used humans for experiments, but we don't – because we know it's morally wrong. Why don't these moral principles apply to animals? They are sentient beings, they feel pain, and they want to live, just like us.

Alex: Natürlich sind Tiere fühlende Wesen, aber wir können sie nicht mit Menschen gleichsetzen. Es gibt einen Unterschied, und genau deshalb haben wir diesen Kompromiss gefunden. Wir tun das nicht, weil wir Tiere quälen wollen, sondern weil es notwendig ist, um Menschenleben zu retten. Und ja, es ist nicht ideal, aber bis wir bessere Methoden haben, bleibt es ein notwendiges Übel.

Alex: Of course, animals are sentient beings, but we can't equate them with humans. There is a difference, and that's exactly why we've found this compromise. We don't do this because we want to harm animals, but because it's necessary to save human lives. And yes, it's not ideal, but until we have better methods, it remains a necessary evil.

Maja: Aber dieser „Kompromiss" bedeutet immer, dass die Tiere leiden. Für mich ist das keine akzeptable Lösung. Wir sprechen hier nicht von einem „notwendigen Übel", sondern von einer Grausamkeit, die wir beenden könnten, wenn wir wollten. Es gibt genug Forschung, die zeigt, dass viele Tierversuche überflüssig

Maja: But this "compromise" always means that animals suffer. For me, that's not an acceptable solution. We're not talking about a "necessary evil" but about cruelty that we could end if we wanted to. There's enough research showing that many animal tests are unnecessary and that alternatives exist. We just have to be willing to invest in them and leave old ways of thinking behind.

Alex: Das mag sein, aber ich glaube, dass der Übergang zu tierversuchsfreien Methoden länger dauern wird, als du denkst. Die Entwicklung dieser Technologien ist kompliziert und erfordert viel Zeit und Geld. In der Zwischenzeit müssen wir weiterhin Leben retten. Und so hart es klingt, die Rettung von Menschenleben wiegt für mich schwerer als die Frage, ob wir Tiere in der Forschung einsetzen. Natürlich sollte das Ziel sein, Tierversuche zu minimieren, aber ganz darauf verzichten können wir im Moment nicht.

Alex: That may be true, but I think the transition to animal-free methods will take longer than you think. Developing these technologies is complicated and requires a lot of time and money. In the meantime, we still need to save lives. And as harsh as it sounds, saving human lives outweighs the question of whether we use animals in research. Of course, the goal should be to minimize animal testing, but we can't completely do without it right now.

Maja: Ich verstehe, dass es keine einfache Lösung gibt, aber wir können doch nicht einfach weitermachen wie bisher, nur weil es bequem ist. Es muss mehr Druck auf die Industrie und die Politik ausgeübt werden, um Alternativen zu fördern. Sonst wird sich nie etwas ändern. Tierversuche sind nicht nur grausam, sie sind auch oft ineffektiv. Viele der getesteten Medikamente funktionieren beim Menschen am Ende gar nicht, obwohl sie bei Tieren erfolgreich waren. Das zeigt doch, dass es bessere Wege geben muss!

Maja: I understand that there's no simple solution, but we can't just continue as we have, simply because it's convenient. More pressure needs to be put on industry and politics to promote alternatives. Otherwise, nothing will ever change. Animal testing is not only cruel but often ineffective. Many drugs tested on animals don't work on humans in the end, even though they were successful in animals. That shows there must be better ways!

Alex: Da hast du einen Punkt. Es gibt tatsächlich Fälle, in denen Tierversuche nicht die gewünschten Ergebnisse liefern, weil Tiere und Menschen eben doch unterschiedlich sind. Aber trotzdem gibt es viele Situationen, in denen sie uns wertvolle Erkenntnisse geliefert haben. Und ich stimme dir zu, dass wir den Einsatz von Tieren in der Forschung immer wieder hinterfragen müssen. Aber bis wir eine funktionierende Alternative haben, können wir nicht einfach darauf verzichten.

Alex: You have a point. There are indeed cases where animal testing doesn't deliver the desired results because animals and humans are different. But there are still many situations where they've provided valuable insights. And I agree that we need to continuously question the use of animals in research. But until we have a viable alternative, we can't simply stop using them.

Maja: Ich will ja auch keine sofortige Abschaffung fordern, aber wir müssen viel mehr tun, um den Ausstieg aus Tierversuchen zu beschleunigen. Wir sollten uns als Gesellschaft überlegen, ob wir wirklich bereit sind, diesen Preis für medizinischen Fortschritt zu zahlen. Es geht hier um ethische Grundfragen: Haben wir das Recht, über das Leben anderer Lebewesen so zu verfügen?

Maja: I'm not calling for immediate abolition either, but we need to do much more to speed up the transition away from animal testing. As a society, we should question whether we're really willing to pay this price for medical progress. This is about fundamental ethical questions: Do we have the right to control the lives of other beings like this?

Alex: Es ist definitiv ein moralisches Dilemma, und ich verstehe deine Bedenken. Aber ich glaube, es ist eine Frage der Abwägung. Solange wir keine gleichwertigen Alternativen haben, müssen wir diesen Weg weitergehen, um Menschenleben zu retten. Aber ich stimme dir zu, dass wir uns mehr anstrengen sollten, Tierversuche zu reduzieren und Alternativen zu entwickeln. Es ist keine ideale Lösung, aber im Moment die beste, die wir haben.

Alex: It's definitely a moral dilemma, and I understand your concerns. But I think it's a matter of balance. As long as we don't have equal alternatives, we have to continue down this path to save human lives. But I agree we should work harder to reduce animal testing and develop alternatives. It's not an ideal solution, but for now, it's the best we have.

Maja: Vielleicht. Aber ich werde weiterhin dagegen ankämpfen, weil ich glaube, dass wir als Gesellschaft besser werden können. Wir müssen das Leiden der Tiere ernster nehmen und alles daran setzen, eine Zukunft zu schaffen, in der wir medizinische Fortschritte machen können, ohne Tiere zu opfern.

Maja: Maybe. But I will continue to fight against it because I believe we can do better as a society. We must take the suffering of animals more seriously and do everything we can to create a future where we can make medical progress without sacrificing animals.

Alex: Und ich hoffe, dass wir diese Zukunft irgendwann erreichen. Bis dahin müssen wir einen Weg finden, der sowohl dem Schutz der Tiere als auch dem Schutz der Menschen gerecht wird. Es ist ein schwieriger Balanceakt, aber ich denke, wir sollten ihn gemeinsam gehen.

Alex: And I hope we'll reach that future someday. Until then, we need to find a way that balances protecting both animals and humans. It's a difficult balancing act, but I think we should walk it together.

Erneuerbare Energien: Kosten des Umstiegs vs. langfristige Umweltgewinne

Lena: Also, ich weiß ja nicht, wie du das siehst, Markus, aber ich finde, wir müssen viel schneller auf erneuerbare Energien umsteigen. Ja, es kostet am Anfang viel Geld, aber wir sprechen hier von der Zukunft unseres Planeten! Die Umweltgewinne, die wir dadurch langfristig haben, sind doch unbezahlbar.

Lena: So, I don't know how you see it, Markus, but I think we need to switch to renewable energy much faster. Yes, it costs a lot of money initially, but we're talking about the future of our planet! The environmental benefits we gain in the long term are priceless.

Markus: Das klingt ja schön und gut, Lena, aber du kannst doch nicht einfach die Kosten ignorieren. Der Umstieg auf erneuerbare Energien ist enorm teuer, und das Geld muss irgendwo herkommen. Die Energiepreise steigen jetzt schon, und viele Menschen können sich das einfach nicht leisten. Wir dürfen nicht vergessen, dass der Übergang Zeit braucht, und wenn wir alles überstürzen, könnte das unsere Wirtschaft ernsthaft schädigen.

Markus: That sounds nice, Lena, but you can't just ignore the costs. The switch to renewable energy is incredibly expensive, and the money has to come from somewhere. Energy prices are already rising, and many people simply can't afford it. We can't forget that the transition takes time, and if we rush everything, it could seriously harm our economy.

Lena: Natürlich kostet es Geld, aber das ist doch eine Investition in die Zukunft! Wir können doch nicht einfach so weitermachen wie bisher, als ob nichts wäre. Die Klimakrise wird uns am Ende viel teurer zu stehen kommen, wenn wir nicht schnell handeln. Dürren, Überschwemmungen, extreme Wetterereignisse – das verursacht Schäden in Milliardenhöhe. Wenn wir jetzt in erneuerbare Energien investieren, vermeiden wir solche Katastrophen in der Zukunft.

Lena: Of course, it costs money, but it's an investment in the future! We can't just continue as we have, as if nothing is happening. The climate crisis will cost us much more in the end if

we don't act quickly. Droughts, floods, extreme weather events –
they cause damage worth billions. If we invest in renewable energy
now, we can avoid such disasters in the future.

*Markus: Das ist ja genau das Problem, Lena. Du sprichst von
langfristigen Gewinnen, aber viele Menschen kämpfen im Hier und
Jetzt mit steigenden Kosten. Die Energiewende bedeutet für viele
Familien höhere Stromrechnungen, und nicht jeder kann sich eine
Solaranlage aufs Dach oder ein Elektroauto leisten. Wenn wir den
Umstieg zu schnell durchziehen, könnte das die soziale
Ungleichheit noch weiter verstärken. Wir brauchen einen
realistischen Plan, der alle mitnimmt.*

Markus: That's exactly the problem, Lena. You're talking about
long-term gains, but many people are struggling with rising costs
in the here and now. The energy transition means higher electricity
bills for many families, and not everyone can afford a solar panel
on their roof or an electric car. If we push the switch too fast, it
could deepen social inequality. We need a realistic plan that
includes everyone.

*Lena: Aber wir können doch nicht ewig warten, bis alle zufrieden
sind! Es ist doch klar, dass die großen Energiekonzerne und die
fossile Industrie versuchen, den Umstieg zu bremsen, weil sie
weiter ihre Profite machen wollen. Wir müssen diese Interessen
ignorieren und mutig vorangehen. Es gibt genug Möglichkeiten,
die Menschen finanziell zu entlasten, sei es durch Subventionen
oder günstigere Kredite für den Umbau auf erneuerbare Energien.*

Lena: But we can't wait forever until everyone is happy! It's clear
that the big energy companies and the fossil fuel industry are trying
to slow down the transition because they want to keep making
profits. We need to ignore those interests and move forward boldly.
There are plenty of ways to financially relieve people, whether
through subsidies or cheaper loans for switching to renewable
energy.

*Markus: Subventionen und Kredite schön und gut, aber wer bezahlt
das alles? Am Ende muss das doch der Steuerzahler tragen. Und
du sagst, wir sollen die fossile Industrie ignorieren, aber was ist
mit den Arbeitsplätzen in diesen Branchen? Wenn wir von heute*

auf morgen aussteigen, stehen tausende Menschen auf der Straße. Das ist nicht nur ein wirtschaftliches Problem, sondern auch ein soziales.

Markus: Subsidies and loans are all well and good, but who's going to pay for all of this? In the end, the taxpayer has to foot the bill. And you say we should ignore the fossil industry, but what about the jobs in those sectors? If we pull out overnight, thousands of people will be out of work. That's not just an economic problem but also a social one.

Lena: Aber genau deshalb brauchen wir einen geplanten Übergang! Wir können nicht die Augen vor der Realität verschließen: Fossile Brennstoffe haben keine Zukunft. Wenn wir die Menschen aus diesen Branchen in den Umbau einbeziehen, können sie in den erneuerbaren Energien neue Arbeitsplätze finden. Windkraft, Solarenergie, Wasserkraft – all diese Bereiche schaffen doch auch Jobs. Es ist ein Irrglaube, dass der Ausstieg aus Kohle und Öl nur Jobverluste bedeutet.

Lena: But that's exactly why we need a planned transition! We can't close our eyes to reality: Fossil fuels have no future. If we involve people from these sectors in the transition, they can find new jobs in renewable energy. Wind power, solar energy, hydropower – all these areas create jobs too. It's a misconception that moving away from coal and oil only means job losses.

Markus: Das klingt in der Theorie ja gut, aber der Aufbau dieser neuen Arbeitsplätze passiert nicht über Nacht. Solaranlagen aufzustellen oder Windparks zu bauen erfordert Zeit, Planung und Investitionen. Und bis dahin, was machen die Menschen, die ihre Jobs verlieren? Nicht jeder kann einfach umgeschult werden, und die neuen Jobs sind oft nicht in den Regionen, wo die alten Industrien stark waren. Denk mal an die Kohleindustrie – ganze Regionen hängen davon ab.

Markus: That sounds good in theory, but building these new jobs doesn't happen overnight. Setting up solar panels or building wind farms takes time, planning, and investment. And until then, what do the people who lose their jobs do? Not everyone can be retrained, and the new jobs are often not in the regions where the old industries were strong. Think about the coal industry – entire regions depend on it.

Lena: Ja, aber wie lange wollen wir noch an diesen alten Strukturen festhalten? Die Kohleindustrie ist ein Auslaufmodell, das weiß doch jeder. Je länger wir den Übergang verzögern, desto schmerzhafter wird er am Ende. Anstatt ewig an der Vergangenheit festzuhalten, sollten wir in die Zukunft investieren und die betroffenen Regionen aktiv unterstützen, sich neu zu erfinden. Der Strukturwandel ist unvermeidlich, aber wir können ihn gestalten, anstatt ihn einfach geschehen zu lassen.

Lena: Yes, but how long are we going to hold on to these old structures? The coal industry is a dying model, everyone knows that. The longer we delay the transition, the more painful it will be in the end. Instead of clinging to the past forever, we should invest in the future and actively support the affected regions to reinvent themselves. Structural change is inevitable, but we can shape it rather than just let it happen.

Markus: Du hast recht, der Strukturwandel ist unvermeidlich, aber wir dürfen ihn nicht erzwingen. Es gibt viele kleine und mittelständische Unternehmen, die auf fossile Energien angewiesen sind, und für die bedeutet der schnelle Umstieg das Aus. Wenn wir das zu stark forcieren, riskieren wir nicht nur Arbeitsplatzverluste, sondern auch, dass ganze Wirtschaftssektoren in die Knie gehen. Die erneuerbaren Energien können das momentan noch nicht alles auffangen.

Markus: You're right, structural change is inevitable, but we can't force it. There are many small and medium-sized businesses that rely on fossil fuels, and for them, a rapid transition means going under. If we push too hard, we risk not only job losses but also entire economic sectors collapsing. Renewable energy can't fully support everything right now.

Lena: Das Argument hört man oft, aber es wird doch ständig investiert und geforscht, um die Kapazitäten der erneuerbaren Energien auszubauen. Wind und Sonne werden immer effizienter und günstiger. Schon jetzt ist in vielen Ländern Solarenergie günstiger als Strom aus fossilen Brennstoffen. Es geht also nicht darum, ob die erneuerbaren Energien in der Lage sind, uns zu versorgen, sondern wie schnell wir den politischen Willen aufbringen, diese Entwicklung zu unterstützen.

Lena: You hear that argument often, but there's constant investment and research to expand the capacities of renewable energy. Wind and solar are becoming more efficient and cheaper. In many countries, solar energy is already cheaper than electricity from fossil fuels. So, it's not a question of whether renewables can supply us, but how quickly we can muster the political will to support this development.

Markus: Politischer Wille allein reicht nicht, Lena. Wir reden hier von riesigen Infrastrukturprojekten. Der Ausbau von Windparks oder Solaranlagen dauert Jahre, und es gibt immer noch Probleme mit der Speicherung von Energie. Was machen wir, wenn die Sonne nicht scheint oder der Wind nicht weht? Ohne eine zuverlässige Speichertechnologie riskieren wir Stromausfälle und Instabilitäten im Netz. Das kannst du doch nicht einfach ignorieren.

Markus: Political will alone isn't enough, Lena. We're talking about massive infrastructure projects here. Building wind farms or solar panels takes years, and there are still issues with energy storage. What do we do when the sun doesn't shine or the wind doesn't blow? Without reliable storage technology, we risk blackouts and grid instability. You can't just ignore that.

Lena: Ich ignoriere das nicht, aber auch dafür gibt es Lösungen. Speichertechnologien wie Batterien oder Wasserstoff werden immer weiter entwickelt. Klar, es gibt noch Herausforderungen, aber das war bei jeder großen technologischen Revolution so. Der Übergang von fossilen zu erneuerbaren Energien ist eine große Aufgabe, aber sie ist machbar, wenn wir es wirklich wollen. Wir sollten nicht immer nur auf die Schwierigkeiten schauen, sondern auf die Möglichkeiten.

Lena: I'm not ignoring that, but there are solutions for that too. Storage technologies like batteries or hydrogen are constantly being developed. Sure, there are still challenges, but that's been true for every major technological revolution. The transition from fossil fuels to renewable energy is a big task, but it's achievable if we really want it. We shouldn't always focus on the difficulties but on the possibilities.

Markus: Aber die Frage bleibt: Wer zahlt die Zeche? Die großen Unternehmen werden ihre Kosten an die Verbraucher weitergeben, und am Ende leiden die kleinen Leute darunter. Gerade in Zeiten, in denen die Lebenshaltungskosten ohnehin schon steigen, ist es schwer, den Menschen zu erklären, dass sie jetzt noch mehr für Energie zahlen sollen, nur weil wir schneller auf erneuerbare Energien umsteigen wollen.

Markus: But the question remains: Who's going to foot the bill? Big companies will pass their costs on to consumers, and in the end, ordinary people will suffer. Especially in times when the cost of living is already rising, it's hard to tell people they'll have to pay even more for energy just because we want to switch to renewables faster.

Lena: Ich glaube, das ist ein falsches Bild. Wenn wir den Umstieg richtig gestalten, wird die Energie langfristig sogar billiger. Die Sonne schickt uns keine Rechnung, und auch Wind kostet nichts. Natürlich gibt es Anfangsinvestitionen, aber die amortisieren sich über die Zeit. Und was passiert, wenn wir nichts tun? Fossile Brennstoffe werden immer teurer, je knapper sie werden. Dann steigen die Preise ebenfalls, und wir stehen zusätzlich noch vor einer Umweltkatastrophe.

Lena: I think that's the wrong picture. If we manage the transition properly, energy will actually be cheaper in the long run. The sun doesn't send us a bill, and wind costs nothing either. Of course, there are initial investments, but they pay off over time. And what happens if we do nothing? Fossil fuels will get more expensive as they become scarcer. Then prices will rise too, and on top of that, we'll be facing an environmental catastrophe.

Markus: Das klingt alles sehr idealistisch. Ja, erneuerbare Energien könnten langfristig günstiger sein, aber was passiert in der Zwischenzeit? Wir dürfen nicht nur in die ferne Zukunft blicken, sondern müssen auch die jetzigen Probleme lösen. Die Menschen haben hier und jetzt Sorgen, wie sie ihre Stromrechnung bezahlen sollen. Wenn wir die Energiewende überstürzt durchziehen, könnte das soziale Spannungen erzeugen, und das sollten wir nicht unterschätzen.

Markus: That all sounds very idealistic. Yes, renewable energy could be cheaper in the long run, but what happens in the meantime? We can't just look to the distant future; we also have to solve the problems of today. People here and now are worried about how they'll pay their electricity bills. If we rush the energy transition, it could create social tensions, and we shouldn't underestimate that.

Lena: Ich will die Sorgen der Menschen nicht kleinreden, aber es geht um mehr als nur die Stromrechnung am Ende des Monats. Es geht um den Schutz unserer Umwelt, um die Bekämpfung des Klimawandels, und um die Zukunft unserer Kinder und Enkelkinder. Wir können nicht länger auf kurzfristige Gewinne setzen, während wir die langfristigen Folgen ignorieren. Die Kosten, die auf uns zukommen, wenn wir nichts tun, sind viel höher als die jetzigen Investitionen.

Lena: I don't want to downplay people's concerns, but this is about more than just the electricity bill at the end of the month. It's about protecting our environment, fighting climate change, and the future of our children and grandchildren. We can't keep prioritizing short-term profits while ignoring long-term consequences. The costs that will hit us if we do nothing are far higher than the current investments.

Markus: Ich sehe das ja ein, dass wir etwas tun müssen. Aber es muss durchdacht und sozial verträglich sein. Wir können nicht einfach die Energiewende übers Knie brechen, ohne die wirtschaftlichen und sozialen Auswirkungen zu berücksichtigen. Es muss Schritt für Schritt gehen, und vor allem dürfen wir niemanden auf dem Weg zurücklassen.

Markus: I get that we need to do something. But it has to be well thought out and socially responsible. We can't just rush the energy transition without considering the economic and social impacts. It has to go step by step, and most importantly, we can't leave anyone behind along the way.

Lena: Das ist genau der Punkt: Es ist nicht „entweder oder". Wir können sowohl den Umstieg auf erneuerbare Energien vorantreiben als auch dafür sorgen, dass die Lasten gerecht verteilt werden. Wir müssen die Subventionen für fossile Brennstoffe beenden und stattdessen die erneuerbaren Energien stärker fördern. Wenn wir alle an einem Strang ziehen, können wir es schaffen – und zwar ohne, dass jemand auf der Strecke bleibt.

Lena: That's exactly the point: It's not "either-or." We can push the transition to renewable energy while ensuring that the burdens are fairly distributed. We need to end subsidies for fossil fuels and instead promote renewables more strongly. If we all work together, we can make it happen – without anyone being left behind.

Markus: Ich hoffe, dass du recht hast. Aber ich bleibe skeptisch, ob wir wirklich den richtigen Weg finden, ohne die Kosten für die Menschen in die Höhe zu treiben. Der Wille ist da, aber die Umsetzung wird entscheidend sein.

Markus: I hope you're right. But I remain skeptical whether we'll really find the right way without driving up costs for people. The will is there, but the implementation will be key.

Kernenergie: Saubere Energielösung vs. Sicherheitsrisiken

Sophie: Weißt du, Max, ich verstehe nicht, warum so viele Leute noch immer gegen Kernenergie sind. In Zeiten des Klimawandels brauchen wir jede saubere Energiequelle, die wir kriegen können. Kernenergie ist effizient, verursacht keine CO_2-Emissionen und kann einen großen Teil des Energiebedarfs decken. Ich finde, wir sollten das viel stärker nutzen, gerade wenn wir den Ausstieg aus fossilen Brennstoffen beschleunigen wollen.

Sophie: You know, Max, I don't understand why so many people are still against nuclear energy. In times of climate change, we need every clean energy source we can get. Nuclear energy is efficient, produces no CO_2 emissions, and can cover a large part of energy needs. I think we should make much more use of it, especially if we want to speed up the phase-out of fossil fuels.

Max: Ich weiß, dass Kernenergie auf den ersten Blick wie eine saubere Lösung wirkt, aber sie ist einfach viel zu gefährlich, Sophie. Hast du Tschernobyl und Fukushima vergessen? Ein einziger Unfall kann katastrophale Folgen für Millionen von Menschen und die Umwelt haben. Und selbst wenn alles gut geht, bleibt immer noch das Problem mit dem Atommüll. Wohin mit den hochradioaktiven Abfällen, die tausende Jahre sicher gelagert werden müssen? Das kann doch nicht die Lösung für die Zukunft sein.

Max: I know that nuclear energy seems like a clean solution at first glance, but it's just way too dangerous, Sophie. Have you forgotten Chernobyl and Fukushima? A single accident can have catastrophic consequences for millions of people and the environment. And even if everything goes well, there's still the problem of nuclear waste. Where do we put the highly radioactive waste that needs to be safely stored for thousands of years? That can't be the solution for the future.

Sophie: Klar, die Risiken sind nicht zu leugnen, aber die Technik hat sich seit Tschernobyl und Fukushima weiterentwickelt. Die neuen Reaktortypen sind viel sicherer, und die Wahrscheinlichkeit eines Unfalls ist extrem gering. Wir können doch nicht ewig in der Angst leben, dass etwas schiefgehen könnte, während der Klimawandel uns vor eine viel größere Bedrohung stellt. Erneuerbare Energien allein reichen nicht aus, um den gesamten Energiebedarf zu decken, vor allem nicht, wenn wir aus Kohle und Gas aussteigen wollen.

Sophie: Sure, the risks can't be denied, but technology has advanced since Chernobyl and Fukushima. The new reactor types are much safer, and the chance of an accident is extremely low. We can't live in fear forever that something might go wrong while climate change poses a much bigger threat. Renewable energy alone isn't enough to meet all energy needs, especially if we want to phase out coal and gas.

Max: Aber wie kannst du sagen, dass die Risiken „extrem gering" sind? Selbst ein geringes Risiko ist zu viel, wenn die Folgen so gravierend sind. Fukushima hat doch gezeigt, dass selbst hochentwickelte Länder nicht vor Katastrophen sicher sind. Und was ist mit der Endlagerung des Atommülls? Das Problem ist nicht gelöst, und ich finde es unverantwortlich, der nächsten Generation diesen gefährlichen Müll zu hinterlassen. Wir sollten uns auf wirklich nachhaltige und sichere Energiequellen konzentrieren.

Max: But how can you say the risks are "extremely low"? Even a small risk is too much when the consequences are so severe. Fukushima showed that even highly developed countries aren't safe from disasters. And what about nuclear waste disposal? That problem isn't solved, and I think it's irresponsible to leave this dangerous waste to the next generation. We should focus on truly sustainable and safe energy sources.

Sophie: Natürlich müssen wir das Müllproblem ernst nehmen, aber es gibt Fortschritte bei der Entwicklung von sicheren Endlagerstätten und neuen Reaktortypen, die weniger und vor allem kurzlebigeren Atommüll produzieren. Und wenn wir ehrlich sind, haben wir bei jeder Energiequelle gewisse Risiken. Bei fossilen Brennstoffen setzen wir die Atmosphäre in Brand, bei Wasserkraft können Dämme brechen, und bei Wind- und Solarenergie haben wir das Problem der Instabilität im Netz.

Kernenergie könnte eine Brückentechnologie sein, bis wir die erneuerbaren Energien ausreichend ausgebaut haben.

Sophie: Of course, we have to take the waste problem seriously, but there are advances in developing safe storage facilities and new reactor types that produce less and shorter-lived nuclear waste. And to be honest, every energy source comes with certain risks. With fossil fuels, we're setting the atmosphere on fire, dams can break with hydropower, and with wind and solar energy, we have the issue of grid instability. Nuclear energy could be a bridging technology until we've sufficiently expanded renewable energy.

Max: Eine „Brückentechnologie"? Das wird doch seit Jahrzehnten gesagt, und trotzdem wird weiter auf Kernenergie gesetzt. Und diese „Fortschritte", von denen du sprichst, sind noch lange nicht marktreif. Solange es keine wirklich sicheren Lösungen für den Atommüll gibt, sollten wir keine neuen Atomkraftwerke bauen. Warum nicht das Geld und die Forschung in die erneuerbaren Energien stecken, anstatt in eine Technologie, die uns in die Vergangenheit zurückzieht?

Max: A "bridging technology"? That's been said for decades, yet we still rely on nuclear energy. And these "advances" you're talking about are far from market-ready. As long as we don't have truly safe solutions for nuclear waste, we shouldn't build new nuclear plants. Why not invest the money and research into renewable energy instead of a technology that pulls us back into the past?

Sophie: Aber das machen wir doch schon! Es wird massiv in erneuerbare Energien investiert, aber die Wahrheit ist, dass sie nicht stabil genug sind, um eine 100-prozentige Versorgung zu gewährleisten. Der Wind weht nicht immer, und die Sonne scheint nicht rund um die Uhr. Wir brauchen eine zuverlässige Energiequelle, die Tag und Nacht verfügbar ist, und da bietet Kernenergie einfach eine gute Option. Sie könnte uns helfen, schneller von den fossilen Brennstoffen wegzukommen, ohne die Energieversorgung zu gefährden.

Sophie: But we're already doing that! There's massive investment in renewable energy, but the truth is that they aren't stable enough to provide 100% of our needs. The wind doesn't always blow, and the sun doesn't shine around the clock. We need a reliable energy source that's available day and night, and nuclear energy offers a good option. It could help us move away from fossil fuels faster without jeopardizing our energy supply.

Max: Aber warum sollten wir auf Kernenergie setzen, wenn die Speichertechnologien für erneuerbare Energien immer besser werden? Batterien und andere Speicherlösungen entwickeln sich rapide. Klar, Wind und Sonne sind nicht konstant, aber wir könnten diese Energie speichern und abrufen, wenn wir sie brauchen. Ich sehe einfach keinen Grund, warum wir weiter in eine Technologie investieren sollten, die potenziell katastrophal ist, wenn es Alternativen gibt, die viel sicherer sind.

Max: But why should we rely on nuclear energy when storage technologies for renewables are improving all the time? Batteries and other storage solutions are developing rapidly. Sure, wind and sun aren't constant, but we could store this energy and use it when we need it. I just don't see why we should keep investing in a technology that's potentially catastrophic when there are much safer alternatives.

Sophie: Speichertechnologien sind eine tolle Idee, aber sie sind noch lange nicht in dem Umfang verfügbar, den wir bräuchten, um ein ganzes Land mit erneuerbaren Energien zu versorgen. Und bis sie marktreif sind, werden noch viele Jahre vergehen. In der Zwischenzeit haben wir eine wachsende Energienachfrage und ein immer dringender werdendes Klimaproblem. Kernenergie könnte uns in dieser Übergangszeit die nötige Stabilität geben, ohne weiter CO_2 in die Atmosphäre zu blasen.

Sophie: Storage technologies are a great idea, but they are nowhere near available on the scale we would need to power an entire country with renewable energy. And it will be many years before they are market-ready. In the meantime, we have growing energy demand and an increasingly urgent climate problem. Nuclear energy could provide the necessary stability during this transition without continuing to pump CO_2 into the atmosphere.

Max: Aber das Risiko ist es einfach nicht wert. Wenn nur ein einziges Atomkraftwerk einen schweren Unfall hat, sind die Folgen für die Umwelt und die Menschen katastrophal. Und das Argument, dass neue Reaktoren sicherer sind, beruhigt mich nicht wirklich. Jedes Mal, wenn wir Menschen in komplexen Systemen Vertrauen, kann etwas schiefgehen. Der Mensch ist fehlbar, und das ist in einer so risikoreichen Technologie besonders gefährlich.

Max: But the risk just isn't worth it. If even a single nuclear power plant has a major accident, the consequences for the environment and people are catastrophic. And the argument that new reactors are safer doesn't really reassure me. Every time we trust humans with complex systems, something can go wrong. Humans are fallible, and that's especially dangerous with such a high-risk technology.

Sophie: Aber wenn wir so denken, könnten wir auch keine Flugzeuge fliegen oder keine Autos fahren. Jede Technologie birgt Risiken, aber wir lernen, mit diesen Risiken umzugehen. Die Risiken der Kernenergie sind kontrollierbar, und die Vorteile überwiegen, besonders wenn wir uns die Dringlichkeit der Klimakrise vor Augen führen. Fossile Energien sind viel gefährlicher, wenn man an die Luftverschmutzung und den Klimawandel denkt. Ich finde, wir dürfen Kernenergie nicht einfach aus ideologischen Gründen ablehnen.

Sophie: But if we think like that, we wouldn't be able to fly planes or drive cars either. Every technology carries risks, but we learn to manage them. The risks of nuclear energy are controllable, and the benefits outweigh them, especially when we consider the urgency of the climate crisis. Fossil fuels are much more dangerous when you think about air pollution and climate change. I don't think we can reject nuclear energy just for ideological reasons.

Max: Es geht nicht um Ideologie, sondern um Vorsicht. Autos oder Flugzeuge sind nicht mit Kernkraftwerken vergleichbar – bei einem Unfall sterben vielleicht einige Menschen, aber es zerstört nicht das Leben ganzer Generationen. Ein Atomunfall wie in Tschernobyl oder Fukushima verstrahlt ganze Landstriche für Jahrzehnte. Und was ist, wenn durch den Klimawandel selbst mehr

Naturkatastrophen wie Erdbeben oder Überschwemmungen passieren? Atomkraftwerke sind anfällig für solche unvorhersehbaren Ereignisse.

Max: It's not about ideology, it's about caution. Cars or planes are not comparable to nuclear power plants—an accident might kill some people, but it doesn't destroy the lives of entire generations. A nuclear accident like Chernobyl or Fukushima contaminates entire regions for decades. And what if climate change itself brings more natural disasters like earthquakes or floods? Nuclear power plants are vulnerable to such unpredictable events.

Sophie: Das Risiko von Naturkatastrophen muss man natürlich berücksichtigen, aber moderne Atomkraftwerke werden so gebaut, dass sie auch solche Ereignisse überstehen können. Und es gibt Länder wie Frankreich, die seit Jahrzehnten erfolgreich und sicher auf Kernenergie setzen. Wenn wir weiter forschen und die Technologie verbessern, könnte die Kernenergie eine Schlüsselrolle im Kampf gegen den Klimawandel spielen. Wir dürfen nicht so tun, als sei sie automatisch unsicher, nur weil es in der Vergangenheit Unfälle gab.

Sophie: Of course, the risk of natural disasters has to be considered, but modern nuclear power plants are built to withstand such events. And there are countries like France that have been successfully and safely using nuclear energy for decades. If we continue to research and improve the technology, nuclear energy could play a key role in the fight against climate change. We can't act as if it's automatically unsafe just because there have been accidents in the past.

Max: Frankreich mag ein positives Beispiel sein, aber das heißt nicht, dass es überall so reibungslos läuft. In vielen Ländern fehlt die nötige Infrastruktur und das Know-how, um Kernenergie sicher zu betreiben. Und selbst in Ländern mit hohem Standard bleiben die Risiken bestehen. Und dann ist da noch die Frage des Atommülls, die du nicht wegdiskutieren kannst. Selbst mit den modernsten Techniken bleibt dieser Müll hochgefährlich für tausende Jahre – eine Bürde, die wir der Zukunft aufladen.

Max: France may be a positive example, but that doesn't mean it works smoothly everywhere. Many countries lack the infrastructure and expertise to safely operate nuclear energy. And even in countries with high standards, the risks remain. And then there's the issue of nuclear waste, which you can't dismiss. Even with the most modern techniques, this waste remains highly dangerous for thousands of years—a burden we are leaving for the future.

Sophie: Ich sage ja nicht, dass es keine Probleme gibt, aber wir müssen die Risiken ins Verhältnis zu den Gefahren setzen, die der Klimawandel mit sich bringt. Wenn wir nicht schnell handeln, könnten die Umweltkatastrophen, die uns durch den Klimawandel erwarten, weit mehr Menschenleben kosten als die möglichen Risiken der Kernenergie. Ich bin der Meinung, wir sollten alle verfügbaren Optionen nutzen, um die Erderwärmung zu stoppen, und Kernenergie ist nun mal eine der effektivsten.

Sophie: I'm not saying there aren't problems, but we need to weigh the risks against the dangers that climate change brings. If we don't act quickly, the environmental disasters that climate change will bring could cost far more lives than the potential risks of nuclear energy. I believe we should use all available options to stop global warming, and nuclear energy is one of the most effective.

Max: Aber wir dürfen uns nicht in einen neuen Teufelskreis begeben, indem wir auf eine Technologie setzen, die uns vielleicht später noch größere Probleme beschert. Der Klimawandel ist real, aber die Antwort kann nicht sein, noch mehr Risiken einzugehen. Wir sollten voll auf erneuerbare Energien und deren Weiterentwicklung setzen, anstatt Kernkraftwerke zu bauen, die uns langfristig vielleicht mehr schaden als nützen.

Max: But we can't get ourselves into a new vicious cycle by relying on a technology that might cause us even bigger problems later. Climate change is real, but the answer can't be to take on even more risks. We should fully invest in renewable energy and its development, instead of building nuclear power plants that might harm us more than help in the long term.

Sophie: I think it's a mistake to completely reject nuclear energy. It may not be the perfect solution, but it could help us in the next few decades until we've fully expanded renewable energy. We need to be pragmatic and consider every option to tackle the climate crisis.

Max: Pragmatismus ist wichtig, aber nicht um jeden Preis. Für mich bleibt die Kernenergie eine Technologie mit zu vielen unkalkulierbaren Risiken. Ich setze lieber auf sichere, nachhaltige Lösungen, auch wenn sie länger brauchen, um voll wirksam zu werden.

Max: Pragmatism is important, but not at any cost. For me, nuclear energy remains a technology with too many unmanageable risks. I'd rather rely on safe, sustainable solutions, even if they take longer to fully develop.

Sophie: Und ich denke, wir brauchen eine Kombination aus beidem: erneuerbare Energien und Kernenergie, um schnell und effektiv die nötigen Veränderungen herbeizuführen. Aber am Ende hoffen wir beide auf das Gleiche: eine saubere, sichere Zukunft.

Sophie: And I think we need a combination of both: renewable energy and nuclear energy to bring about the necessary changes quickly and effectively. But in the end, we both hope for the same thing: a clean, safe future.

Max: Das stimmt. Jetzt müssen wir nur noch den richtigen Weg dahin finden.

Max: That's true. Now we just need to find the right path to get there.

Urbanisierung: Wirtschaftswachstum vs. Verlust von Grünflächen

Miriam: Also, ich weiß ja nicht, wie du das siehst, Stefan, aber ich finde es erschreckend, wie unsere Städte immer weiter wachsen und überall die Grünflächen verschwinden. Klar, wirtschaftliches Wachstum ist wichtig, aber es kann doch nicht sein, dass wir dafür Parks, Wälder und Wiesen opfern. Irgendwann leben wir nur noch zwischen Betonwänden und Hochhäusern.

Miriam: I don't know how you feel about this, Stefan, but I find it alarming how our cities keep growing and green spaces are disappearing everywhere. Sure, economic growth is important, but it can't be right to sacrifice parks, forests, and meadows for it. At some point, we'll be living only between concrete walls and skyscrapers.

Stefan: Ich verstehe deine Bedenken, Miriam, aber Urbanisierung ist nun mal unvermeidlich. Die Bevölkerung wächst, immer mehr Menschen ziehen in die Städte, und wir brauchen Wohnraum, Arbeitsplätze und Infrastruktur. Wirtschaftswachstum bringt Wohlstand, schafft Jobs und verbessert die Lebensqualität. Natürlich sollten wir darauf achten, dass wir nicht völlig die Natur zerstören, aber wir können nicht einfach aufhören, unsere Städte weiterzuentwickeln.

Stefan: I understand your concerns, Miriam, but urbanization is inevitable. The population is growing, more and more people are moving to cities, and we need housing, jobs, and infrastructure. Economic growth brings prosperity, creates jobs, and improves quality of life. Of course, we should make sure we don't completely destroy nature, but we can't just stop developing our cities.

Miriam: Aber genau das ist doch das Problem! Es geht immer nur um Wachstum und Expansion, ohne Rücksicht auf die Umwelt. Die Städte breiten sich immer weiter aus, und die Natur muss weichen. Wir brauchen doch Grünflächen, um gesund zu leben. Sie bieten Erholung, verbessern die Luftqualität und sind wichtige Lebensräume für Tiere. Was bringt uns all der wirtschaftliche

Miriam: But that's exactly the problem! It's always about growth and expansion, with no regard for the environment. The cities keep spreading, and nature has to give way. We need green spaces to live healthily. They provide recreation, improve air quality, and are essential habitats for animals. What good is all the economic prosperity if we end up living in gray, overheated cities that make us sick?

Stefan: Natürlich sind Grünflächen wichtig, aber wir müssen auch realistisch sein. Der Wohnraum in den Städten wird knapp und unbezahlbar, besonders in Metropolen. Es bringt nichts, große Parks und Wälder in der Stadt zu haben, wenn sich keiner die Miete leisten kann. Wir müssen Flächen nutzen, um Wohnungen zu bauen und die Infrastruktur zu verbessern. Außerdem können wir immer noch Grünflächen in neuen Stadtentwicklungen einplanen – es muss ja nicht alles verschwinden.

Stefan: Of course, green spaces are important, but we also need to be realistic. Housing in cities is becoming scarce and unaffordable, especially in major cities. It's no good having large parks and forests in the city if no one can afford rent. We need to use space to build homes and improve infrastructure. Plus, we can still plan for green spaces in new urban developments – not everything has to disappear.

Miriam: Ja, aber diese „grünen Flächen" in den neuen Wohnvierteln sind oft winzige Grünstreifen oder kleine Spielplätze, die kaum als Ersatz für echte Parks oder Wälder dienen. Es geht nicht nur darum, irgendwo ein bisschen Rasen zu haben, sondern um echte Natur, die Raum bietet, um durchzuatmen. Und was ist mit der Klimakrise? Städte, die nur aus Beton bestehen, heizen sich immer mehr auf. Die Bäume und Parks, die wir jetzt opfern, wären die Lösung gegen diese Hitzeprobleme.

Miriam: Yes, but these "green spaces" in new neighborhoods are often tiny strips of grass or small playgrounds, which hardly replace real parks or forests. It's not just about having a patch of grass somewhere, but about real nature that gives us room to breathe. And what about the climate crisis? Cities made only of concrete are heating up more and more. The trees and parks we're sacrificing now would be the solution to these heat problems.

Stefan: Ich verstehe, was du meinst, aber du siehst das zu negativ. Es gibt mittlerweile viele Städte, die versuchen, das Problem zu lösen, indem sie auf nachhaltige Stadtentwicklung setzen. Begrünte Dächer, vertikale Gärten und mehr Bäume entlang der Straßen sind Ansätze, um das Stadtklima zu verbessern. Man kann beides haben: wirtschaftliches Wachstum und grüne Städte. Es geht darum, wie wir die Urbanisierung gestalten, nicht ob wir sie aufhalten können.

Stefan: I see what you mean, but you're being too negative. Many cities are now trying to solve the problem by focusing on sustainable urban development. Green roofs, vertical gardens, and more trees along streets are ways to improve the urban climate. We can have both: economic growth and green cities. It's about how we shape urbanization, not whether we can stop it.

Miriam: Das klingt in der Theorie gut, aber die Realität sieht anders aus. Oft entscheiden die großen Immobilienentwickler und Investoren, was gebaut wird, und die haben selten das Wohl der Umwelt im Blick. Da geht es um Profit und maximalen Platzgewinn, nicht um Nachhaltigkeit. Und die vertikalen Gärten oder begrünten Dächer sind doch eher nette Gimmicks als echte Lösungen. Ein paar Pflanzen an einer Fassade ersetzen keinen Park oder Wald.

Miriam: That sounds good in theory, but reality looks different. It's often the big real estate developers and investors who decide what gets built, and they rarely have the environment's best interests at heart. It's about profit and maximizing space, not sustainability. And vertical gardens or green roofs are more like nice gimmicks than real solutions. A few plants on a facade don't replace a park or forest.

Stefan: Aber du kannst nicht einfach behaupten, dass Investoren immer nur auf Profit aus sind. Es gibt auch viele Projekte, bei denen nachhaltiges Bauen im Vordergrund steht, gerade weil die Nachfrage nach umweltfreundlichen Lösungen steigt. Die

Menschen wollen in Städten leben, die lebenswert sind, und das haben auch die Bauherren verstanden. Natürlich gibt es immer Ausnahmen, aber pauschal alle städtischen Bauprojekte zu verteufeln, bringt uns nicht weiter.

Stefan: But you can't just claim that investors are always only after profit. There are also many projects where sustainable building is the priority, especially because the demand for eco-friendly solutions is rising. People want to live in cities that are livable, and the developers have understood that. Of course, there are always exceptions, but condemning all urban development projects won't get us anywhere.

Miriam: Ich verteufle nicht alles, aber die Realität ist, dass wirtschaftliches Interesse oft vor Umweltinteressen kommt. Klar, manche Projekte versuchen, beides zu vereinen, aber das ist die Ausnahme und nicht die Regel. Und selbst wenn die Stadtplaner nachhaltiger arbeiten, können sie den Verlust von echten, großen Grünflächen nicht ausgleichen. Es ist nicht dasselbe, eine kleine begrünte Ecke zu haben, als einen großen Park, der eine echte Oase inmitten der Stadt bietet.

Miriam: I'm not condemning everything, but the reality is that economic interests often come before environmental ones. Sure, some projects try to combine both, but that's the exception, not the rule. And even if urban planners work more sustainably, they can't make up for the loss of real, large green spaces. It's not the same to have a small green corner as it is to have a large park, a true oasis in the middle of the city.

Stefan: Aber wie stellst du dir das vor? Sollen wir einfach keine neuen Wohnungen mehr bauen, keine neuen Gewerbegebiete errichten, nur damit wir überall Parks haben? Das funktioniert einfach nicht. Die Menschen brauchen Wohnraum und Arbeitsplätze, und die Städte sind nun mal die Orte, an denen das passiert. Wir können nicht einfach sagen: „Kein Wachstum mehr." Wir müssen einen Weg finden, beides zu integrieren.

Stefan: But how do you envision that? Should we just stop building new housing or commercial areas so that we can have parks everywhere? That just doesn't work. People need housing and jobs, and cities are where that happens. We can't just say, "No more growth." We need to find a way to integrate both.

Miriam: Natürlich brauchen wir Wohnraum, aber der Fokus sollte mehr auf Nachhaltigkeit liegen. Wir könnten zum Beispiel viel stärker auf den Ausbau von bereits existierenden Gebäuden setzen, statt immer neue Flächen zu bebauen. Oder wir könnten ungenutzte Gewerbeflächen in Wohngebiete umwandeln. Es gibt genug Möglichkeiten, Wohnraum zu schaffen, ohne dabei ständig Grünflächen zu opfern. Es ist nicht das Wachstum an sich, das ich kritisiere, sondern die Art und Weise, wie es umgesetzt wird.

Miriam: Of course, we need housing, but the focus should be more on sustainability. For example, we could focus more on expanding existing buildings instead of constantly developing new areas. Or we could convert unused commercial spaces into residential areas. There are plenty of ways to create housing without constantly sacrificing green spaces. It's not growth itself that I'm criticizing, but the way it's being carried out.

Stefan: Ja, aber auch das kostet Zeit und Geld. Bestehende Gebäude umzubauen ist oft viel teurer, als neu zu bauen. Und Gewerbegebiete umzuwandeln ist kompliziert – nicht jede Fläche eignet sich dafür. Es ist einfacher und günstiger, neue Bauflächen zu erschließen. Und das bringt uns wieder zurück zum wirtschaftlichen Aspekt. Wir müssen abwägen, was realistischer ist, anstatt in utopischen Szenarien zu denken.

Stefan: Yes, but that also takes time and money. Renovating existing buildings is often much more expensive than building new ones. And converting commercial areas is complicated—not every space is suitable for that. It's easier and cheaper to develop new land. And that brings us back to the economic aspect. We have to weigh what's more realistic instead of thinking in utopian scenarios.

Miriam: Aber genau das ist doch das Problem: Die Kurzfristigkeit. Alles muss schnell und billig sein, aber langfristig zahlen wir einen hohen Preis, wenn unsere Städte unbewohnbar werden. Schau dir doch mal an, wie heiß es in den Sommermonaten in den Innenstädten wird. Das liegt daran, dass immer mehr Flächen versiegelt werden. Bäume und Grünflächen kühlen die Umgebung ab und verbessern die Lebensqualität. Wenn wir jetzt nicht umdenken, werden wir in ein paar Jahren in Städten leben, die unerträglich sind.

Miriam: But that's exactly the problem: short-term thinking. Everything has to be fast and cheap, but in the long run, we pay a high price when our cities become uninhabitable. Just look at how hot city centers get in the summer months. That's because more and more land is being paved over. Trees and green spaces cool the environment and improve quality of life. If we don't rethink things now, in a few years we'll be living in cities that are unbearable.

Stefan: Ich sehe deinen Punkt, aber ich denke, du dramatisierst ein wenig. Ja, die Städte werden heißer, aber es gibt Lösungen. Mehr Begrünung in der Stadtplanung, bessere Dämmung der Gebäude, neue Technologien zur Kühlung. Ich glaube nicht, dass wir vor einer urbanen Apokalypse stehen, wenn wir die richtigen Maßnahmen ergreifen. Wachstum und Nachhaltigkeit müssen keine Gegensätze sein.

Stefan: I see your point, but I think you're exaggerating a little. Yes, cities are getting hotter, but there are solutions. More greenery in urban planning, better insulation for buildings, new cooling technologies. I don't think we're facing an urban apocalypse if we take the right measures. Growth and sustainability don't have to be opposites.

Miriam: Es geht nicht um Dramatisierung, sondern um Realität. Die Klimakrise ist nicht irgendwann in der fernen Zukunft, sie ist jetzt. Und Städte spielen eine zentrale Rolle darin, wie wir damit umgehen. Je mehr wir zubauen, desto schwieriger wird es, die Auswirkungen des Klimawandels abzufedern. Natürlich gibt es technische Lösungen, aber sie ersetzen nicht die natürlichen Vorteile von Grünflächen. Wir müssen den Wert von Natur in unseren Städten viel höher ansetzen, anstatt sie immer nur als Bauland zu sehen.

Miriam: It's not about exaggerating, it's about reality. The climate crisis isn't some distant future—it's now. And cities play a central role in how we handle it. The more we build up, the harder it will be to mitigate the effects of climate change. Of course, there are technical solutions, but they don't replace the natural benefits of green spaces. We need to place a much higher value on nature in our cities instead of always seeing it as land for development.

Stefan: Das tue ich ja auch nicht. Ich sage nur, dass wir beides brauchen: Wirtschaftswachstum und Naturschutz. Wenn wir keine neuen Wohnungen bauen, dann explodieren die Mieten noch mehr, und das trifft vor allem die, die es sich ohnehin schon schwer leisten können. Es ist wichtig, dass Städte sich weiterentwickeln und Platz für alle bieten – und das bedeutet, dass wir Kompromisse finden müssen.

Stefan: I'm not saying that either. I'm just saying that we need both: economic growth and nature conservation. If we don't build new housing, rents will skyrocket even more, and that hits people who are already struggling to afford it the hardest. It's important for cities to grow and offer space for everyone—and that means we have to find compromises.

Miriam: Ich bin auch für Kompromisse, aber es fühlt sich oft so an, als würde die Natur immer den Kürzeren ziehen. Wachstum um jeden Preis kann nicht die Antwort sein. Wir sollten uns fragen, welche Art von Städten wir in der Zukunft wollen. Städte, die zwar wirtschaftlich boomen, aber in denen es kaum noch Lebensqualität gibt? Oder Städte, die nachhaltig, grün und lebenswert sind, auch wenn das bedeutet, dass wir langsamer wachsen?

Miriam: I'm for compromises too, but it often feels like nature always gets the short end of the stick. Growth at any cost can't be the answer. We should ask ourselves what kind of cities we want in the future. Cities that may be economically booming but with little quality of life? Or cities that are sustainable, green, and livable, even if that means we grow more slowly?

Stefan: Ich denke, wir können beides erreichen. Es braucht einfach eine kluge Stadtplanung, die den Spagat schafft zwischen Wachstum und dem Erhalt von Grünflächen. Natürlich wird das nicht einfach, und es wird immer wieder Konflikte geben, aber ich glaube, dass es möglich ist. Wir dürfen nicht in Extremen denken –

weder komplett auf Wachstum verzichten noch die Natur ignorieren.

Stefan: I think we can achieve both. It just takes smart urban planning that balances growth and preserving green spaces. Of course, it won't be easy, and there will always be conflicts, but I believe it's possible. We shouldn't think in extremes—neither giving up growth entirely nor ignoring nature.

Miriam: Da sind wir uns einig. Aber ich finde, wir müssen als Gesellschaft den Mut haben, auch mal zu sagen: „Hier ist genug." Es kann nicht immer nur um mehr und größer gehen. Manchmal ist weniger tatsächlich mehr, besonders wenn es um unsere Städte und die Natur geht.

Miriam: We agree on that. But I think, as a society, we need to have the courage to sometimes say, "This is enough." It can't always be about more and bigger. Sometimes less is more, especially when it comes to our cities and nature.

Stefan: Das stimmt. Die Balance zu finden, ist die große Herausforderung. Aber ich denke, wenn wir uns wirklich darum bemühen, können wir Städte bauen, die wirtschaftlich stark und gleichzeitig lebenswert sind – für uns und für die kommenden Generationen.

Stefan: That's true. Finding the balance is the big challenge. But I think if we really try, we can build cities that are economically strong and livable—both for us and for future generations.

Miriam: Ich hoffe, dass wir diese Balance schaffen. Sonst riskieren wir, dass unsere Städte in der Zukunft nur noch Betonwüsten sind, in denen keiner mehr wirklich leben will.

Miriam: I hope we find that balance. Otherwise, we risk our cities turning into concrete jungles in the future where no one really wants to live anymore.

Flüchtlingskrise: Den Bedürftigen helfen vs. Herausforderungen der Integration

Laura: Weißt du, Tobias, ich verstehe einfach nicht, warum so viele Leute dagegen sind, Flüchtlingen zu helfen. Diese Menschen fliehen vor Krieg, Gewalt und Verfolgung. Wie kann man ihnen die Hilfe verweigern? Wir haben doch die Pflicht, denen zu helfen, die alles verloren haben.

Laura: You know, Tobias, I just don't understand why so many people are against helping refugees. These people are fleeing from war, violence, and persecution. How can we deny them help? We have a duty to help those who have lost everything.

Tobias: Ich stimme dir zu, dass wir den Menschen in Not helfen müssen, Laura. Aber es ist nicht so einfach. Es geht nicht nur darum, Flüchtlinge aufzunehmen. Die Integration ist eine riesige Herausforderung. Viele Länder, auch hier in Europa, haben schon Probleme, die eigenen Bürger ausreichend zu unterstützen. Wie sollen wir dann Hunderttausende von Flüchtlingen integrieren? Das ist nicht nur eine Frage des Willens, sondern auch der Kapazitäten.

Tobias: I agree that we need to help people in need, Laura. But it's not that simple. It's not just about accepting refugees. Integration is a huge challenge. Many countries, even here in Europe, already have problems supporting their own citizens. So how can we integrate hundreds of thousands of refugees? It's not just a matter of will but also of capacity.

Laura: Aber das ist doch eine Ausrede! Natürlich gibt es Herausforderungen, aber das heißt doch nicht, dass wir einfach die Grenzen schließen und die Menschen ihrem Schicksal überlassen sollten. Wir sind ein reiches Land, und wir haben die Ressourcen, um zu helfen, wenn wir es wirklich wollen. Das Problem ist, dass es oft an politischem Willen und an der Bereitschaft der Gesellschaft fehlt, sich solidarisch zu zeigen.

Laura: But that's just an excuse! Of course, there are challenges, but that doesn't mean we should just close the borders and leave people to their fate. We are a wealthy country, and we have the resources to help if we really want to. The problem is often a lack of political will and society's reluctance to show solidarity.

Tobias: Ich glaube, du unterschätzt die Probleme, die die Integration mit sich bringt. Es geht nicht nur darum, den Menschen ein Dach über dem Kopf zu geben. Sie müssen Deutsch lernen, eine Arbeit finden, die kulturellen Unterschiede überwinden. Das ist ein langer und komplizierter Prozess. Und was ist mit denjenigen, die sich nicht integrieren wollen oder können? Es gibt genug Beispiele von Parallelgesellschaften, die sich bilden und wo es zu Spannungen kommt.

Tobias: I think you're underestimating the problems that come with integration. It's not just about giving people a roof over their heads. They have to learn German, find jobs, and overcome cultural differences. It's a long and complicated process. And what about those who don't want or can't integrate? There are enough examples of parallel societies forming, which leads to tensions.

Laura: Ja, Integration ist schwierig, aber sie ist nicht unmöglich. Wir dürfen doch nicht pauschal sagen, dass es nicht funktioniert, nur weil es in einigen Fällen Probleme gibt. Es gibt viele Erfolgsgeschichten von Flüchtlingen, die sich integriert haben, arbeiten und einen wertvollen Beitrag zur Gesellschaft leisten. Wir müssen in Integrationsprogramme investieren, in Sprachkurse, in Bildung und Arbeitsmarktintegration, anstatt nur die negativen Beispiele zu sehen.

Laura: Yes, integration is difficult, but it's not impossible. We shouldn't just say it doesn't work because there are problems in some cases. There are many success stories of refugees who have integrated, are working, and contribute valuable things to society. We need to invest in integration programs, language courses, education, and labor market integration, instead of only focusing on the negative examples.

Tobias: Das stimmt schon, aber solche Programme kosten viel Geld, und wir dürfen nicht vergessen, dass viele Menschen in diesem Land auch ihre eigenen Probleme haben. Die Wohnungsnot, die Arbeitslosigkeit, die Bildungskrise – das betrifft auch die einheimische Bevölkerung. Wenn dann plötzlich

Tausende Flüchtlinge Unterstützung brauchen, fühlen sich viele Menschen abgehängt. Das kann zu sozialem Unmut und sogar zu Fremdenfeindlichkeit führen. Wir müssen auch auf unsere eigene Bevölkerung achten.

Tobias: That's true, but such programs cost a lot of money, and we can't forget that many people in this country have their own problems. The housing shortage, unemployment, and the education crisis – these issues affect the local population as well. If suddenly thousands of refugees need support, many people feel left behind. This can lead to social unrest and even xenophobia. We also need to take care of our own population.

Laura: Natürlich müssen wir uns um die einheimische Bevölkerung kümmern, aber das eine schließt das andere doch nicht aus. Es ist nicht so, dass wir uns entscheiden müssen, ob wir den Flüchtlingen oder den Einheimischen helfen. Beides ist möglich, wenn wir die Ressourcen gerecht verteilen und die richtigen Prioritäten setzen. Es ist doch nicht fair, die Schwächsten gegeneinander auszuspielen.

Laura: Of course, we need to take care of the local population, but one doesn't exclude the other. It's not like we have to choose between helping refugees or locals. Both are possible if we allocate resources fairly and set the right priorities. It's not fair to pit the weakest against each other.

Tobias: Aber genau das passiert doch in der Realität. Wenn Menschen das Gefühl haben, dass Flüchtlinge mehr Unterstützung bekommen als sie selbst, dann führt das zu Spannungen. Ich sehe es ja auch so, dass wir helfen müssen, aber es muss Grenzen geben. Wenn zu viele Flüchtlinge auf einmal kommen, überfordert das die Systeme. Wir haben es 2015 gesehen – die Behörden waren überlastet, die Kommunen wussten nicht, wie sie mit dem Ansturm umgehen sollten, und es hat Jahre gedauert, das in den Griff zu bekommen.

Tobias: But that's exactly what happens in reality. When people feel that refugees are getting more support than thcy arc, it leads to tensions. I agree that we need to help, but there have to be limits. When too many refugees arrive at once, it overwhelms the systems.

We saw that in 2015 – the authorities were overwhelmed, the municipalities didn't know how to cope with the influx, and it took years to get it under control.

Laura: 2015 war eine Ausnahmesituation, das stimmt. Aber daraus können wir doch lernen und es besser machen. Es gibt mittlerweile mehr Strukturen und Erfahrungen im Umgang mit Flüchtlingen. Wir können die Fehler der Vergangenheit vermeiden, wenn wir rechtzeitig handeln und die Verantwortung auf mehr Schultern verteilen. Außerdem, wir reden hier von Menschenleben. Wir können nicht einfach sagen: „Es ist zu schwierig, wir machen nichts."

Laura: 2015 was an exceptional situation, that's true. But we can learn from it and do better. There are now more structures and experience in dealing with refugees. We can avoid the mistakes of the past if we act early and spread the responsibility across more shoulders. Besides, we're talking about human lives here. We can't just say, "It's too difficult, let's do nothing."

Tobias: Ich sage ja nicht, dass wir nichts machen sollen, aber wir müssen realistisch bleiben. Europa kann nicht die Probleme der ganzen Welt lösen. Die Fluchtursachen liegen oft in Krisenregionen, auf die wir keinen Einfluss haben. Es wäre viel effektiver, die Ursachen von Flucht und Migration direkt vor Ort zu bekämpfen, anstatt immer nur die Symptome zu behandeln. Warum investieren wir nicht mehr in die Stabilisierung von Konfliktregionen, in Entwicklungszusammenarbeit und in den Kampf gegen den Klimawandel?

Tobias: I'm not saying we shouldn't do anything, but we need to stay realistic. Europe can't solve the world's problems. The causes of migration often lie in crisis regions where we have no influence. It would be much more effective to tackle the root causes of migration directly, instead of only treating the symptoms. Why don't we invest more in stabilizing conflict regions, development cooperation, and fighting climate change?

Laura: Das stimmt, die Ursachenbekämpfung ist wichtig, aber das ist doch ein langfristiger Prozess. Währenddessen brauchen die Menschen, die fliehen, sofortige Hilfe. Wir können nicht warten, bis sich die Lage in den Herkunftsländern verbessert hat, denn das kann Jahrzehnte dauern. Die Verantwortung, diesen Menschen zu helfen, können wir nicht einfach auf andere abwälzen.

Laura: That's true, addressing the root causes is important, but that's a long-term process. Meanwhile, people who flee need immediate help. We can't wait until the situation in their home countries improves, because that could take decades. We can't just shift the responsibility to help these people onto others.

Tobias: Aber ist es nicht auch fair, dass andere Länder mehr Verantwortung übernehmen? Europa kann nicht immer der „Retter" sein, während andere Regionen – wie einige reiche Golfstaaten oder Länder in Asien – kaum Flüchtlinge aufnehmen. Wenn wir die Last gleichmäßiger verteilen würden, wäre die Situation für alle besser handhabbar. Es kann doch nicht sein, dass nur einige wenige Länder die Hauptlast tragen.

Tobias: But isn't it fair that other countries take on more responsibility? Europe can't always be the "savior" while other regions – like some wealthy Gulf states or countries in Asia – take in hardly any refugees. If we distributed the burden more evenly, the situation would be easier to manage for everyone. It can't be that only a few countries bear most of the load.

Laura: Da hast du recht, die Verantwortung sollte global verteilt werden. Aber solange das nicht passiert, müssen wir trotzdem unseren Teil leisten. Wir können doch nicht einfach sagen: „Die anderen machen nichts, also machen wir auch nichts." Das ist doch moralisch nicht vertretbar. Außerdem profitieren wir in Europa auch wirtschaftlich von den Flüchtlingen, wenn sie integriert sind. Viele von ihnen bringen wertvolle Fähigkeiten und Arbeitskraft mit.

Laura: You're right, the responsibility should be shared globally. But as long as that's not happening, we still have to do our part. We can't just say, "Others are doing nothing, so we won't either." That's morally unacceptable. Plus, Europe also benefits economically from refugees when they're integrated. Many of them bring valuable skills and labor.

Tobias: Das stimmt in einigen Fällen, aber es ist auch nicht so, dass alle Flüchtlinge sofort einen Job finden oder gut qualifiziert sind. Viele haben Traumata, brauchen jahrelange Unterstützung, um sich überhaupt im Alltag zurechtzufinden. Und was ist mit denen, die sich nicht integrieren wollen? Wir haben auch Beispiele von kulturellen Konflikten, von Kriminalität und Spannungen in den Städten. Diese Probleme dürfen wir nicht ignorieren, nur weil wir helfen wollen.

Tobias: That's true in some cases, but it's not as if all refugees immediately find jobs or are highly qualified. Many have traumas and need years of support just to adjust to everyday life. And what about those who don't want to integrate? We've seen examples of cultural conflicts, crime, and tensions in cities. We can't ignore these problems just because we want to help.

Laura: Natürlich gibt es auch Probleme, aber die meisten Flüchtlinge wollen sich doch integrieren und ein neues Leben aufbauen. Es gibt so viele Geschichten von Erfolg und von Menschen, die es trotz aller Widrigkeiten geschafft haben. Wir müssen den Fokus auf die positiven Beispiele legen und nicht ständig Angst vor den wenigen Negativfällen haben. Integration ist ein Prozess, der Zeit braucht, aber wenn wir es richtig machen, profitieren alle davon.

Laura: Of course, there are problems, but most refugees want to integrate and build a new life. There are so many success stories of people who, despite all the odds, have made it. We need to focus on the positive examples instead of constantly fearing the few negative cases. Integration is a process that takes time, but if we do it right, everyone benefits.

Tobias: Ich bin bei dir, dass es viele positive Beispiele gibt, aber wir dürfen die Herausforderungen nicht kleinreden. Integration ist keine Einbahnstraße, sie erfordert auch, dass die Menschen, die hierherkommen, bereit sind, sich anzupassen. Das fällt nicht jedem leicht, besonders wenn die kulturellen Unterschiede groß sind. Und wenn wir nicht offen über die Probleme sprechen, laufen wir Gefahr, dass sich die Fronten verhärten.

Tobias: I agree, there are many positive examples, but we shouldn't downplay the challenges. Integration isn't a one-way street; it also requires the people who come here to be willing to adapt. That's not easy for everyone, especially when cultural differences are significant. And if we don't openly discuss the problems, we risk deepening divisions.

Laura: Das sehe ich auch so. Aber ich glaube, wir brauchen vor allem Geduld und den Willen, die Integration langfristig zu unterstützen. Es geht nicht nur darum, schnell Lösungen zu finden, sondern auch darum, Brücken zu bauen und gegenseitiges Verständnis zu fördern. Ja, es gibt kulturelle Unterschiede, aber die lassen sich überbrücken, wenn wir aufeinander zugehen, statt uns abzuschotten.

Laura: I agree with that. But I think what we need most is patience and the willingness to support integration in the long term. It's not just about finding quick fixes, but also about building bridges and fostering mutual understanding. Yes, there are cultural differences, but they can be overcome if we reach out to one another instead of isolating ourselves.

Tobias: Ja, wir dürfen uns nicht abschotten, aber wir müssen auch die Grenzen unserer Kapazitäten erkennen. Wir können nicht unbegrenzt Flüchtlinge aufnehmen, ohne dass das soziale Gefüge darunter leidet. Es braucht eine ausgewogene Flüchtlingspolitik, die sowohl Hilfe anbietet als auch sicherstellt, dass die Integration gelingt. Es ist ein Balanceakt, und ich glaube, wir müssen vorsichtig sein, um diese Balance nicht zu verlieren.

Tobias: Yes, we mustn't isolate ourselves, but we also have to recognize our limits. We can't take in unlimited numbers of refugees without the social fabric suffering. We need a balanced refugee policy that both offers help and ensures that integration is successful. It's a balancing act, and I think we need to be careful not to lose that balance.

Laura: Das ist ein guter Punkt. Es geht um Balance – zwischen Hilfe und Integration, zwischen Verantwortung und Kapazitäten. Aber ich bleibe dabei: In einer Welt, in der so viele Menschen leiden, dürfen wir nicht einfach die Türen schließen. Wir müssen uns anstrengen, eine Gesellschaft zu schaffen, die solidarisch ist und in der jeder Mensch, egal woher er kommt, eine Chance bekommt.

Laura: That's a good point. It's about balance – between help and integration, between responsibility and capacity. But I still believe that in a world where so many people are suffering, we can't just shut the doors. We need to work hard to create a society that is compassionate and gives everyone, no matter where they come from, a chance.

Tobias: Da stimme ich dir zu. Aber wir müssen den Weg dorthin realistisch und verantwortungsvoll gestalten, damit diese Chancen auch wirklich ergriffen werden können.

Tobias: I agree with you on that. But we need to shape the path there realistically and responsibly, so that these opportunities can actually be taken.

Gentechnik: Krankheitsprävention vs. ethische Grenzen

Katrin: Hast du die neuesten Entwicklungen in der Gentechnik verfolgt, Simon? Ich finde es wirklich faszinierend, was heute alles möglich ist. Wissenschaftler können mit CRISPR-Technologie Gene verändern, um Erbkrankheiten zu verhindern. Stell dir vor, wie viele Menschenleben dadurch gerettet werden könnten. Wir könnten Krankheiten wie Mukoviszidose oder Huntington eliminieren, bevor sie überhaupt ausbrechen. Das ist doch ein unglaublicher Fortschritt!

Katrin: Have you followed the latest developments in genetic engineering, Simon? I find it really fascinating what's possible today. Scientists can use CRISPR technology to modify genes and prevent hereditary diseases. Just imagine how many lives could be saved. We could eliminate diseases like cystic fibrosis or Huntington's before they even manifest. That's an incredible breakthrough!

Simon: Ja, Katrin, das klingt nach einem großen Durchbruch, aber ich habe da auch große Bedenken. Nur weil wir die Technologie haben, bedeutet das nicht, dass wir sie ohne Grenzen einsetzen sollten. Wo ziehen wir die Linie? Wenn wir anfangen, Gene zu verändern, um Krankheiten zu verhindern, was kommt als Nächstes? Werden wir irgendwann entscheiden, welche Menschen „perfekt" sind und welche nicht? Es gibt gefährliche ethische Abgründe, wenn wir zu tief in das menschliche Erbgut eingreifen.

Simon: Yes, Katrin, that sounds like a major breakthrough, but I also have big concerns. Just because we have the technology doesn't mean we should use it without limits. Where do we draw the line? If we start altering genes to prevent diseases, what comes next? Will we eventually decide who is "perfect" and who isn't? There are dangerous ethical pitfalls if we delve too deeply into human genetics.

Katrin: Ich verstehe deine Bedenken, aber es geht doch nicht darum, Designerbabys zu erschaffen. Es geht um die Prävention von schlimmen, oft tödlichen Krankheiten. Eltern wollen doch nur,

Katrin: I understand your concerns, but it's not about creating designer babies. It's about preventing terrible, often fatal diseases. Parents just want their children to be healthy, and if we can ensure that through genetic manipulation, why shouldn't we? No one wants their child to suffer from a hereditary disease that may even shorten their life. We have the ability to prevent such suffering.

Simon: Aber genau das ist der Punkt. Heute geht es um Krankheiten, aber morgen könnten Eltern entscheiden, dass sie bestimmte Eigenschaften wie Größe, Intelligenz oder sogar das Aussehen ihrer Kinder verändern wollen. Wo hört das auf? Es ist ein schmaler Grat zwischen medizinischer Notwendigkeit und der Manipulation menschlichen Lebens nach Wunschvorstellungen. Das Risiko, dass diese Technologie missbraucht wird, ist enorm.

Simon: But that's exactly the point. Today it's about diseases, but tomorrow parents might decide they want to alter traits like height, intelligence, or even their child's appearance. Where does it stop? There's a fine line between medical necessity and manipulating human life based on preferences. The risk of this technology being abused is enormous.

Katrin: Ich denke, wir müssen hier differenzieren. Natürlich darf Gentechnik nicht dazu führen, dass Menschen nach Belieben „designt" werden. Dafür brauchen wir strenge Regularien und ethische Richtlinien. Aber warum sollten wir die Vorteile dieser Technologie nicht nutzen, um Leben zu verbessern? Wir reden hier von echten medizinischen Durchbrüchen. Wir sollten die Technik nicht ablehnen, nur weil es theoretisch Missbrauchsmöglichkeiten gibt.

Katrin: I think we need to differentiate here. Of course, genetic engineering shouldn't lead to people being "designed" at will. We need strict regulations and ethical guidelines for that. But why shouldn't we use the benefits of this technology to improve lives?

We're talking about real medical breakthroughs. We shouldn't reject the technology just because there's a theoretical risk of misuse.

Simon: Theoretisch? Ich finde, die Geschichte zeigt uns doch, dass Technologien oft missbraucht werden. Schau dir nur an, wie viele ethische Fragen schon bei der einfachen In-vitro-Fertilisation aufkamen. Die Möglichkeit, menschliches Erbgut zu verändern, ist eine ganz andere Dimension. Was, wenn reiche Eltern in Zukunft Zugang zu genetischen Verbesserungen haben, die arme Familien sich nicht leisten können? Dann haben wir nicht nur soziale Ungleichheit, sondern auch eine genetische Kluft zwischen Arm und Reich.

Simon: Theoretical? I think history shows us that technologies are often misused. Just look at how many ethical questions arose even with simple in vitro fertilization. The ability to alter human genes is a completely different dimension. What if, in the future, wealthy parents have access to genetic enhancements that poor families can't afford? Then we would have not only social inequality, but also a genetic divide between the rich and poor.

Katrin: Da hast du recht, das könnte tatsächlich ein Problem werden, wenn der Zugang zu dieser Technologie nicht gerecht geregelt wird. Aber das ist doch kein Grund, sie komplett abzulehnen. Wir müssen sicherstellen, dass die Gentechnik für alle zugänglich und bezahlbar bleibt und dass sie nur für medizinisch notwendige Eingriffe genutzt wird. Die Lösung liegt in der Regulierung, nicht im Verbot.

Katrin: You're right, that could indeed become a problem if access to this technology isn't fairly regulated. But that's no reason to reject it completely. We need to ensure that genetic engineering is accessible and affordable for everyone, and that it's only used for medically necessary interventions. The solution lies in regulation, not prohibition.

Simon: Aber wer entscheidet, was „medizinisch notwendig" ist? Heute sind es Erbkrankheiten, morgen vielleicht „unerwünschte" Merkmale. Was, wenn ein Staat oder eine Gesellschaft bestimmte genetische Eigenschaften als unerwünscht definiert und versucht, diese auszumerzen? Wir reden hier von einer Technologie, die das Potenzial hat, die menschliche Evolution zu beeinflussen. Solche Entscheidungen dürfen nicht in die Hände weniger Menschen oder Unternehmen gelegt werden.

Simon: But who decides what is "medically necessary"? Today it's hereditary diseases, but tomorrow it could be "undesirable" traits. What if a state or society defines certain genetic traits as undesirable and tries to eliminate them? We're talking about a technology that has the potential to influence human evolution. Such decisions shouldn't be in the hands of a few people or companies.

Katrin: Das stimmt, aber genau deshalb brauchen wir internationale Ethikkommissionen und strikte Gesetze, die diese Technologie kontrollieren. Wenn wir alles im Griff haben und klare Grenzen setzen, können wir die Vorteile nutzen, ohne die Risiken einzugehen. Es ist doch auch bei anderen medizinischen Fortschritten so – wir haben strikte Regeln für Organtransplantationen, für medizinische Studien, und das funktioniert. Warum sollte es bei der Gentechnik anders sein?

Katrin: That's true, but that's exactly why we need international ethics committees and strict laws to control this technology. If we keep everything under control and set clear boundaries, we can use the benefits without taking on the risks. It's the same with other medical advances – we have strict rules for organ transplants and clinical trials, and it works. Why should it be any different with genetic engineering?

Simon: Weil die Gentechnik direkter und tiefgreifender in das menschliche Leben eingreift als fast jede andere medizinische Technologie. Bei Organtransplantationen oder Medikamenten geht es um die Behandlung von Krankheiten, aber hier reden wir davon, das menschliche Erbgut dauerhaft zu verändern. Das betrifft nicht nur eine Generation, sondern auch zukünftige Generationen. Was ist, wenn wir unbeabsichtigt schädliche Mutationen auslösen oder die natürliche Genvielfalt reduzieren?

Simon: Because genetic engineering intervenes more directly and profoundly in human life than almost any other medical technology. Organ transplants or medications treat diseases, but here we are talking about permanently altering the human genome. This affects not just one generation but future generations. What if we unintentionally trigger harmful mutations or reduce natural genetic diversity?

Katrin: Aber gerade deswegen wird doch so intensiv geforscht. Wir müssen sicherstellen, dass die Technologie sicher ist, bevor sie breit angewendet wird. Und es gibt bereits Forschungen, die zeigen, dass wir in der Lage sind, Fehler zu minimieren. Jede neue Technologie birgt Risiken, aber das bedeutet nicht, dass wir sie deshalb nicht nutzen sollten. Denk doch mal an all die Menschen, die durch diese Technologie vor einem Leben mit Krankheit und Leid bewahrt werden könnten.

Katrin: But that's exactly why there is such intense research being done. We need to make sure the technology is safe before it's widely used. And there is already research showing that we can minimize errors. Every new technology comes with risks, but that doesn't mean we shouldn't use it. Think of all the people who could be spared a life of illness and suffering through this technology.

Simon: Ich verstehe, dass es verlockend ist, aber die Langzeitfolgen sind einfach zu ungewiss. Wir wissen noch nicht genug darüber, wie das menschliche Genom funktioniert, um sicher sagen zu können, dass wir keine unbeabsichtigten Konsequenzen auslösen. Was, wenn wir eine Krankheit verhindern, aber dabei eine andere, noch schlimmere Krankheit verursachen? Die Risiken sind für mich einfach zu hoch, um diese Technologie jetzt schon flächendeckend einzusetzen.

Simon: I understand that it's tempting, but the long-term effects are simply too uncertain. We don't yet know enough about how the human genome works to be sure we won't trigger unintended consequences. What if we prevent one disease but cause another, even worse one? The risks are simply too high for me to support deploying this technology on a large scale now.

Katrin: Aber wir können doch nicht aufhören, weiterzuforschen, nur weil wir Risiken sehen. Jede große wissenschaftliche Entdeckung hat Unsicherheiten mit sich gebracht. Ohne die

Forschung im Bereich der Gentechnik bleiben uns Krankheiten, die wir vielleicht in wenigen Jahren heilen könnten. Wir müssen mutig genug sein, neue Wege zu gehen, aber mit der nötigen Vorsicht und Verantwortung.

Katrin: But we can't stop researching just because we see risks. Every major scientific breakthrough has come with uncertainties. Without research in genetic engineering, we may be stuck with diseases that we could potentially cure in just a few years. We must be bold enough to explore new paths, but with the necessary caution and responsibility.

Simon: Vorsicht und Verantwortung, das klingt gut, aber die Realität sieht oft anders aus. Die Pharmaindustrie und private Forschungsunternehmen haben oft ihre eigenen Interessen im Blick, und es geht ihnen in erster Linie um Profit. Was, wenn die Gentechnik zu einer Ware wird, die nur den Reichen zur Verfügung steht? Was passiert mit den ethischen Grenzen, wenn der finanzielle Druck zu groß wird? Das sind Fragen, die wir klären müssen, bevor wir diese Technologie in die Welt entlassen.

Simon: Caution and responsibility sound good, but the reality is often different. The pharmaceutical industry and private research companies often have their own interests at heart, and their primary focus is on profit. What if genetic engineering becomes a commodity available only to the wealthy? What happens to ethical boundaries when the financial pressure becomes too great? These are questions we need to address before we unleash this technology on the world.

Katrin: Ich gebe dir recht, dass der Einfluss der Wirtschaft in der Wissenschaft kritisch hinterfragt werden muss. Aber es ist auch die Aufgabe der Gesellschaft und der Politik, hier die richtigen Rahmenbedingungen zu schaffen. Wir sollten die Technologie nicht verteufeln, nur weil es Missbrauchsmöglichkeiten gibt. Es liegt an uns, sicherzustellen, dass sie zum Wohl aller Menschen eingesetzt wird. Stell dir vor, wir könnten Krankheiten wie Alzheimer oder Krebs in den nächsten Jahrzehnten besiegen – das wäre doch ein Segen für die Menschheit.

Katrin: I agree with you that the influence of business in science needs to be critically examined. But it's also the responsibility of society and politics to create the right framework here. We shouldn't demonize the technology just because there's potential for misuse. It's up to us to ensure it's used for the benefit of all people. Imagine if we could cure diseases like Alzheimer's or cancer in the next few decades – that would be a blessing for humanity.

Simon: Natürlich wäre das ein Segen, aber zu welchem Preis? Wenn wir die Türen zur genetischen Manipulation erst einmal geöffnet haben, wird es schwierig, sie wieder zu schließen. Was, wenn es irgendwann nicht mehr nur um Krankheiten geht, sondern um „Verbesserungen"? Stärker, klüger, schöner – das ist eine Zukunft, die ich mir nicht vorstellen möchte. Es besteht die Gefahr, dass wir die natürliche Vielfalt und den Wert des menschlichen Lebens aufs Spiel setzen.

Simon: Of course, that would be a blessing, but at what cost? Once we've opened the doors to genetic manipulation, it will be difficult to close them again. What if one day it's no longer just about diseases but "enhancements"? Stronger, smarter, more beautiful – that's a future I don't want to imagine. There's a danger that we'll jeopardize natural diversity and the value of human life.

Katrin: Aber das passiert doch heute schon – in anderer Form. Eltern entscheiden sich für bestimmte Bildungssysteme, spezielle Förderung, sogar Schönheitsoperationen, um ihren Kindern „bessere" Chancen im Leben zu geben. Der Wunsch, das Beste für seine Kinder zu wollen, ist doch nichts Neues. Gentechnik könnte einfach nur ein weiterer Schritt in diese Richtung sein, wenn wir sie verantwortungsvoll einsetzen.

Katrin: But that already happens today – just in different forms. Parents choose certain education systems, special tutoring, even cosmetic surgery, to give their children "better" chances in life. The desire to want the best for one's children is nothing new. Genetic engineering could just be another step in that direction if we use it responsibly.

Simon: Genau das ist das Problem. Wir dürfen die Natur des Menschen nicht zu einem Produkt machen, das optimiert werden kann. Wir müssen den Wert jedes Menschen so akzeptieren, wie er ist, und nicht versuchen, ihn nach einem bestimmten Ideal zu formen. Wenn wir diesen Weg gehen, könnten wir am Ende eine Gesellschaft schaffen, in der nur noch das „Perfekte" zählt, und alle, die diesem Ideal nicht entsprechen, werden ausgeschlossen.

Simon: That's exactly the problem. We can't turn human nature into a product that can be optimized. We have to accept the value of each person as they are, and not try to shape them into some ideal. If we go down this path, we could end up creating a society where only the "perfect" are valued, and everyone who doesn't meet that ideal is excluded.

Katrin: Das ist eine düstere Zukunftsvision, aber ich glaube nicht, dass es so weit kommen muss. Wir haben die Möglichkeit, die Gentechnik so zu regulieren, dass sie wirklich nur für medizinische Zwecke eingesetzt wird. Wenn wir die Technologie verteufeln, nur weil sie Missbrauchspotenzial hat, dann entziehen wir uns die Chance auf enorme medizinische Fortschritte. Es geht um den richtigen Umgang, nicht darum, die Technologie grundsätzlich abzulehnen.

Katrin: That's a bleak future vision, but I don't think it has to come to that. We have the ability to regulate genetic engineering so that it's truly only used for medical purposes. If we demonize the technology just because it has potential for misuse, then we deny ourselves the chance for enormous medical advancements. It's about using it responsibly, not rejecting the technology entirely.

Simon: Vielleicht hast du recht, dass wir uns den Fortschritt nicht verbauen sollten. Aber wir müssen extrem vorsichtig sein und sicherstellen, dass die ethischen Grenzen klar definiert sind und nicht verwässert werden. Gentechnik könnte eine wunderbare Chance sein, aber nur, wenn wir die Risiken im Blick behalten und die richtigen Schranken setzen.

Simon: Maybe you're right that we shouldn't block progress. But we must be extremely careful and make sure the ethical boundaries are clearly defined and not watered down. Genetic engineering could be a wonderful opportunity, but only if we keep the risks in mind and put the right safeguards in place.

Katrin: Genau, es ist eine Frage der Balance. Wir dürfen uns nicht von der Angst leiten lassen, aber wir müssen verantwortungsvoll und mit Bedacht handeln. Wenn wir das schaffen, könnte die Gentechnik ein echter Segen für die Menschheit werden – und wir könnten Krankheiten endlich hinter uns lassen.

Katrin: Exactly, it's a matter of balance. We shouldn't be driven by fear, but we must act responsibly and thoughtfully. If we can achieve that, genetic engineering could be a true blessing for humanity – and we could finally leave diseases behind us.

Simon: Lassen wir uns überraschen, wie sich das alles entwickelt. Aber wir sollten immer im Hinterkopf behalten, dass wir als Gesellschaft die Kontrolle behalten müssen – sowohl über die Technologie als auch über die ethischen Grenzen.

Simon: Let's see how it all develops. But we must always keep in mind that as a society we must retain control – both over the technology and the ethical boundaries.

Euthanasie: Das Recht auf ein würdevolles Sterben vs. die Unantastbarkeit des Lebens

Clara: Weißt du, David, ich finde, dass Menschen das Recht haben sollten, selbst zu entscheiden, wann und wie sie sterben möchten – vor allem, wenn sie unheilbar krank sind und nur noch leiden. Euthanasie sollte erlaubt sein, wenn jemand klar äußert, dass er in Würde sterben möchte. Es ist doch unmenschlich, jemanden dazu zu zwingen, weiterzuleben, wenn er nur noch Schmerzen hat.

Clara: You know, David, I believe people should have the right to decide when and how they want to die—especially if they are terminally ill and only suffering. Euthanasia should be allowed if someone clearly expresses that they want to die with dignity. It's inhumane to force someone to continue living when they are in constant pain.

David: Ich verstehe, dass das Thema sehr emotional ist, Clara. Aber ich finde, wir müssen vorsichtig sein. Das Leben ist etwas Heiliges, und ich bin der Meinung, dass niemand das Recht hat, es aktiv zu beenden – nicht einmal der Betroffene selbst. Sobald wir anfangen, den Tod als eine Lösung zu akzeptieren, öffnen wir die Tür zu Missbrauch und einer gefährlichen Abwertung des Lebens.

David: I understand this is a very emotional issue, Clara. But I think we need to be careful. Life is sacred, and I believe no one has the right to actively end it—not even the person themselves. Once we start accepting death as a solution, we open the door to abuse and a dangerous devaluation of life.

Clara: Aber es geht doch nicht um eine „Abwertung" des Lebens, sondern darum, dem Menschen die Würde zu geben, die er verdient. Niemand sollte gezwungen werden, qualvoll zu leben, wenn er keine Aussicht auf Besserung hat. Es geht hier um Autonomie und das Recht, über das eigene Leben und dessen Ende zu bestimmen. Für mich ist es viel grausamer, jemanden an Maschinen und Medikamente zu fesseln, obwohl er das nicht mehr will.

Clara: But this isn't about "devaluing" life; it's about giving people the dignity they deserve. No one should be forced to live in agony if there is no chance of improvement. This is about autonomy and the right to decide about one's own life and its end. For me, it's far crueler to tie someone to machines and medications when they no longer want that.

David: Aber was ist, wenn Menschen in einem schwachen Moment eine Entscheidung treffen, die sie später bereuen würden? Viele Patienten sind emotional und psychisch stark belastet, wenn sie solche Entscheidungen treffen. Es könnte auch Druck von außen geben – vielleicht von Familienmitgliedern oder Ärzten, die der Meinung sind, dass der Tod „besser" wäre. Wer garantiert, dass diese Entscheidung wirklich völlig frei getroffen wird?

David: But what if people make a decision in a moment of weakness that they might later regret? Many patients are emotionally and mentally overwhelmed when making such decisions. There could also be external pressure—perhaps from family members or doctors who think death would be "better." Who guarantees that this decision is made completely freely?

Clara: Deshalb gibt es ja auch in den Ländern, in denen Euthanasie erlaubt ist, strenge Regeln. Die Entscheidung muss gut überlegt und mehrfach geprüft werden. Es darf nicht einfach ein spontaner Wunsch sein, sondern eine bewusste und reflektierte Entscheidung. Und was den Druck von außen angeht: Das passiert doch heute auch, wenn Menschen gegen ihren Willen am Leben erhalten werden, weil ihre Familien nicht loslassen können. Wir müssen den Wunsch des Patienten über alles stellen, nicht die Erwartungen der anderen.

Clara: That's why in countries where euthanasia is allowed, there are strict rules. The decision must be well thought out and reviewed multiple times. It can't just be a spontaneous desire, but a conscious and considered decision. And regarding external pressure: That happens today as well when people are kept alive against their will because their families can't let go. We must prioritize the patient's wish above all, not the expectations of others.

David: Aber das menschliche Leben hat doch einen Wert, der über den Wunsch des Einzelnen hinausgeht. Wenn wir akzeptieren, dass der Tod eine Lösung ist, wie wirkt sich das auf unsere Gesellschaft

David: But human life has a value that goes beyond an individual's wishes. If we accept death as a solution, what does that mean for our society? At some point, "normal" dying might be forgotten and replaced by self-determined death. And what about the risk of abuse? There are already cases of assisted suicide where there are doubts about whether the patients truly wanted to die or were pushed into the decision by circumstances.

Clara: Das Missbrauchsrisiko ist natürlich da, aber das rechtfertigt doch nicht, allen Menschen das Recht auf ein würdevolles Sterben zu verwehren. Wir müssen die Mechanismen verbessern, um Missbrauch zu verhindern, anstatt Euthanasie komplett abzulehnen. Und was das „normale" Sterben angeht – jeder Mensch sollte das Recht haben, selbst zu bestimmen, was für ihn ein gutes und würdevolles Ende bedeutet. Für manche ist das, bis zum natürlichen Tod zu leben, für andere ist es, dem Leiden ein Ende zu setzen, bevor es unerträglich wird.

Clara: The risk of abuse is, of course, there, but that doesn't justify denying everyone the right to die with dignity. We need to improve the safeguards to prevent abuse, rather than rejecting euthanasia altogether. And regarding "normal" dying—every person should have the right to decide what a good and dignified end means for them. For some, it's living until natural death, and for others, it's ending their suffering before it becomes unbearable.

David: Aber genau da liegt der Unterschied. Das Leben ist nicht etwas, über das wir vollkommen frei verfügen sollten. Es gibt auch ethische und religiöse Perspektiven, die sagen, dass das Leben ein Geschenk ist und dass wir nicht das Recht haben, es vorzeitig zu beenden. Außerdem, wenn wir die Euthanasie legalisieren, könnte das den Wert des Lebens in den Augen der Gesellschaft mindern. Besonders ältere oder schwer kranke Menschen könnten sich irgendwann gezwungen fühlen, den „einfachen“ Weg zu wählen, um anderen nicht zur Last zu fallen.

David: But that's exactly where the difference lies. Life is not something we should have complete freedom over. There are ethical and religious perspectives that say life is a gift and that we don't have the right to end it prematurely. Also, if we legalize euthanasia, it could devalue life in society's eyes. Especially older or seriously ill people might eventually feel pressured to choose the "easy" way out so as not to be a burden on others.

Clara: Ich verstehe die religiösen und ethischen Bedenken, aber wir leben in einer pluralistischen Gesellschaft, in der nicht jeder diese Ansichten teilt. Jeder sollte die Freiheit haben, selbst über sein Leben und seinen Tod zu entscheiden. Und was das „Gefühl, eine Last zu sein“ betrifft – genau deshalb brauchen wir klare Regeln und eine starke psychologische Betreuung, um sicherzustellen, dass die Entscheidung wirklich aus freiem Willen getroffen wird und nicht aus sozialem Druck.

Clara: I understand the religious and ethical concerns, but we live in a pluralistic society where not everyone shares those views. Everyone should have the freedom to decide about their life and death. And regarding the "feeling like a burden"—that's precisely why we need clear rules and strong psychological support to ensure the decision is truly made freely and not because of social pressure.

David: Aber wie kannst du sicherstellen, dass es immer aus freiem Willen geschieht? In der Praxis wird es immer schwierig sein, den Einfluss von außen komplett auszuschließen. Wenn jemand schwer krank ist, leidet und von Ärzten oder Familienmitgliedern vielleicht subtil beeinflusst wird, könnte der Druck enorm sein. Das Risiko, dass Menschen den Wunsch nach dem Tod äußern, weil sie denken, dass es einfacher für die anderen wäre, ist zu groß. Wir dürfen den Wert des Lebens nicht relativieren.

David: But how can you ensure that it always happens out of free will? In practice, it will always be difficult to completely exclude external influence. If someone is seriously ill, suffering, and perhaps subtly influenced by doctors or family members, the pressure could be immense. The risk that people express a desire for death because they think it would be easier for others is too great. We must not relativize the value of life.

Clara: Der Wert des Lebens bleibt doch bestehen, aber es geht um die Qualität des Lebens. Wenn jemand nur noch leidet, keine Aussicht auf Besserung hat und der Tod unvermeidbar ist, was spricht dann dagegen, diesen Prozess zu beschleunigen, um unnötiges Leiden zu verhindern? Für viele Menschen ist der Gedanke, lange Zeit schwer krank zu sein und vielleicht nicht mehr selbstbestimmt handeln zu können, unerträglich. Sie sollten das Recht haben, diese Entscheidung selbst zu treffen, ohne dass andere über ihren Kopf hinweg entscheiden.

Clara: The value of life remains, but it's about the quality of life. If someone is only suffering, with no hope of recovery, and death is inevitable, what's wrong with speeding up that process to prevent unnecessary suffering? For many people, the thought of being seriously ill for a long time and possibly losing their autonomy is unbearable. They should have the right to make that decision themselves, without others deciding for them.

David: Das Argument der „Lebensqualität" ist schwierig. Wer entscheidet, wann ein Leben nicht mehr lebenswert ist? Wenn wir die Tür zur Euthanasie öffnen, besteht die Gefahr, dass wir irgendwann anfangen, Kriterien festzulegen, die bestimmen, wann das Leben eines Menschen beendet werden sollte. Und das ist eine gefährliche Richtung. Jeder Mensch hat das Recht zu leben, auch wenn die Umstände schwierig sind. Schmerz und Leiden sind Teil des Lebens, und es gibt viele Möglichkeiten, Menschen zu unterstützen, ohne ihr Leben zu beenden.

David: The argument of "quality of life" is difficult. Who decides when a life is no longer worth living? If we open the door to euthanasia, we risk eventually setting criteria to determine when a person's life should be ended. And that's a dangerous direction. Every person has the right to live, even under difficult circumstances. Pain and suffering are part of life, and there are many ways to support people without ending their lives.

Clara: Natürlich gibt es Palliativmedizin und Schmerztherapie, aber auch die stoßen irgendwann an ihre Grenzen. Manche

Menschen wollen nicht einfach „ertragen", sondern haben das Bedürfnis, den Zeitpunkt des Abschieds selbst zu bestimmen, wenn ihr Leben nicht mehr das ist, was sie sich wünschen. Es geht nicht darum, Leben geringzuschätzen, sondern darum, den Menschen die Freiheit und Würde zurückzugeben, die ihnen im Sterbeprozess oft genommen wird.

Clara: Of course, there is palliative care and pain management, but even they eventually reach their limits. Some people don't just want to "endure" but feel the need to determine the timing of their farewell when their life is no longer what they desire. It's not about devaluing life, but about giving people back the freedom and dignity that is often taken from them in the dying process.

David: Ich verstehe, dass es Menschen gibt, die so denken, aber was passiert, wenn wir Euthanasie als normale Option in der Medizin verankern? Es könnte dazu führen, dass die Palliativmedizin weniger gefördert wird, weil der „einfachere" Weg bevorzugt wird. Der Fokus sollte darauf liegen, den Menschen ein lebenswertes Leben zu ermöglichen, auch in schwierigen Zeiten, anstatt das Sterben als Lösung anzubieten. Leben ist immer wertvoll, und ich glaube, dass es unsere Aufgabe ist, diesen Wert zu schützen, bis zum letzten Atemzug.

David: I understand that some people think that way, but what happens if we establish euthanasia as a normal option in medicine? It could lead to less investment in palliative care because the "easier" path is preferred. The focus should be on enabling people to live a meaningful life, even in difficult times, rather than offering death as a solution. Life is always valuable, and I believe it is our duty to protect that value until the last breath.

Clara: Ich stimme dir zu, dass wir alles tun sollten, um das Leben so lebenswert wie möglich zu machen. Aber das schließt doch nicht aus, dass es Menschen gibt, die sich bewusst für ein Ende entscheiden, wenn sie wissen, dass ihre Lebensqualität nicht mehr zurückkehren wird. Wir sollten nicht für andere entscheiden, was das Beste für sie ist. Euthanasie kann eine Möglichkeit sein, in Würde Abschied zu nehmen, wenn es keine Alternativen mehr gibt.

Clara: I agree that we should do everything we can to make life as fulfilling as possible. But that doesn't exclude the fact that some people consciously choose an end when they know their quality of life won't return. We shouldn't decide for others what's best for them. Euthanasia can be a way to say goodbye with dignity when there are no alternatives left.

David: Es bleibt ein moralisch schwieriges Thema. Ich glaube, dass wir als Gesellschaft sehr vorsichtig sein müssen, wie weit wir bereit sind, zu gehen. Das Leben ist unantastbar, und diese Grenze sollten wir nicht leichtfertig überschreiten. Die Gefahr ist zu groß, dass wir uns in eine Richtung bewegen, in der der Tod als einfache Lösung für komplexe Probleme gesehen wird.

David: It remains a morally difficult issue. I think as a society, we must be very cautious about how far we are willing to go. Life is inviolable, and we should not cross that boundary lightly. The danger is too great that we might move in a direction where death is seen as a simple solution to complex problems.

Clara: Ich stimme zu, dass es ein schwieriger Weg ist, aber ich glaube auch, dass das Recht auf ein würdevolles Sterben genauso respektiert werden sollte wie das Recht auf Leben. Es muss individuelle Entscheidungen geben dürfen, und es ist unsere Verantwortung, sicherzustellen, dass diese Entscheidungen mit größter Sorgfalt und Respekt getroffen werden.

Clara: I agree that it's a difficult path, but I also believe that the right to die with dignity should be respected just as much as the right to live. There must be room for individual decisions, and it is our responsibility to ensure that these decisions are made with the utmost care and respect.

David: Vielleicht. Aber ich hoffe, dass wir in unserer Gesellschaft immer den Wert des Lebens in den Vordergrund stellen, auch wenn die Zeiten schwer sind. Der Tod sollte niemals eine einfache Lösung sein, sondern immer die letzte Option – und das nur unter strengsten ethischen Bedingungen.

David: Maybe. But I hope that in our society, we will always prioritize the value of life, even when times are hard. Death should never be an easy solution, but always the last option—and only under the strictest ethical conditions.

137

Bedingungsloses Grundeinkommen: Wirtschaftliche Gleichheit vs. Abhängigkeit vom Staat

Johanna: Also, ich finde, das bedingungslose Grundeinkommen wäre eine großartige Idee. Stell dir das mal vor, Lukas: Jeder hätte genug Geld, um die Grundbedürfnisse zu decken – egal, ob man arbeitet oder nicht. Das würde so viel Druck von den Menschen nehmen, vor allem von denen, die in prekären Jobs arbeiten oder ständig um ihre Existenz bangen müssen. Es wäre ein Schritt in Richtung echte soziale Gerechtigkeit und wirtschaftliche Gleichheit.

Johanna: I think a universal basic income would be a great idea. Just imagine, Lukas: Everyone would have enough money to cover their basic needs – whether they work or not. This would take so much pressure off people, especially those working in precarious jobs or constantly worrying about their survival. It would be a step towards true social justice and economic equality.

Lukas: Ich verstehe, dass es auf den ersten Blick verlockend klingt, aber ich habe da große Bedenken, Johanna. Ein bedingungsloses Grundeinkommen könnte dazu führen, dass viele Menschen gar nicht mehr arbeiten wollen. Wenn der Staat jedem einfach Geld gibt, warum sollte man sich dann noch bemühen? Das könnte die Arbeitsmoral untergraben und letztlich die Wirtschaft schwächen. Abgesehen davon, woher soll das ganze Geld kommen?

Lukas: I understand that it sounds tempting at first glance, but I have serious concerns, Johanna. A universal basic income could lead to many people not wanting to work anymore. If the state just gives everyone money, why would people make an effort? It could undermine work ethics and ultimately weaken the economy. Besides, where is all that money supposed to come from?

Johanna: Aber es geht doch nicht darum, dass Menschen aufhören zu arbeiten! Die meisten Menschen wollen sich nützlich fühlen und einen Beitrag leisten. Das Grundeinkommen würde ihnen einfach die Freiheit geben, sich zu entscheiden, welchen Job sie machen wollen, ohne nur auf das Geld schauen zu müssen. Man könnte sich endlich auf kreative oder soziale Projekte konzentrieren, die bisher oft vernachlässigt werden, weil sie nicht genug einbringen. Und das Geld kommt aus Umverteilung – von denen, die ohnehin mehr als genug haben.

Johanna: But it's not about people stopping work! Most people want to feel useful and contribute. Basic income would just give them the freedom to choose the jobs they want, without only focusing on money. People could finally focus on creative or social projects that often get neglected because they don't pay enough. And the money comes from redistribution – from those who already have more than enough.

Lukas: Das ist doch aber total naiv, Johanna. Natürlich gibt es Menschen, die weiterhin arbeiten würden, weil sie intrinsisch motiviert sind, aber viele würden einfach das Minimum machen oder sich ganz auf das Grundeinkommen verlassen. Wir haben schon jetzt Probleme mit Menschen, die lieber Sozialleistungen beziehen, anstatt zu arbeiten. Das Grundeinkommen würde dieses Problem noch verschärfen. Und was ist mit denen, die tatsächlich hart arbeiten und dann sehen, dass andere ohne Anstrengung das gleiche Geld bekommen? Das ist doch ungerecht.

Lukas: That's totally naive, Johanna. Of course, some people would still work because they're intrinsically motivated, but many would just do the bare minimum or rely entirely on the basic income. We already have issues with people preferring to live off welfare instead of working. Basic income would just make that problem worse. And what about those who work hard and see others getting the same money without effort? That's unfair.

Johanna: Ich glaube, du unterschätzt die Menschen. Viele arbeiten nicht nur für Geld, sondern weil sie Erfüllung suchen oder sich weiterentwickeln wollen. Außerdem, das aktuelle System ist doch ungerecht! Es gibt Leute, die in schlecht bezahlten Jobs arbeiten, die körperlich und psychisch extrem belastend sind, und trotzdem kaum über die Runden kommen. Ein bedingungsloses Grundeinkommen würde den Menschen endlich die Sicherheit geben, die sie brauchen, um frei entscheiden zu können, wie sie leben und arbeiten wollen. Niemand wäre mehr gezwungen, unter schrecklichen Bedingungen zu arbeiten, nur um überleben zu können.

Johanna: I think you're underestimating people. Many don't just work for money, but because they seek fulfillment or want to grow. Also, the current system is unjust! There are people working low-paid jobs that are physically and mentally demanding, and they still barely make ends meet. A basic income would finally give people the security they need to freely decide how they want to live and work. No one would be forced to work under terrible conditions just to survive.

Lukas: Aber wie realistisch ist das? Das Geld muss irgendwo herkommen, und wenn du jedem ein Grundeinkommen zahlst, müssen die Steuern massiv erhöht werden. Das wird die Wirtschaft ausbremsen, weil Unternehmen und Investoren sich zurückziehen könnten. Wir riskieren damit, dass das System insgesamt zusammenbricht. Und es würde eine Abhängigkeit vom Staat schaffen, die ich für gefährlich halte. Wenn der Staat jedem Geld gibt, kontrolliert er letztlich, wer wie viel bekommt. Das ist eine Form von Macht, die sehr leicht missbraucht werden könnte.

Lukas: But how realistic is that? The money has to come from somewhere, and if you're going to pay everyone a basic income, taxes will have to be massively increased. That will slow down the economy because businesses and investors might pull out. We risk the whole system collapsing. And it would create a dependency on the state, which I think is dangerous. If the state gives everyone money, it ultimately controls who gets how much. That's a form of power that could easily be abused.

Johanna: Da sehe ich es anders. Das Grundeinkommen würde den Menschen mehr Unabhängigkeit vom Staat geben, weil sie nicht mehr auf komplizierte und entwürdigende Sozialprogramme angewiesen wären. Momentan müssen viele Leute unzählige Formulare ausfüllen und sich rechtfertigen, warum sie Hilfe brauchen. Das Grundeinkommen wäre bedingungslos, ohne Bürokratie und ohne Kontrolle. Jeder bekäme es, egal was passiert. Das ist doch wahre Freiheit!

Johanna: I see it differently. Basic income would give people more independence from the state because they wouldn't need to rely on complicated and humiliating welfare programs anymore. Right now, many people have to fill out countless forms and justify why they need help. Basic income would be unconditional, without bureaucracy and control. Everyone would get it, no matter what. That's real freedom!

Lukas: Aber die Abhängigkeit bleibt doch bestehen. Wer einmal auf staatliches Geld angewiesen ist, gibt einen Teil seiner Eigenverantwortung ab. Es könnte Menschen entmündigen, die sich nicht mehr anstrengen, weil sie wissen, dass der Staat immer da ist, um sie aufzufangen. Das zerstört den Anreiz, produktiv zu sein und sich selbst um seine Lebensgrundlage zu kümmern. Was passiert, wenn der Staat dann eines Tages entscheidet, das Grundeinkommen zu kürzen oder zu streichen?

Lukas: But the dependency still exists. Once you rely on government money, you give up some of your personal responsibility. It could disempower people, who might stop trying because they know the state is always there to catch them. It destroys the incentive to be productive and take care of your own livelihood. What happens if one day the government decides to cut or scrap the basic income?

Johanna: Aber was ist mit den Leuten, die schon jetzt keine Chance haben, sich um ihre Lebensgrundlage zu kümmern, weil sie in einem System feststecken, das ihnen keine echten Möglichkeiten bietet? Menschen in prekären Jobs, Alleinerziehende, Langzeitarbeitslose – all diese Menschen hätten endlich die Freiheit, durchzuatmen und sich neu zu orientieren. Das Grundeinkommen könnte den Teufelskreis der Armut durchbrechen. Und dass der Staat das Grundeinkommen einfach streicht, halte ich für unwahrscheinlich – schließlich gäbe es massive öffentliche Unterstützung dafür.

Johanna: But what about the people who already have no chance to take care of their livelihood because they are stuck in a system that offers them no real opportunities? People in precarious jobs, single parents, the long-term unemployed – all these people would finally have the freedom to breathe and refocus. The basic income could break the vicious cycle of poverty. And I think it's unlikely that the state would just cut off basic income – after all, there would be massive public support for it.

Lukas: Das mag sein, aber es gibt auch Menschen, die trotz harter Arbeit wenig verdienen. Für diese Menschen wäre es frustrierend zu sehen, dass andere genauso viel Geld bekommen, ohne dafür arbeiten zu müssen. Wir haben jetzt schon genug soziale Spannungen, und ein Grundeinkommen könnte diese Ungerechtigkeitsgefühle noch verstärken. Die Idee mag gut klingen, aber sie könnte die Gesellschaft spalten, statt sie zu einen.

Lukas: That may be true, but there are also people who earn very little despite working hard. For these people, it would be frustrating to see others get the same amount of money without having to work for it. We already have enough social tensions, and a basic income could amplify feelings of injustice. The idea may sound good, but it could divide society rather than unite it.

Johanna: Ich glaube, du siehst das zu pessimistisch. Ein Grundeinkommen würde vielen Menschen das Leben erleichtern und die soziale Ungleichheit verringern. Diejenigen, die arbeiten wollen, würden weiterhin arbeiten, aber sie hätten die Freiheit, Jobs zu wählen, die ihnen Spaß machen, statt sich in Berufen abzurackern, die sie hassen. Und für die, die aus gesundheitlichen oder anderen Gründen nicht arbeiten können, wäre es eine Rettung. Es geht doch darum, allen Menschen ein Leben in Würde zu ermöglichen, unabhängig von ihrer wirtschaftlichen Situation.

Johanna: I think you're being too pessimistic. A basic income would make life easier for many people and reduce social inequality. Those who want to work would still work, but they would have the freedom to choose jobs they enjoy, rather than slaving away in jobs they hate. And for those who can't work due to health or other reasons, it would be a lifeline. It's about giving everyone a life of dignity, regardless of their economic situation.

Lukas: Ich verstehe deinen Punkt, aber was ist mit der Motivation? Wenn jeder das Grundeinkommen bekommt, könnte der Anreiz fehlen, wirklich hart zu arbeiten oder etwas zu erreichen. Viele wichtige Berufe, die anstrengend und wenig glamourös sind – wie Müllabfuhr, Pflegeberufe oder einfache Handwerksjobs – könnten unterbesetzt bleiben, weil niemand mehr Lust hat, diese Arbeiten zu machen. Die Wirtschaft würde darunter leiden, wenn nicht genügend Menschen bereit sind, in diesen Berufen zu arbeiten.

Lukas: I understand your point, but what about motivation? If everyone gets a basic income, there might be less incentive to work hard or achieve something. Many essential but tough jobs – like waste collection, care work, or manual labor – could become understaffed because people won't want to do these jobs anymore. The economy would suffer if there weren't enough people willing to work in these fields.

Johanna: Aber genau deshalb müssten solche Berufe besser bezahlt und aufgewertet werden. Wenn es ein Grundeinkommen gibt, haben die Arbeitgeber endlich den Druck, bessere Bedingungen und höhere Löhne anzubieten, um Menschen zu motivieren, in diesen Bereichen zu arbeiten. Der Arbeitsmarkt würde sich ausgleichen, weil die Menschen nicht mehr gezwungen wären, jeden Job anzunehmen, nur um zu überleben. Sie könnten wirklich nach ihren Fähigkeiten und Interessen arbeiten, und das wäre doch letztlich besser für alle.

Johanna: But that's exactly why those jobs would need to be better paid and valued. If there's a basic income, employers would finally have the pressure to offer better conditions and higher wages to motivate people to work in these fields. The labor market would balance out because people wouldn't be forced to take any job just to survive. They could truly work according to their skills and interests, and that would ultimately be better for everyone.

Lukas: Das mag in der Theorie stimmen, aber in der Praxis könnte das dazu führen, dass die Preise für Dienstleistungen explodieren, weil die Löhne steigen müssten. Das Grundeinkommen könnte also am Ende die Inflation anheizen, weil Arbeitgeber höhere Löhne zahlen müssen und die Kosten dann auf die Verbraucher umlegen. Was bringt es den Menschen, ein Grundeinkommen zu haben, wenn die Lebenshaltungskosten gleichzeitig stark ansteigen?

Lukas: That might work in theory, but in practice, it could lead to service prices skyrocketing because wages would have to rise. The basic income could end up fueling inflation because employers would need to pay higher wages, and they'd pass those costs onto consumers. What's the point of having a basic income if the cost of living rises dramatically at the same time?

Johanna: Inflation ist natürlich ein Thema, aber es gibt Wege, das zu steuern. Das Grundeinkommen könnte so gestaltet werden, dass es inflationsbereinigt ist. Außerdem würde es ja nicht als Ersatz für andere Einkommensquellen dienen, sondern als Basisabsicherung. Die Menschen hätten weiterhin die Möglichkeit, zusätzlich zu arbeiten und sich mehr zu verdienen. Es würde einfach nur die Sicherheit geben, dass niemand unter das Existenzminimum fällt, egal, was passiert.

Johanna: Inflation is definitely a concern, but there are ways to control it. The basic income could be designed to adjust for inflation. Plus, it wouldn't replace other sources of income, but rather serve as a basic safety net. People would still have the option to work and earn more. It would just provide the security that no one would fall below the subsistence level, no matter what happens.

Lukas: Trotzdem bleibt für mich das Grundproblem, dass das Grundeinkommen eine Abhängigkeit vom Staat schafft, die gefährlich ist. Wenn der Staat einmal die Kontrolle über die Einkommensverteilung hat, könnte das zu Missbrauch führen. Es könnte dazu führen, dass politische Entscheidungen stärker an der Kontrolle über die Bevölkerung ausgerichtet werden, weil Menschen, die auf staatliches Geld angewiesen sind, anfälliger für Manipulation sind.

Lukas: The core problem for me remains that basic income creates a dependence on the state, which is dangerous. Once the state controls income distribution, it could lead to abuse. It might lead to political decisions that are more focused on controlling the population because people relying on state money are more vulnerable to manipulation.

Johanna: I understand your concerns, but I see it differently. For
me, basic income isn't about dependency, it's about freedom. It
would give people the chance to live independently, without being
constantly plagued by existential fears. Our goal should be to create
a society where everyone has equal opportunities, regardless of
their background or social status. A basic income would be a step
in that direction.

Lukas: I see that you mean well, but I think we need to be very
cautious. Basic income could create more problems than it solves,
and the long-term consequences are hard to predict. For me, it
remains a dangerous idea that may seem attractive in the short term
but could threaten our economic foundations and social cohesion
in the long run.

Johanna: Maybe you're right that we need to be cautious, but I also think we can't cling too tightly to old systems that clearly aren't working anymore. Capitalism in its current form is producing more and more inequality, and many people are slipping through the cracks. We need to be bold enough to explore new paths and at least seriously consider basic income to make society fairer.

Lukas: Vielleicht ist das Grundeinkommen ein Weg, der ausprobiert werden kann, aber es müsste sehr gut durchdacht und schrittweise eingeführt werden. Ich bleibe skeptisch, aber ich bin bereit, über Lösungen zu diskutieren, die die soziale Ungleichheit bekämpfen, ohne die wirtschaftliche Stabilität zu gefährden.

Lukas: Maybe basic income is a path that could be tried, but it would need to be well thought out and introduced gradually. I remain skeptical, but I'm open to discussing solutions that fight social inequality without endangering economic stability.

Johanna: Das klingt nach einem guten Kompromiss. Ich denke, wir sollten offen für neue Ideen sein, solange wir sie mit Bedacht und Verantwortungsbewusstsein umsetzen. Das Grundeinkommen könnte ein Weg in eine gerechtere Zukunft sein – aber nur, wenn wir es richtig angehen.

Johanna: That sounds like a good compromise. I think we should be open to new ideas as long as we implement them carefully and responsibly. Basic income could be a path to a fairer future – but only if we do it right.

Gentrifizierung: Städtische Erneuerung vs. Verdrängung lokaler Gemeinschaften

Lea: Es ist schon verrückt, wie sich unser Viertel in den letzten Jahren verändert hat, oder? Früher war das hier ein gemütliches, wenn auch etwas heruntergekommenes Arbeiterviertel, und jetzt schießen überall hippe Cafés, teure Boutiquen und Luxusbauten aus dem Boden. Klar, die Stadt wird aufgewertet, aber was ist mit den Menschen, die hier schon immer gelebt haben und sich das plötzlich nicht mehr leisten können? Gentrifizierung ist für viele ein Albtraum.

Lea: It's crazy how our neighborhood has changed in the last few years, right? It used to be a cozy, if somewhat run-down working-class area, and now hip cafés, expensive boutiques, and luxury buildings are popping up everywhere. Sure, the city is being upgraded, but what about the people who have always lived here and suddenly can't afford it anymore? Gentrification is a nightmare for many.

Paul: Ich verstehe deine Sicht, Lea, aber ganz ehrlich, städtische Erneuerung ist doch nichts Schlechtes. Viele Viertel waren vorher ziemlich verfallen. Durch die Investitionen entstehen neue Wohnungen, die Gegend wird sicherer, es gibt bessere Infrastruktur und mehr Angebote. Das ist gut für die Stadt und zieht auch neue Leute an, die bereit sind, in die lokale Wirtschaft zu investieren. Man kann doch nicht erwarten, dass alles so bleibt wie vor 20 Jahren.

Paul: I understand your perspective, Lea, but honestly, urban renewal isn't a bad thing. Many neighborhoods were quite run-down before. With investments, new housing is created, the area becomes safer, there's better infrastructure and more amenities. That's good for the city and attracts new people willing to invest in the local economy. You can't expect everything to stay like it was 20 years ago.

Lea: Aber genau das ist der Punkt, Paul. Es geht ja nicht darum, die Zeit anzuhalten, sondern darum, dass die Menschen, die hier schon lange leben, durch diese „Erneuerung" verdrängt werden.

*Die Mieten explodieren, alteingesessene Geschäfte müssen
schließen, weil sie die Mieten nicht mehr zahlen können, und das
soziale Gefüge des Viertels zerbricht. Gentrifizierung mag das
Stadtbild verschönern, aber sie zerstört das Herz der
Nachbarschaft.*

Lea: But that's exactly the point, Paul. It's not about stopping time,
but about the people who have lived here for a long time being
displaced by this "renewal." Rents skyrocket, long-established
businesses have to close because they can't afford the rent
anymore, and the social fabric of the neighborhood falls apart.
Gentrification may beautify the cityscape, but it destroys the heart
of the community.

*Paul: Natürlich steigen die Mieten, wenn ein Viertel attraktiver
wird, aber das ist doch eine normale Marktbewegung. Angebot und
Nachfrage regeln das. Und ehrlich gesagt, viele der alten Gebäude
waren baufällig und nicht mehr bewohnbar. Es macht doch Sinn,
dass Investoren die Gegend entwickeln und modernisieren.
Außerdem gibt es doch Sozialwohnungen und andere Programme,
die verhindern sollen, dass Leute komplett aus ihren Vierteln
verdrängt werden. Man kann nicht immer den Status quo
bewahren.*

Paul: Of course, rents rise when a neighborhood becomes more
attractive, but that's just a normal market movement. Supply and
demand regulate that. And honestly, many of the old buildings
were dilapidated and uninhabitable. It makes sense that investors
would develop and modernize the area. Besides, there are social
housing and other programs to prevent people from being
completely displaced from their neighborhoods. You can't
preserve the status quo forever.

*Lea: Das mit den Sozialwohnungen klingt in der Theorie gut, aber
in der Praxis reicht das oft hinten und vorne nicht. Es gibt viel zu
wenig Sozialwohnungen, und oft werden die neuen Bauprojekte
gar nicht für die ursprüngliche Bevölkerung geplant. Es geht um
teure Eigentumswohnungen und Luxusapartments, die sich die
Menschen, die hier leben, niemals leisten könnten. Und was
passiert mit den kleinen Geschäften, die das Viertel so lebendig*

Lea: Social housing sounds good in theory, but in practice, it's often far from enough. There are way too few social housing units, and the new building projects are often not planned for the original population. It's all about expensive condos and luxury apartments that the people living here could never afford. And what happens to the small businesses that made the neighborhood so vibrant? They disappear one by one, and suddenly every neighborhood looks the same – uniform and soulless.

Paul: Ich finde, du siehst das zu pessimistisch. Natürlich verändert sich die Struktur eines Viertels, wenn es modernisiert wird, aber das ist doch Teil des urbanen Wandels. Städte entwickeln sich ständig weiter. Und neue Geschäfte, Cafés oder Restaurants schaffen auch Arbeitsplätze und ziehen neue Menschen an. Ich sehe das eher als eine Chance, dass das Viertel floriert und nicht einfach verfällt. Außerdem: Die Nachfrage nach Wohnungen in Städten steigt – wir müssen den Wohnraum irgendwie ausbauen.

Paul: I think you're being too pessimistic. Of course, the structure of a neighborhood changes when it's modernized, but that's just part of urban evolution. Cities are constantly developing. And new shops, cafés, or restaurants create jobs and attract new people. I see it more as an opportunity for the neighborhood to flourish rather than just decay. Besides, the demand for housing in cities is rising – we have to expand housing somehow.

Lea: Ich habe nichts gegen Veränderungen, aber sie sollten gerecht und sozial verträglich sein. Was nützt es, wenn ein Viertel „floriert", aber nur noch für eine bestimmte Schicht zugänglich ist? Die Menschen, die hier ihre Wurzeln haben, die ihre Gemeinschaft aufgebaut haben, werden verdrängt, weil sie sich das neue, „hippe" Viertel nicht mehr leisten können. Das ist doch keine nachhaltige Entwicklung, sondern soziale Spaltung. Gentrifizierung schafft eine Art Parallelgesellschaft: Die Reichen ziehen ein, die Armen werden an den Rand gedrängt.

Lea: I'm not against change, but it should be fair and socially acceptable. What good is it if a neighborhood "flourishes" but is only accessible to a certain class? The people who have their roots here, who built their community, are being displaced because they can't afford the new "hip" neighborhood anymore. That's not sustainable development; it's social division. Gentrification creates a kind of parallel society: the rich move in, the poor are pushed to the margins.

Paul: Aber du kannst doch nicht erwarten, dass ein Stadtteil nie wächst oder sich verändert. Städte sind dynamisch, und Gentrifizierung passiert überall auf der Welt. Es gibt immer Menschen, die von Veränderungen profitieren, und andere, die sich anpassen müssen. Man kann doch nicht verhindern, dass Leute mit höherem Einkommen in ein Viertel ziehen, nur weil es vorher günstiger war. Wenn wir den Wohnungsmarkt zu stark regulieren, wird das Wachstum der Stadt insgesamt gebremst.

Paul: But you can't expect a neighborhood never to grow or change. Cities are dynamic, and gentrification happens all over the world. There will always be people who benefit from change and others who have to adapt. You can't stop people with higher incomes from moving into a neighborhood just because it was cheaper before. If we regulate the housing market too much, it will slow the city's growth as a whole.

Lea: Es geht nicht darum, den Wohnungsmarkt komplett zu blockieren, sondern um eine gerechte Balance. Die Stadt gehört nicht nur denjenigen, die das meiste Geld haben. Es muss Maßnahmen geben, um Mieten zu regulieren und den Erhalt von bezahlbarem Wohnraum zu sichern. Wenn wir einfach zulassen, dass der Markt alles regelt, dann profitieren nur die Investoren und die wohlhabenden Neuankömmlinge, während die Menschen, die hier seit Generationen leben, verdrängt werden.

Lea: It's not about completely blocking the housing market; it's about finding a fair balance. The city doesn't just belong to those with the most money. There need to be measures to regulate rents and ensure the preservation of affordable housing. If we just let the market decide everything, only investors and wealthy newcomers benefit, while the people who have lived here for generations are displaced.

Paul: Aber wie soll das konkret aussehen? Mietregulierung kann auch dazu führen, dass weniger in neue Bauprojekte investiert wird. Investoren ziehen sich zurück, und am Ende gibt es weniger neuen Wohnraum, was den Druck auf die bestehenden Wohnungen nur noch erhöht. Wir müssen auch darauf achten, dass Städte attraktiv bleiben für Investitionen, sonst stagnieren sie. Und seien wir ehrlich: Nicht jedes alte Gebäude oder jede „alteingesessene" Struktur ist erhaltenswert.

Paul: But what would that look like in practice? Rent control can also lead to less investment in new building projects. Investors pull back, and in the end, there's less new housing, which just increases pressure on existing apartments. We also need to ensure that cities remain attractive for investment, or they'll stagnate. And let's be honest: not every old building or long-established structure is worth preserving.

Lea: Natürlich muss es einen Kompromiss geben, aber es gibt doch genug Beispiele von Städten, die gezeigt haben, dass man beides verbinden kann – Erneuerung und den Erhalt von Gemeinschaften. Es könnte zum Beispiel Auflagen geben, dass bei jedem neuen Bauprojekt ein bestimmter Prozentsatz für bezahlbare Wohnungen reserviert wird. Oder man könnte mehr auf Genossenschaftsmodelle setzen, bei denen die Bewohner selbst Eigentümer ihrer Häuser sind und nicht einfach an den Meistbietenden verkauft wird.

Lea: Of course, there needs to be a compromise, but there are plenty of examples of cities that have shown it's possible to combine both – renewal and preserving communities. For example, there could be regulations that require a certain percentage of new building projects to be reserved for affordable housing. Or we could focus more on cooperative models, where residents own their homes themselves and aren't just sold to the highest bidder.

Paul: Das klingt ja alles gut, aber die Realität ist oft komplizierter. Wenn du solche Auflagen machst, könnte das dazu führen, dass viele Projekte gar nicht erst umgesetzt werden. Und das würde den Wohnungsmarkt noch weiter verknappen. Außerdem geht es nicht nur um Wohnungen – auch die Infrastruktur muss mitwachsen.

Neue Schulen, bessere öffentliche Verkehrsmittel, mehr Plätze in Kitas – das alles kostet Geld, und das kommt nun mal oft von Investoren. Ohne private Investitionen wird es schwer, das alles zu finanzieren.

Paul: That all sounds good, but the reality is often more complicated. If you impose such requirements, it could lead to many projects not being implemented at all. And that would just further reduce the housing supply. Plus, it's not just about housing – the infrastructure needs to grow too. New schools, better public transport, more daycare spots – all of that costs money, and that often comes from investors. Without private investments, it'll be difficult to fund everything.

Lea: Private Investitionen sind wichtig, das bestreite ich gar nicht. Aber sie sollten nicht auf Kosten der Menschen gehen, die bereits hier leben. Die Stadt muss stärker regulierend eingreifen und sicherstellen, dass der soziale Zusammenhalt nicht zerstört wird. Es kann nicht sein, dass Menschen aus ihren Wohnungen geworfen werden, weil sie sich die neuen Mieten nicht mehr leisten können, während die Stadt nur zuschaut. Und was die Infrastruktur angeht – ja, das ist wichtig, aber auch hier muss die Stadt aktiv werden und in öffentliche Projekte investieren, nicht nur auf private Investoren setzen.

Lea: Private investment is important, I don't deny that. But it shouldn't come at the expense of the people who already live here. The city needs to take a stronger regulatory role and make sure that the social fabric isn't destroyed. It's unacceptable for people to be evicted because they can't afford the new rents while the city just stands by. And when it comes to infrastructure – yes, it's important, but the city also needs to take an active role in investing in public projects, not just relying on private investors.

Paul: Aber woher soll das ganze Geld für diese öffentlichen Projekte kommen? Der Staat kann nicht alles finanzieren. Wir brauchen eine Mischung aus öffentlichen und privaten Geldern, um eine Stadt lebendig zu halten. Natürlich sollten Menschen nicht einfach aus ihren Wohnungen verdrängt werden, aber man kann auch nicht jedem garantieren, dass er für immer im gleichen

Viertel zu den gleichen Konditionen leben kann. Städte verändern sich, und wir müssen Wege finden, diese Veränderungen positiv zu gestalten.

Paul: But where is all the money for these public projects supposed to come from? The state can't fund everything. We need a mix of public and private funds to keep a city vibrant. Of course, people shouldn't be pushed out of their homes, but you can't guarantee that everyone can live in the same neighborhood under the same conditions forever. Cities change, and we need to find ways to shape those changes positively.

Lea: Ja, Städte verändern sich, aber die Frage ist, wer von diesen Veränderungen profitiert. Wenn wir nichts unternehmen, dann sind es immer die gleichen, die verlieren: die Arbeiterfamilien, die Geringverdiener, die Rentner, die sich ihre Mieten nicht mehr leisten können. Es muss doch möglich sein, eine Stadt so zu gestalten, dass alle einen Platz darin finden – nicht nur die Reichen. Wir können nicht einfach zusehen, wie die soziale Kluft immer größer wird.

Lea: Yes, cities change, but the question is who benefits from those changes. If we do nothing, it's always the same people who lose: working-class families, low-income earners, retirees who can't afford their rent anymore. Surely it's possible to design a city where everyone has a place – not just the wealthy. We can't just sit back and watch the social divide grow wider.

Paul: Ich stimme dir zu, dass wir aufpassen müssen, die soziale Kluft nicht zu vergrößern. Aber ich glaube, wir müssen realistisch bleiben. Es wird immer Viertel geben, die sich verändern, und Menschen, die dadurch verdrängt werden. Das war schon immer so. Wir können versuchen, die Auswirkungen abzufedern, aber den Wandel komplett aufzuhalten, halte ich für unmöglich. Die Stadt muss attraktiv bleiben – sowohl für Investoren als auch für neue Bewohner. Ein Viertel darf nicht stagnieren.

Paul: I agree that we need to be careful not to widen the social gap. But I think we need to stay realistic. There will always be neighborhoods that change, and people who are displaced as a result. That's always been the case. We can try to mitigate the effects, but completely stopping change is impossible. The city needs to remain attractive – both to investors and to new residents. A neighborhood mustn't stagnate.

Lea: Ich sage ja auch nicht, dass wir den Wandel aufhalten sollen, aber wir können ihn sozial gerechter gestalten. Es geht darum, eine Stadt zu schaffen, die lebendig und vielfältig bleibt, wo nicht nur die Wohlhabenden leben können, sondern auch Menschen mit weniger Einkommen. Das macht eine Stadt doch erst aus – die Mischung, die Vielfalt. Gentrifizierung zerstört diese Vielfalt und macht aus lebendigen Vierteln sterile, teure Wohngegenden.

Lea: I'm not saying we should stop change, but we can make it more socially just. It's about creating a city that remains vibrant and diverse, where not only the wealthy can live, but also people with lower incomes. That's what makes a city – the mix, the diversity. Gentrification destroys that diversity and turns lively neighborhoods into sterile, expensive areas.

Paul: Das sehe ich auch so – Vielfalt ist wichtig. Aber ich glaube, wir müssen aufpassen, dass wir nicht die wirtschaftliche Dynamik der Stadt gefährden, indem wir zu viele Restriktionen einführen. Der Schlüssel liegt in der Balance: Wir müssen sowohl Investitionen ermöglichen als auch darauf achten, dass Menschen nicht verdrängt werden. Das ist eine Herausforderung, aber ich glaube, es ist möglich.

Paul: I agree – diversity is important. But I think we have to be careful not to undermine the economic dynamism of the city by introducing too many restrictions. The key is balance: we need to allow for investment while also ensuring that people aren't displaced. It's a challenge, but I believe it's possible.

Lea: Das ist ein guter Punkt. Ich hoffe nur, dass wir diese Balance wirklich finden, bevor es zu spät ist und die Viertel, die wir lieben, unwiederbringlich verloren sind.

Lea: That's a good point. I just hope we truly find that balance before it's too late and the neighborhoods we love are irretrievably lost.

Überbevölkerung: Ressourcenmanagement vs. persönliche Freiheit, Kinder zu haben

Nina: Hast du mal darüber nachgedacht, wie viele Menschen mittlerweile auf der Welt leben, Jonas? Überbevölkerung ist ein riesiges Problem, das wir viel zu oft ignorieren. Die Ressourcen werden knapp, der Klimawandel verschärft sich, und dennoch haben viele Menschen immer noch das Gefühl, dass sie so viele Kinder bekommen können, wie sie wollen, ohne Rücksicht auf die Konsequenzen. Irgendwann müssen wir uns doch fragen, ob es nicht sinnvoll wäre, die Zahl der Geburten zu begrenzen.

Nina: Have you ever thought about how many people there are in the world now, Jonas? Overpopulation is a huge problem that we often ignore. Resources are running out, climate change is getting worse, and yet many people still feel like they can have as many children as they want without considering the consequences. At some point, we need to ask ourselves if it wouldn't make sense to limit the number of births.

Jonas: Nina, ich verstehe, dass du dir Sorgen um die Zukunft machst, aber wie können wir ernsthaft darüber nachdenken, Menschen vorzuschreiben, wie viele Kinder sie haben dürfen? Die Freiheit, eine Familie zu gründen und Kinder zu bekommen, ist doch eines der grundlegendsten Rechte überhaupt. Du kannst den Leuten doch nicht sagen: „Du darfst nur ein Kind haben, weil es der Erde schlecht geht." Das ist ein massiver Eingriff in die persönliche Freiheit.

Jonas: Nina, I understand that you're worried about the future, but how can we seriously consider telling people how many children they can have? The freedom to start a family and have children is one of the most fundamental rights. You can't tell people, "You're only allowed to have one child because the planet is in trouble." That's a massive infringement on personal freedom.

Nina: Aber was ist mit der Verantwortung, die wir alle gegenüber dem Planeten und den zukünftigen Generationen haben? Klar, es ist ein persönliches Recht, Kinder zu bekommen, aber was ist, wenn dieses Recht dazu führt, dass wir den Planeten zerstören? Unsere

Ressourcen sind endlich – Wasser, Nahrung, Energie. Je mehr Menschen es gibt, desto größer wird der Druck auf diese Ressourcen. Wir können nicht einfach so weitermachen, als ob alles unbegrenzt verfügbar wäre.

Nina: But what about the responsibility we all have to the planet and future generations? Sure, it's a personal right to have children, but what if that right leads to us destroying the planet? Our resources are finite – water, food, energy. The more people there are, the greater the pressure on these resources. We can't just keep going as if everything is unlimited.

Jonas: Da hast du recht, aber Überbevölkerung ist nicht das Hauptproblem. Es ist eher eine Frage der Ressourcenverteilung. Es gibt genug Nahrung und Wasser auf der Welt, sie sind nur ungleich verteilt. Die reichen Länder verbrauchen einen überproportional großen Teil der Ressourcen, während ärmere Länder darunter leiden. Anstatt die Geburtenrate zu regulieren, sollten wir uns darauf konzentrieren, den Ressourcenverbrauch gerechter zu gestalten und nachhaltiger zu leben.

Jonas: You're right, but overpopulation isn't the main problem. It's more of a resource distribution issue. There's enough food and water in the world; it's just unevenly distributed. Rich countries use a disproportionately large share of resources, while poorer countries suffer. Instead of regulating birth rates, we should focus on making resource consumption more equitable and living more sustainably.

Nina: Ja, Ressourcenverteilung ist ein Teil des Problems, aber es ändert nichts daran, dass der Verbrauch insgesamt zu hoch ist. Selbst wenn wir Ressourcen gerechter verteilen, würde das nur kurzfristig helfen. Wenn die Weltbevölkerung weiter so wächst, werden wir irgendwann an eine Grenze stoßen, an der es einfach nicht mehr genug für alle gibt. Denk mal an die Umweltzerstörung: mehr Menschen bedeuten mehr Landnutzung, mehr Abholzung, mehr CO_2-Emissionen. Das ist doch nicht nachhaltig!

Nina: Yes, resource distribution is part of the problem, but it doesn't change the fact that overall consumption is too high. Even if we distribute resources more fairly, that would only help in the short term. If the world population keeps growing, we will eventually hit a limit where there just isn't enough for everyone. Think about environmental destruction: more people mean more land use, more deforestation, more CO_2 emissions. That's not sustainable!

Jonas: Aber wer soll entscheiden, wie viele Kinder „zu viele" sind? Soll der Staat da eingreifen und den Menschen vorschreiben, wie viele Kinder sie haben dürfen? Das erinnert mich an die Ein-Kind-Politik in China, die massive soziale und psychologische Probleme verursacht hat. Es hat zu Zwangsabtreibungen und anderen Menschenrechtsverletzungen geführt. Das können wir doch nicht als Lösung betrachten.

Jonas: But who decides how many children are "too many"? Should the state intervene and tell people how many children they're allowed to have? That reminds me of China's one-child policy, which caused massive social and psychological problems. It led to forced abortions and other human rights violations. We can't see that as a solution.

Nina: Ich rede nicht von Zwang oder staatlicher Kontrolle, sondern von Aufklärung und einem Bewusstsein für die globalen Konsequenzen unserer Entscheidungen. Menschen müssen verstehen, dass ihre persönliche Entscheidung, viele Kinder zu haben, Auswirkungen auf die gesamte Weltbevölkerung und die Umwelt hat. Vielleicht könnten wir Anreize schaffen, um kleinere Familien zu fördern, statt einfach nur zu hoffen, dass alles von selbst besser wird.

Nina: I'm not talking about coercion or state control, but about education and raising awareness of the global consequences of our decisions. People need to understand that their personal choice to have many children affects the entire world population and the environment. Maybe we could create incentives to encourage smaller families, instead of just hoping everything will improve on its own.

Jonas: Anreize sind schön und gut, aber das ist immer noch eine Form der Beeinflussung. Außerdem gibt es Kulturen, in denen viele Kinder als Segen betrachtet werden. Familienplanung ist eine sehr persönliche Angelegenheit, und es gibt viele Gründe, warum Menschen mehr als ein oder zwei Kinder haben wollen – sei es aus kulturellen, religiösen oder persönlichen Gründen. Sollten wir wirklich in diese Entscheidungen eingreifen?

Jonas: Incentives are nice, but that's still a form of influence. Also, there are cultures where having many children is seen as a blessing. Family planning is a very personal matter, and there are many reasons why people want to have more than one or two children – whether for cultural, religious, or personal reasons. Should we really be interfering in those decisions?

Nina: Natürlich ist Familienplanung persönlich, aber wir leben in einer globalisierten Welt, in der unsere Entscheidungen eben nicht nur uns selbst betreffen. Wenn die Weltbevölkerung auf 10 Milliarden oder mehr anwächst, stehen wir vor katastrophalen Herausforderungen. Es gibt Länder, in denen die Umwelt schon jetzt an ihren Grenzen ist, und trotzdem wächst die Bevölkerung weiter. Es muss doch irgendwann ein Punkt kommen, an dem wir sagen: „Das ist zu viel."

Nina: Of course, family planning is personal, but we live in a globalized world where our decisions don't just affect us. If the world population grows to 10 billion or more, we'll face catastrophic challenges. There are countries where the environment is already at its limits, and yet the population keeps growing. At some point, we have to say, "This is too much."

Jonas: Aber es gibt auch Länder, in denen die Bevölkerung stagniert oder sogar schrumpft. Europa hat in vielen Regionen ein demografisches Problem, weil zu wenige Kinder geboren werden. Wenn wir anfangen, weltweit die Geburtenrate zu senken, gefährden wir die wirtschaftliche Stabilität dieser Länder. Eine alternde Bevölkerung bringt enorme Herausforderungen mit sich, wie zum Beispiel die Finanzierung von Renten und Gesundheitsversorgung. Ein pauschales „weniger Kinder" ist keine Lösung.

Jonas: But there are also countries where the population is stagnant or even shrinking. In many parts of Europe, there's a demographic problem because too few children are being born. If we start reducing birth rates worldwide, we risk undermining the economic stability of these countries. An aging population brings enormous challenges, like financing pensions and healthcare. A blanket "fewer children" isn't a solution.

Nina: Ich rede ja auch nicht von einer pauschalen Lösung für alle Länder. Natürlich gibt es Unterschiede zwischen verschiedenen Regionen, aber in vielen Teilen der Welt – besonders in den ärmeren Ländern – wächst die Bevölkerung rasant, während die Ressourcen immer knapper werden. Hier müssten wir ansetzen und gezielte Maßnahmen ergreifen, um das Bevölkerungswachstum zu bremsen. Bildung und der Zugang zu Verhütungsmitteln sind dabei entscheidend. Es geht nicht darum, Menschen ihre Kinder zu verbieten, sondern ihnen die Möglichkeit zu geben, bewusster Entscheidungen zu treffen.

Nina: I'm not talking about a one-size-fits-all solution for every country. Of course, there are differences between regions, but in many parts of the world – especially in poorer countries – the population is growing rapidly while resources are becoming increasingly scarce. We need to focus here and take targeted measures to slow population growth. Education and access to contraception are crucial. It's not about forbidding people from having children but giving them the ability to make more informed decisions.

Jonas: Bildung und Verhütung, das unterstütze ich voll und ganz. Aber selbst wenn wir das weltweit fördern, bleiben kulturelle und religiöse Vorstellungen, die eine Rolle spielen. Es gibt immer noch viele Regionen, in denen Kinder als Absicherung im Alter gelten, oder in denen große Familien zur Norm gehören. Wir können diesen Menschen nicht einfach unseren westlichen Lebensstil aufzwingen und sagen: „Ihr dürft nur noch zwei Kinder haben."

Jonas: I fully support education and contraception. But even if we promote that worldwide, cultural and religious beliefs still play a role. There are still many regions where children are seen as security for old age or where large families are the norm. We can't just impose our Western lifestyle on these people and say, "You're only allowed to have two children."

Nina: Das will ich auch nicht. Es geht darum, Alternativen zu schaffen und aufzuklären. Wenn die Menschen verstehen, dass weniger Kinder oft auch eine bessere Lebensqualität bedeuten können, dann treffen sie vielleicht freiwillig diese Entscheidung. In vielen Ländern, in denen Frauen mehr Rechte haben und Zugang zu Bildung und Verhütung, geht die Geburtenrate von allein zurück. Es ist also keine Frage des Zwangs, sondern der Möglichkeiten.

Nina: That's not what I want either. It's about creating alternatives and raising awareness. When people understand that having fewer children can often lead to a better quality of life, they might voluntarily make that decision. In many countries where women have more rights and access to education and contraception, the birth rate decreases on its own. So, it's not a question of coercion but of opportunity.

Jonas: Das stimmt, aber ich finde, wir sollten den Fokus stärker auf die Reduzierung unseres ökologischen Fußabdrucks legen, statt auf die Bevölkerungszahl. Die reichen Länder verursachen durch ihren Konsum und ihre Lebensweise den Großteil der Umweltprobleme. Ein Mensch in Europa oder den USA verbraucht viel mehr Ressourcen als zehn Menschen in einem Entwicklungsland. Wir sollten zuerst unser eigenes Verhalten ändern, bevor wir anderen vorschreiben, weniger Kinder zu bekommen.

Jonas: That's true, but I think we should focus more on reducing our ecological footprint rather than on population numbers. Wealthy countries cause the majority of environmental problems through their consumption and lifestyle. One person in Europe or the USA uses far more resources than ten people in a developing country. We should first change our own behavior before telling others to have fewer children.

Nina: Da gebe ich dir recht. Unser Konsumverhalten muss sich dringend ändern, und das ist ein wichtiger Teil der Lösung. Aber wir dürfen das Bevölkerungswachstum nicht aus den Augen verlieren. Es gibt einen Punkt, an dem die Zahl der Menschen schlicht nicht mehr tragbar ist, egal wie ressourcenschonend wir leben. Die Erde hat nur begrenzte Kapazitäten, und wir sollten uns nicht darauf verlassen, dass Technologie oder Verteilung allein das Problem lösen werden.

Nina: I agree with you. Our consumption habits must change urgently, and that's an important part of the solution. But we can't lose sight of population growth. There comes a point where the number of people simply becomes unsustainable, no matter how resource-efficient we live. The Earth has limited capacities, and we shouldn't rely on technology or redistribution alone to solve the problem.

Jonas: Vielleicht, aber ich glaube, dass technologische Innovationen eine große Rolle spielen können. Effizientere Anbaumethoden, erneuerbare Energien, Recycling – all das könnte uns helfen, mehr Menschen mit weniger Ressourcen zu versorgen. Ich finde, es ist zu pessimistisch, einfach zu sagen, dass die Welt zu viele Menschen hat. Wir sollten an Lösungen arbeiten, die es ermöglichen, dass alle in Würde leben können, ohne dass wir in die persönliche Freiheit eingreifen.

Jonas: Maybe, but I believe technological innovations can play a big role. More efficient farming methods, renewable energy, recycling – all of that could help us support more people with fewer resources. I think it's too pessimistic to simply say the world has too many people. We should work on solutions that enable everyone to live with dignity without infringing on personal freedom.

Nina: Technologie kann sicher helfen, aber sie ist kein Allheilmittel. Es gibt Probleme, die wir nicht einfach weginnovieren können. Und was die persönliche Freiheit angeht – ich verstehe, dass das ein sensibler Punkt ist, aber Freiheit bedeutet auch Verantwortung. Jeder Mensch, der auf die Welt kommt, hat einen ökologischen Fußabdruck. Wenn wir nicht anfangen, verantwortungsbewusster mit diesem Thema umzugehen, werden wir alle irgendwann die Konsequenzen tragen.

Nina: Technology can certainly help, but it's not a cure-all. There are problems we simply can't innovate our way out of. And when it comes to personal freedom – I understand that's a sensitive issue, but freedom also means responsibility. Every person who comes into the world has an ecological footprint. If we don't start dealing with this issue responsibly, we will all face the consequences sooner or later.

Jonas: Ich stimme dir zu, dass wir Verantwortung übernehmen müssen, aber ich glaube, dass die Lösung nicht in der Kontrolle der Geburtenrate liegt, sondern in einem Umdenken in unserem Konsumverhalten und unserer Wirtschaft. Wir müssen nachhaltiger leben, und das betrifft vor allem die reichen Länder. Die Menschen sollten weiterhin die Freiheit haben, ihre Familien so zu gestalten, wie sie es für richtig halten – das ist ein grundlegendes Menschenrecht.

Jonas: I agree that we need to take responsibility, but I believe the solution lies not in controlling birth rates, but in rethinking our consumption habits and economy. We need to live more sustainably, and that's especially true for wealthy countries. People should still have the freedom to shape their families as they see fit – that's a fundamental human right.

Nina: Es ist ein komplexes Thema, und ich glaube auch, dass Konsumverhalten und Nachhaltigkeit wichtige Bausteine sind. Aber ich denke, wir dürfen die Überbevölkerung nicht ignorieren. Es geht nicht darum, die Freiheit einzuschränken, sondern Verantwortung für die Zukunft zu übernehmen. Vielleicht gibt es einen Mittelweg, bei dem wir sowohl nachhaltiger leben als auch über unsere Bevölkerungszahlen nachdenken, ohne dass es zu Zwang oder Eingriffen in die persönliche Freiheit kommt.

Nina: It's a complex issue, and I also believe that consumption habits and sustainability are important building blocks. But I think we can't ignore overpopulation. It's not about restricting freedom but taking responsibility for the future. Maybe there's a middle ground where we can live more sustainably and think about population numbers without resorting to coercion or infringing on personal freedom.

Jonas: Das klingt nach einem vernünftigen Ansatz. Wir müssen auf jeden Fall verantwortungsvoll mit den Ressourcen umgehen und gleichzeitig sicherstellen, dass wir die Freiheit des Einzelnen respektieren. Es ist eine schwierige Balance, aber ich denke, es ist möglich, beides in Einklang zu bringen, ohne extreme Maßnahmen zu ergreifen.

Jonas: That sounds like a reasonable approach. We definitely need to use resources responsibly while also ensuring that we respect individual freedom. It's a tough balance, but I think it's possible to reconcile both without resorting to extreme measures.

Ernährungssicherheit: Industrielle Landwirtschaft vs. nachhaltige Anbaumethoden

Marie: Weißt du, Ben, jedes Mal, wenn ich im Supermarkt bin und sehe, wie viel billiges Essen es gibt, frage ich mich, wie lange das noch gut gehen kann. Die industrielle Landwirtschaft produziert massenhaft Lebensmittel, aber zu welchem Preis? Monokulturen, Pestizide und der massive Einsatz von chemischen Düngemitteln zerstören die Böden und die Artenvielfalt. Wir müssen dringend auf nachhaltige Anbaumethoden umstellen, sonst ruinieren wir langfristig unsere Lebensgrundlage.

Marie: You know, Ben, every time I'm in the supermarket and see how much cheap food there is, I wonder how long this can last. Industrial agriculture produces massive amounts of food, but at what cost? Monocultures, pesticides, and the massive use of chemical fertilizers are destroying soils and biodiversity. We urgently need to switch to sustainable farming methods, or we will ruin our livelihood in the long run.

Ben: Ich verstehe deine Bedenken, Marie, aber industrielle Landwirtschaft ist der einzige Weg, um die wachsende Weltbevölkerung zu ernähren. Ohne sie hätten wir nicht genug Nahrungsmittel, um alle satt zu bekommen. Ja, es gibt Probleme mit Pestiziden und Monokulturen, aber sie ermöglichen eine hohe Produktivität und niedrige Preise. Wenn wir auf komplett nachhaltige Methoden umstellen, steigen die Kosten, und viele Menschen könnten sich das Essen nicht mehr leisten.

Ben: I understand your concerns, Marie, but industrial agriculture is the only way to feed the growing world population. Without it, we wouldn't have enough food to feed everyone. Yes, there are problems with pesticides and monocultures, but they allow for high productivity and low prices. If we switch completely to sustainable methods, costs will rise, and many people may no longer be able to afford food.

Marie: Aber was bringt es, wenn wir kurzfristig genug Lebensmittel produzieren, aber langfristig die Umwelt zerstören? Die Böden werden ausgelaugt, das Grundwasser verseucht, und die Artenvielfalt leidet massiv unter der intensiven Landwirtschaft. Nachhaltige Praktiken wie Permakultur oder regenerative Landwirtschaft könnten langfristig nicht nur die Umwelt schützen, sondern auch die Bodenfruchtbarkeit verbessern und so für eine stabilere Nahrungsmittelproduktion sorgen. Wir müssen weg von dieser kurzfristigen Denkweise.

Marie: But what's the point if we produce enough food in the short term but destroy the environment in the long term? Soils are being depleted, groundwater contaminated, and biodiversity is suffering massively from intensive agriculture. Sustainable practices like permaculture or regenerative farming could not only protect the environment in the long run but also improve soil fertility, leading to more stable food production. We need to move away from this short-term mindset.

Ben: Das klingt alles gut, aber nachhaltige Methoden können die Mengen nicht liefern, die wir brauchen. Die Produktivität ist einfach viel geringer als bei der industriellen Landwirtschaft. Wir leben in einer globalisierten Welt, und die Nachfrage nach Nahrungsmitteln steigt ständig. Schau dir doch mal die Entwicklungsländer an, wo Hunger nach wie vor ein großes Problem ist. Ohne den Einsatz moderner landwirtschaftlicher Methoden hätten wir überhaupt keine Chance, die Ernährungssicherheit weltweit zu gewährleisten.

Ben: That all sounds good, but sustainable methods can't deliver the quantities we need. Productivity is simply much lower than with industrial agriculture. We live in a globalized world, and the demand for food is constantly rising. Just look at developing countries where hunger is still a huge problem. Without the use of modern farming methods, we wouldn't stand a chance of ensuring global food security.

Marie: Aber genau da liegt das Problem: Wir fokussieren uns zu sehr auf Quantität statt auf Qualität. Es geht nicht nur darum, mehr zu produzieren, sondern besser. Nachhaltige Landwirtschaft mag vielleicht im ersten Moment weniger Ertrag bringen, aber sie ist robuster, weil sie die natürlichen Kreisläufe respektiert. Außerdem reduziert sie die Abhängigkeit von fossilen Brennstoffen, die für

Dünger und Pestizide benötigt werden. Je mehr wir uns von der Industrie abhängig machen, desto weniger Kontrolle haben wir über unser eigenes Ernährungssystem.

Marie: But that's exactly the problem: We're focusing too much on quantity instead of quality. It's not just about producing more, but about producing better. Sustainable agriculture may yield less at first, but it's more resilient because it respects natural cycles. It also reduces dependence on fossil fuels, which are needed for fertilizers and pesticides. The more we rely on industry, the less control we have over our own food system.

Ben: Ich verstehe deine Argumente, aber die industrielle Landwirtschaft hat uns in den letzten Jahrzehnten enorme Fortschritte in der Nahrungsmittelproduktion gebracht. Wir haben heute weniger Hunger als je zuvor, und das ist vor allem der Effizienz der modernen Landwirtschaft zu verdanken. Wenn wir komplett auf nachhaltige Methoden umstellen, könnten wir einen Rückschritt erleben. Außerdem sorgen industrielle Methoden dafür, dass Lebensmittel in Massen produziert werden und für die breite Bevölkerung erschwinglich bleiben.

Ben: I understand your points, but industrial agriculture has brought enormous progress in food production over the past decades. We have less hunger today than ever before, thanks mainly to the efficiency of modern agriculture. If we switch completely to sustainable methods, we could see a setback. Plus, industrial methods ensure that food is produced in large quantities and remains affordable for the general population.

Marie: Aber zu welchem Preis? Die gesundheitlichen Auswirkungen der industriellen Landwirtschaft sind nicht zu unterschätzen. Pestizide und Herbizide landen oft auf unserem Teller, die Qualität der Lebensmittel leidet, und die übermäßige Produktion von billigem Fleisch durch Massentierhaltung ist nicht nur grausam, sondern auch ein massives Umweltproblem. Wir verbrauchen Unmengen an Wasser und Land für die Fleischproduktion, während nachhaltige Landwirtschaft auf Diversität und einen schonenderen Umgang mit Ressourcen setzt.

Es ist nicht nur eine Frage des Preises, sondern auch der Gesundheit und der Umwelt.

Marie: But at what cost? The health impacts of industrial agriculture shouldn't be underestimated. Pesticides and herbicides often end up on our plates, the quality of food suffers, and the overproduction of cheap meat through factory farming is not only cruel but also a massive environmental problem. We consume vast amounts of water and land for meat production, while sustainable farming focuses on diversity and more resource-efficient practices. It's not just a matter of price, but also of health and the environment.

Ben: Ja, die Fleischproduktion ist ein großes Thema, aber auch da gibt es Fortschritte. Immer mehr Landwirte setzen auf effizientere Methoden, um Wasser und Futter zu sparen. Außerdem ist es unrealistisch zu erwarten, dass die Weltbevölkerung plötzlich weniger Fleisch isst. Wir müssen pragmatisch sein. Ohne industrielle Landwirtschaft wären die Lebensmittelpreise für viele Menschen unbezahlbar, besonders in ärmeren Ländern. Nachhaltigkeit darf nicht nur ein Luxus für Wohlhabende sein.

Ben: Yes, meat production is a big issue, but there are improvements there as well. More and more farmers are adopting more efficient methods to save water and feed. Also, it's unrealistic to expect the world's population to suddenly eat less meat. We need to be pragmatic. Without industrial agriculture, food prices would be unaffordable for many people, especially in poorer countries. Sustainability can't just be a luxury for the wealthy.

Marie: Aber Nachhaltigkeit ist kein Luxus, es ist eine Notwendigkeit. Wenn wir so weitermachen wie bisher, dann wird die Erde uns irgendwann die Rechnung präsentieren. Es gibt jetzt schon extreme Wetterereignisse, die Ernten zerstören – oft durch die Folgen des Klimawandels, der durch genau diese industriellen Methoden verstärkt wird. Nachhaltige Landwirtschaft könnte dazu beitragen, das Klima zu stabilisieren, weil sie CO_2 speichert, anstatt es freizusetzen. Es geht nicht darum, den Menschen weniger zur Verfügung zu stellen, sondern die Produktion intelligenter zu gestalten.

Marie: But sustainability is not a luxury, it's a necessity. If we continue as we are, the Earth will eventually present us with the bill. We're already seeing extreme weather events destroying crops – often due to the effects of climate change, which are worsened by these very industrial methods. Sustainable farming could help stabilize the climate because it stores CO_2 instead of releasing it. It's not about providing people with less, but about producing smarter.

Ben: Das klingt gut, aber die Frage bleibt: Wie schaffen wir das in einem globalen Maßstab? Du kannst nicht einfach die industrielle Landwirtschaft in Ländern wie den USA, China oder Brasilien abschaffen. Diese Länder produzieren den Großteil der Nahrungsmittel für die Weltbevölkerung. Nachhaltige Landwirtschaft funktioniert vielleicht auf kleinen, lokalen Betrieben, aber wie setzen wir das in großem Maßstab um? Das dauert Jahre, wenn nicht Jahrzehnte, und so viel Zeit haben wir nicht, um die Ernährungssicherheit zu garantieren.

Ben: That sounds good, but the question remains: How do we achieve that on a global scale? You can't just abolish industrial agriculture in countries like the USA, China, or Brazil. These countries produce the bulk of the food for the world's population. Sustainable farming may work on small, local farms, but how do we implement it on a large scale? That takes years, if not decades, and we don't have that much time to guarantee food security.

Marie: Es gibt mittlerweile viele erfolgreiche Beispiele von größeren Betrieben, die auf nachhaltige Methoden umgestellt haben, und es funktioniert. Es ist nicht einfach, aber es ist machbar. Wir müssen auch die Subventionen überdenken, die in die industrielle Landwirtschaft fließen. Wenn die gleiche Unterstützung in nachhaltige Praktiken investiert würde, könnten diese viel schneller skalierbar sein. Und langfristig gesehen ist nachhaltige Landwirtschaft wirtschaftlich stabiler, weil sie weniger von externen Ressourcen wie fossilen Brennstoffen und Chemikalien abhängt.

Marie: There are now many successful examples of larger farms that have switched to sustainable methods, and it works. It's not easy, but it's doable. We also need to rethink the subsidies that go into industrial farming. If the same support were invested in sustainable practices, they could scale up much faster. And in the long run, sustainable farming is more economically stable because it relies less on external resources like fossil fuels and chemicals.

Ben: Aber wie finanzieren wir diesen Übergang? Das ist alles sehr teuer, und viele Landwirte könnten sich den Umstieg gar nicht leisten. Außerdem: Was passiert mit den vielen Menschen, die in der industriellen Landwirtschaft arbeiten? Wenn wir plötzlich alles umstellen, verlieren sie ihre Jobs. Die Realität ist, dass die industrielle Landwirtschaft ein riesiger Arbeitgeber ist, und ein abruptes Umschwenken würde enorme soziale und wirtschaftliche Folgen haben.

Ben: But how do we finance this transition? It's all very expensive, and many farmers couldn't afford to make the switch. Also, what about the many people who work in industrial agriculture? If we suddenly change everything, they'll lose their jobs. The reality is that industrial agriculture is a huge employer, and an abrupt shift would have enormous social and economic consequences.

Marie: Ich sage ja auch nicht, dass wir von heute auf morgen alles umstellen sollen. Es braucht einen schrittweisen Übergang, bei dem die Landwirte unterstützt und geschult werden, um nachhaltige Methoden zu übernehmen. Und es geht auch darum, das Bewusstsein bei den Konsumenten zu schärfen. Wenn wir alle mehr auf die Qualität und Herkunft unserer Lebensmittel achten und bereit sind, für Nachhaltigkeit ein wenig mehr zu bezahlen, könnte sich der Markt automatisch in diese Richtung bewegen. Es ist eine gemeinschaftliche Anstrengung, die sowohl von den Produzenten als auch von den Verbrauchern getragen werden muss.

Marie: I'm not saying we should change everything overnight. It needs a gradual transition where farmers are supported and trained to adopt sustainable methods. And it's also about raising awareness among consumers. If we all pay more attention to the quality and origin of our food and are willing to pay a little more for sustainability, the market could automatically move in that direction. It's a collective effort that must be carried by both producers and consumers.

Ben: Aber genau da sehe ich das Problem. Viele Menschen haben einfach nicht die finanziellen Mittel, um mehr für nachhaltige Produkte zu zahlen. Für viele ist es schon schwierig genug, die alltäglichen Lebensmittel zu kaufen. Nachhaltige Landwirtschaft klingt toll, aber wenn die Preise steigen, könnten sich viele Familien das nicht mehr leisten. Wir müssen sicherstellen, dass die Lebensmittelproduktion effizient bleibt, damit die Grundversorgung für alle gewährleistet ist.

Ben: But that's exactly where I see the problem. Many people simply don't have the financial means to pay more for sustainable products. For many, it's already difficult enough to buy everyday food. Sustainable farming sounds great, but if prices go up, many families won't be able to afford it. We have to make sure that food production remains efficient so that the basic supply for everyone is guaranteed.

Marie: Das stimmt, aber langfristig könnten die Preise auch sinken, wenn nachhaltige Landwirtschaft zur Norm wird und in großem Maßstab betrieben wird. Es geht nicht nur darum, kurzfristig auf die Kosten zu schauen, sondern langfristig ein System zu schaffen, das für die Umwelt und die Menschen gleichermaßen tragfähig ist. Wenn wir weiterhin die Umwelt zerstören, werden die Preise irgendwann ohnehin explodieren – durch Missernten, Wasserknappheit und zerstörte Ökosysteme. Wir müssen jetzt handeln, bevor es zu spät ist.

Marie: That's true, but in the long term, prices could also go down if sustainable farming becomes the norm and is practiced on a large scale. It's not just about looking at costs in the short term, but about creating a system that is equally sustainable for the environment and people in the long run. If we continue to destroy the environment, prices will eventually skyrocket anyway – through crop failures, water shortages, and destroyed ecosystems. We have to act now before it's too late.

Ben: Ich gebe dir recht, dass wir nachhaltiger werden müssen. Aber wir dürfen nicht vergessen, dass die Weltbevölkerung wächst

Ben: I agree that we need to be more sustainable. But we can't forget that the world's population is growing and the demands on food production are increasing. We can't afford to just give up on efficiency. Maybe a combination of both approaches is the right way: making industrial farming more efficient and environmentally friendly while also promoting sustainable practices.

Marie: Das ist ein vernünftiger Ansatz. Es geht nicht darum, die industrielle Landwirtschaft komplett abzuschaffen, sondern darum, sie zu verbessern und gleichzeitig die nachhaltigen Methoden zu stärken. Wir müssen alle an einem Strang ziehen, um ein System zu schaffen, das sowohl die Ernährungssicherheit gewährleistet als auch die Umwelt schützt. Nur so können wir eine Zukunft aufbauen, in der wir genug produzieren und gleichzeitig die Natur bewahren.

Marie: That's a reasonable approach. It's not about completely eliminating industrial farming, but about improving it while also strengthening sustainable methods. We all have to work together to create a system that ensures food security while protecting the environment. Only then can we build a future where we produce enough while also preserving nature.

Ben: Ja, ich denke, es geht letztlich um Balance. Wir müssen die Ernährung der Weltbevölkerung sicherstellen, ohne die Ressourcen unserer Erde auszubeuten. Es wird nicht einfach, aber wenn wir technologische Innovationen mit nachhaltigen Ansätzen kombinieren, könnte es funktionieren. Wir müssen sowohl kurzfristige als auch langfristige Lösungen finden, damit wir in einer Welt leben, die sowohl sicher als auch lebenswert bleibt.

Ben: Yes, I think it's ultimately about balance. We have to ensure the world's population is fed without depleting the Earth's resources. It won't be easy, but if we combine technological innovations with sustainable approaches, it could work. We need to find both short-term and long-term solutions so that we can live in a world that is both safe and livable.

Marie: Genau. Es ist keine Frage von „entweder oder", sondern von einem intelligenten Miteinander. Wenn wir das schaffen, haben wir die Chance, das Beste aus beiden Welten zu nutzen – eine gesunde Umwelt und genug Nahrung für alle.

Marie: Exactly. It's not a question of "either-or," but of an intelligent combination. If we can achieve that, we have the chance to get the best of both worlds – a healthy environment and enough food for everyone.

Die Sharing Economy: Individuelle Stärkung vs. Verdrängung traditioneller Unternehmen

Anna: Ich muss sagen, ich bin ein großer Fan der Sharing Economy. Plattformen wie Airbnb, Uber oder auch Lieferdienste wie Lieferando geben den Menschen die Möglichkeit, flexibel Geld zu verdienen, ohne dabei an feste Arbeitszeiten gebunden zu sein. Es ist so viel einfacher geworden, Ressourcen zu teilen und zusätzliche Einnahmen zu erzielen. Für mich ist das die Zukunft – eine Wirtschaft, die individueller, flexibler und nachhaltiger ist.

Anna: I have to say, I'm a big fan of the sharing economy. Platforms like Airbnb, Uber, or even delivery services like Lieferando give people the opportunity to earn money flexibly without being tied to fixed working hours. It has become so much easier to share resources and generate extra income. For me, this is the future – an economy that is more individual, flexible, and sustainable.

Michael: Ich verstehe, warum du das gut findest, Anna, aber die Sharing Economy hat auch viele Schattenseiten. Für traditionelle Unternehmen ist das oft ein riesiges Problem. Denk nur mal an die Taxiunternehmen, die durch Uber massiv unter Druck geraten sind, oder an Hotels, die durch Airbnb Umsatzeinbrüche erleiden. Diese Plattformen unterlaufen bestehende Regulierungen und bieten oft schlechtere Arbeitsbedingungen. Das ist kein fairer Wettbewerb.

Michael: I understand why you like it, Anna, but the sharing economy also has many downsides. For traditional businesses, it's often a huge problem. Just think of the taxi companies that have come under massive pressure because of Uber, or the hotels that suffer from revenue losses due to Airbnb. These platforms bypass existing regulations and often offer worse working conditions. That's not fair competition.

Anna: Aber die Welt ändert sich, und mit ihr auch die Art, wie wir arbeiten und konsumieren. Natürlich gibt es Umwälzungen, aber das ist bei jeder technologischen Revolution so. Taxiunternehmen hatten lange ein Monopol, und die Preise waren oft überhöht. Uber hat das aufgebrochen und den Kunden mehr Auswahlmöglichkeiten gegeben. Genauso bei Airbnb: Viele Menschen können sich nun Reisen leisten, die vorher zu teuer gewesen wären. Sollten wir wirklich an alten Strukturen festhalten, nur weil sie etabliert sind?

Anna: But the world is changing, and with it, the way we work and consume. Of course, there are disruptions, but that's the case with every technological revolution. Taxi companies had a monopoly for a long time, and prices were often inflated. Uber broke that and gave customers more choices. Similarly, with Airbnb: many people can now afford trips that were previously too expensive. Should we really stick to old structures just because they're established?

Michael: Es geht nicht darum, am Alten festzuhalten, sondern um Fairness. Uber-Fahrer haben oft keine sozialen Absicherungen, keine Krankenversicherung, keine Rentenansprüche. Sie arbeiten zu prekären Bedingungen, während die Plattformen riesige Profite machen. Das ist Ausbeutung in einer neuen Form. Traditionelle Unternehmen, ob Taxiunternehmen oder Hotels, müssen sich an strikte Vorschriften halten, die Fahrer und Angestellte schützen. Wenn wir das durch die Sharing Economy untergraben, gefährden wir den sozialen Zusammenhalt.

Michael: It's not about holding onto the old but about fairness. Uber drivers often don't have social security, health insurance, or pension benefits. They work under precarious conditions while the platforms make huge profits. This is exploitation in a new form. Traditional businesses, whether taxi companies or hotels, have to adhere to strict regulations that protect drivers and employees. If we undermine that through the sharing economy, we risk damaging social cohesion.

Anna: Das stimmt, die Arbeitsbedingungen bei Uber oder anderen Plattformen sind oft nicht ideal, aber das bedeutet doch nicht, dass das Konzept an sich schlecht ist. Wir müssen einfach bessere Regulierungen schaffen, die diese neuen Arbeitsmodelle anpassen. Es ist doch viel sinnvoller, die Flexibilität und Freiheit, die die Sharing Economy bietet, zu bewahren, aber gleichzeitig für fairere

Arbeitsbedingungen zu sorgen. Viele Menschen wollen diese Flexibilität, und traditionelle Jobs bieten das oft nicht.

Anna: That's true, the working conditions at Uber or other platforms are often not ideal, but that doesn't mean the concept itself is bad. We just need to create better regulations to adjust these new working models. It makes much more sense to preserve the flexibility and freedom that the sharing economy offers while also ensuring fairer working conditions. Many people want this flexibility, and traditional jobs often don't provide it.

Michael: Flexibilität ist schön und gut, aber sie darf nicht auf Kosten der Sicherheit gehen. Viele Menschen, die in der Sharing Economy arbeiten, tun das nicht aus Freude an der Flexibilität, sondern weil sie keine andere Wahl haben. Sie arbeiten in unsicheren Jobs, ohne langfristige Perspektive. Und währenddessen kassieren Unternehmen wie Uber oder Airbnb Milliarden, ohne die Verantwortung für ihre „Mitarbeiter" zu übernehmen. Es gibt keinen Schutz vor Ausbeutung, und das ist das eigentliche Problem.

Michael: Flexibility is all well and good, but it shouldn't come at the expense of security. Many people who work in the sharing economy don't do it for the love of flexibility but because they have no other choice. They work in insecure jobs without long-term prospects. Meanwhile, companies like Uber or Airbnb make billions without taking responsibility for their "employees." There's no protection against exploitation, and that's the real problem.

Anna: Aber das ist doch das Problem der Unternehmen, nicht der Plattformen an sich. Du kannst doch nicht das Modell der Sharing Economy dafür verantwortlich machen, dass die Regierungen noch keine passenden Arbeitsgesetze verabschiedet haben. Diese Unternehmen schaffen Arbeitsmöglichkeiten, die es vorher nicht gab, und wir sollten darauf hinarbeiten, diese fairer zu gestalten, anstatt die ganze Bewegung zu verteufeln. Die Möglichkeit, selbst zu entscheiden, wann und wie viel man arbeiten möchte, ist für viele Menschen eine enorme Verbesserung ihrer Lebensqualität.

Anna: But that's the problem of the companies, not the platforms themselves. You can't blame the sharing economy model for the fact that governments haven't yet passed appropriate labor laws. These companies create job opportunities that didn't exist before, and we should work on making them fairer instead of demonizing the entire movement. The ability to decide when and how much you want to work is a huge improvement in quality of life for many people.

Michael: Für manche mag das zutreffen, aber es gibt genügend Berichte von Fahrern und Anbietern, die unter enormem Druck stehen, weil die Margen so gering sind und sie auf ständig wachsende Anforderungen seitens der Plattformen reagieren müssen. Das „flexible Arbeiten" ist oft ein Euphemismus für ständige Verfügbarkeit und extrem niedrige Löhne. Zudem gibt es das Problem, dass traditionelle Unternehmen, die sich an Arbeitsgesetze und faire Löhne halten, kaum mehr konkurrenzfähig sind. Wir laufen Gefahr, dass diese neuen Plattformen den Arbeitsmarkt immer weiter aushöhlen.

Michael: That might be true for some, but there are plenty of reports from drivers and providers who are under enormous pressure because the margins are so low and they constantly have to respond to increasing demands from the platforms. "Flexible working" is often a euphemism for constant availability and extremely low wages. There's also the problem that traditional companies that comply with labor laws and fair wages are no longer competitive. We risk these new platforms hollowing out the labor market.

Anna: Aber es gibt doch auch viele positive Beispiele. Denk an Menschen, die durch Airbnb ihre Wohnung untervermieten und damit zusätzliche Einnahmen generieren können, ohne dass sie einen Vollzeitjob aufgeben müssen. Oder an Künstler und Selbstständige, die durch Plattformen wie Etsy oder Fiverr endlich ein globales Publikum erreichen. Die Sharing Economy gibt Menschen, die sonst kaum Chancen auf dem Arbeitsmarkt hätten, eine Möglichkeit, ihre Talente und Ressourcen zu nutzen. Das ist doch Empowerment, oder nicht?

Anna: But there are also plenty of positive examples. Think of people who rent out their homes through Airbnb and generate extra income without having to give up a full-time job. Or artists and freelancers who, through platforms like Etsy or Fiverr, can finally reach a global audience. The sharing economy gives people who might otherwise have few opportunities in the job market a way to use their talents and resources. That's empowerment, isn't it?

Michael: Natürlich, es gibt auch positive Aspekte, das bestreite ich nicht. Aber wie nachhaltig ist das wirklich? Airbnb hat in vielen Städten die Mietpreise nach oben getrieben, weil immer mehr Wohnungen für Touristen statt für Einheimische genutzt werden. Die Folge ist, dass normale Menschen sich das Wohnen in ihrer eigenen Stadt nicht mehr leisten können. Es geht also nicht nur darum, ob Einzelne profitieren, sondern auch um die langfristigen Auswirkungen auf die Gesellschaft und den Markt. Die Sharing Economy kann traditionelle Strukturen destabilisieren und soziale Ungleichheiten verstärken.

Michael: Of course, there are positive aspects, I don't deny that. But how sustainable is it really? Airbnb has driven up rent prices in many cities because more and more apartments are being used for tourists instead of locals. The result is that ordinary people can no longer afford to live in their own city. So, it's not just about whether individuals benefit, but also about the long-term impact on society and the market. The sharing economy can destabilize traditional structures and exacerbate social inequalities.

Anna: Da stimme ich dir zu, dass die Auswirkungen auf den Wohnungsmarkt ein Problem sind. Aber auch hier gilt: Wir müssen kluge Regulierungen finden, um das in den Griff zu bekommen, anstatt das Konzept der Sharing Economy grundsätzlich abzulehnen. In vielen Städten gibt es bereits Vorschriften, wie oft Wohnungen über Airbnb vermietet werden dürfen, um den Wohnungsmarkt zu schützen. Solche Maßnahmen sind wichtig, aber das bedeutet nicht, dass wir die Vorteile der Sharing Economy einfach aufgeben sollten.

Anna: I agree with you that the impact on the housing market is a problem. But here too, we need smart regulations to address this, rather than completely rejecting the concept of the sharing economy. Many cities already have rules about how often apartments can be rented out on Airbnb to protect the housing market. Such measures are important, but that doesn't mean we should give up the benefits of the sharing economy.

Michael: Ich bin nicht dafür, das Konzept komplett abzulehnen, aber ich denke, wir müssen genau hinschauen, wo und wie die Sharing Economy funktioniert. Es braucht strenge Regulierungen, um sicherzustellen, dass die Leute, die in dieser Wirtschaft arbeiten, fair behandelt werden und traditionelle Unternehmen nicht unfair verdrängt werden. Es kann nicht sein, dass Plattformen wie Uber sich als „Tech-Unternehmen" bezeichnen und damit alle Arbeits- und Sicherheitsstandards umgehen. Sie müssen die gleichen Regeln befolgen wie traditionelle Firmen.

Michael: I'm not in favor of completely rejecting the concept, but I think we need to take a closer look at where and how the sharing economy works. We need strict regulations to ensure that the people working in this economy are treated fairly and that traditional businesses aren't unfairly displaced. It can't be that platforms like Uber call themselves "tech companies" and thereby bypass all labor and safety standards. They must follow the same rules as traditional companies.

*Anna: Da bin ich vollkommen bei dir. Wir brauchen klare Regeln und Vorschriften, um Missbrauch zu verhindern und die Rechte der Arbeiter zu schützen. Aber ich finde, die Sharing Economy hat das Potenzial, unser Wirtschaftssystem gerechter und inklusiver zu gestalten,

Anna: Da bin ich vollkommen bei dir. Wir brauchen klare Regeln und Vorschriften, um Missbrauch zu verhindern und die Rechte der Arbeiter zu schützen. Aber ich finde, die Sharing Economy hat das Potenzial, unser Wirtschaftssystem gerechter und inklusiver zu gestalten, wenn wir sie richtig regeln. Sie bietet Menschen, die aus dem traditionellen Arbeitsmarkt ausgeschlossen sind, neue Chancen, und das sollten wir fördern, nicht behindern.

Anna: I completely agree with you. We need clear rules and regulations to prevent abuse and protect workers' rights. But I think the sharing economy has the potential to make our economic system fairer and more inclusive if we regulate it properly. It offers new opportunities to people who have been excluded from the traditional job market, and we should promote that, not hinder it.

Michael: Ja, aber wir dürfen nicht vergessen, dass viele der Plattformen riesige Konzerne sind, die ihren Gewinn maximieren wollen – oft auf Kosten der Menschen, die für sie arbeiten. Die Idee der Sharing Economy klingt oft viel romantischer, als sie in der Realität ist. Was als eine Art „Teilen" begann, ist zu einer profitgetriebenen Industrie geworden, die traditionelle Branchen zerstört und Menschen in prekären Arbeitsverhältnissen festhält. Wir müssen sicherstellen, dass die sozialen und wirtschaftlichen Standards nicht weiter untergraben werden.

Michael: Yes, but we mustn't forget that many of these platforms are huge corporations that want to maximize their profits—often at the expense of the people who work for them. The idea of the sharing economy often sounds much more romantic than it is in reality. What started as a kind of "sharing" has turned into a profit-driven industry that destroys traditional sectors and traps people in precarious working conditions. We need to ensure that social and economic standards are not further undermined.

Anna: Aber wie bei jeder neuen Technologie oder wirtschaftlichen Entwicklung gibt es anfangs Probleme und Missstände, die behoben werden müssen. Das war bei der Industrialisierung nicht anders. Wichtig ist, dass wir die Chancen sehen und gleichzeitig die Probleme angehen. Die Sharing Economy hat das Potenzial, unser Arbeitsleben flexibler und kreativer zu machen, aber natürlich muss das fair und nachhaltig geschehen. Es geht darum, die richtigen Rahmenbedingungen zu schaffen.

Anna: But like with any new technology or economic development, there are initial problems and issues that need to be addressed. It was no different with industrialization. What's important is that we see the opportunities and tackle the problems at the same time. The sharing economy has the potential to make our working lives more flexible and creative, but of course, it must be fair and sustainable. It's about creating the right framework.

Michael: Da gebe ich dir recht. Wir müssen den Wandel aktiv gestalten und sicherstellen, dass er nicht nur den großen Plattformen zugutekommt, sondern auch den Menschen, die davon abhängig sind. Wenn wir die Sharing Economy zu einem fairen, regulierten Teil des Arbeitsmarktes machen können, könnte sie tatsächlich etwas Gutes bewirken. Aber wir dürfen nicht zulassen, dass sie unreguliert traditionelle Geschäftsmodelle zerstört und dabei die Arbeitnehmerrechte ignoriert.

Michael: I agree with you there. We need to actively shape the change and ensure that it benefits not just the big platforms, but also the people who depend on them. If we can make the sharing economy a fair, regulated part of the labor market, it could actually do some good. But we must not allow it to unregulatedly destroy traditional business models and ignore workers' rights.

Anna: Absolut. Die Sharing Economy sollte nicht auf Kosten von fairen Arbeitsbedingungen oder dem Wohl der Gemeinschaft funktionieren. Mit den richtigen Regeln und Anreizen könnte sie jedoch eine wertvolle Ergänzung zu unserem bestehenden Wirtschaftssystem sein. Ich denke, es ist wichtig, dass wir offen bleiben für neue Modelle und gleichzeitig dafür sorgen, dass sie fair und nachhaltig gestaltet werden – für alle Beteiligten.

Anna: Absolutely. The sharing economy shouldn't work at the expense of fair working conditions or the well-being of the community. But with the right rules and incentives, it could be a valuable addition to our existing economic system. I think it's important that we remain open to new models while ensuring that they are designed to be fair and sustainable—for everyone involved.

Michael: Das klingt nach einem vernünftigen Ansatz. Es bleibt eine Herausforderung, aber ich denke, wenn wir das Potenzial der Sharing Economy nutzen und gleichzeitig die negativen Aspekte entschärfen, könnten wir tatsächlich eine bessere Balance zwischen individueller Stärkung und der Bewahrung traditioneller Strukturen finden.

Michael: That sounds like a reasonable approach. It remains a challenge, but I think if we can harness the potential of the sharing economy while addressing its negative aspects, we could indeed find a better balance between individual empowerment and preserving traditional structures.

Waffenbesitz: Persönliche Sicherheit vs. öffentliche Sicherheitsrisiken

Lisa: Also, ich finde, jeder Mensch sollte das Recht haben, eine Waffe zu besitzen, um sich selbst und seine Familie zu schützen. Wir leben in einer unsicheren Welt, und die Polizei kann nicht überall gleichzeitig sein. Wenn jemand in mein Haus einbricht oder mich auf der Straße bedroht, will ich in der Lage sein, mich zu verteidigen. Ein Verbot von Waffenbesitz nimmt den Menschen diese Möglichkeit und macht sie wehrlos.

Lisa: So, I think everyone should have the right to own a gun to protect themselves and their family. We live in an unsafe world, and the police can't be everywhere at once. If someone breaks into my house or threatens me on the street, I want to be able to defend myself. A ban on gun ownership takes away that possibility and leaves people defenseless.

Tom: Aber genau das ist das Problem, Lisa. Je mehr Menschen Waffen besitzen, desto unsicherer wird die Gesellschaft. Studien zeigen doch, dass mehr Waffen nicht automatisch zu mehr Sicherheit führen – im Gegenteil. Waffen erhöhen das Risiko von Unfällen, häuslicher Gewalt und impulsiven Taten. Eine Waffe in jedem Haus bedeutet auch, dass es mehr Möglichkeiten für Missbrauch gibt. Und was passiert, wenn jemand die Kontrolle über seine Waffe verliert oder sie gestohlen wird?

Tom: But that's exactly the problem, Lisa. The more people own guns, the less safe society becomes. Studies show that more guns don't automatically lead to more safety—quite the opposite. Guns increase the risk of accidents, domestic violence, and impulsive actions. A gun in every house also means more opportunities for misuse. And what happens if someone loses control of their gun or it gets stolen?

Lisa: Natürlich gibt es Risiken, aber das gilt doch für alles im Leben. Sollten wir dann auch Autos verbieten, weil es Autounfälle gibt? Es geht um verantwortungsvollen Umgang. Ich finde, wenn jemand eine Waffe besitzen möchte, sollte er eine gründliche Schulung und psychologische Tests durchlaufen. Dann ist das

Risiko minimiert, und der Einzelne kann sich trotzdem schützen. Es geht nicht darum, unkontrolliert Waffen zu verteilen, sondern darum, Menschen das Recht auf Selbstverteidigung zu geben.

Lisa: Of course, there are risks, but that applies to everything in life. Should we also ban cars because there are car accidents? It's about responsible use. I think if someone wants to own a gun, they should undergo thorough training and psychological tests. That minimizes the risk, and the individual can still protect themselves. It's not about distributing guns without control, but about giving people the right to self-defense.

Tom: Aber das Risiko ist bei Waffen ungleich höher als bei anderen Dingen wie Autos. Eine Waffe ist dafür gebaut, zu töten oder schwer zu verletzen – das ist ihr einziger Zweck. Und selbst mit psychologischen Tests und Schulungen kann niemand garantieren, dass eine Person in einer Stresssituation nicht falsch reagiert. Was passiert, wenn jemand in einem Moment der Angst oder Wut die Waffe benutzt, obwohl keine echte Gefahr besteht? Oder wenn Kinder an die Waffen ihrer Eltern gelangen?

Tom: But the risk with guns is much higher than with other things like cars. A gun is designed to kill or seriously injure—that's its only purpose. And even with psychological tests and training, no one can guarantee that a person won't react incorrectly in a stressful situation. What happens if someone uses the gun in a moment of fear or anger, even though there is no real danger? Or if children get hold of their parents' guns?

Lisa: Natürlich müssen Waffen sicher aufbewahrt werden, das ist klar. Aber das Argument, dass Waffen gefährlich sind, weil sie töten können, ist doch gerade der Grund, warum Menschen sie zur Verteidigung wollen. Wenn jemand in mein Haus einbricht, will ich die Möglichkeit haben, mich zu verteidigen, und zwar effektiv. Das Wissen, dass ich eine Waffe habe, könnte potenzielle Angreifer abschrecken. Und am Ende des Tages ist es doch mein Leben und meine Verantwortung, wie ich mich schützen will.

Lisa: Of course, guns need to be stored safely, that's obvious. But the argument that guns are dangerous because they can kill is precisely why people want them for self-defense. If someone breaks into my house, I want the ability to defend myself, and effectively. Knowing I have a gun could deter potential attackers. And at the end of the day, it's my life and my responsibility how I choose to protect myself.

Tom: Aber die Frage ist doch: Was ist sicherer – eine Gesellschaft, in der jeder eine Waffe hat, oder eine, in der nur sehr wenige Menschen Zugang zu Waffen haben? In Ländern wie den USA, wo es sehr viele Waffen gibt, gibt es auch viel mehr Waffengewalt. In Europa, wo der Waffenbesitz stark eingeschränkt ist, gibt es viel weniger Schießereien und Waffentote. Weniger Waffen bedeuten weniger Möglichkeiten für Gewalt. Und was ist, wenn ein Streit eskaliert oder eine Waffe in falsche Hände gerät? Der Schaden, den eine einzige Waffe anrichten kann, ist enorm.

Tom: But the question is: what is safer—a society where everyone has a gun, or one where very few people have access to guns? In countries like the U.S., where there are many guns, there is also much more gun violence. In Europe, where gun ownership is heavily restricted, there are far fewer shootings and gun deaths. Fewer guns mean fewer opportunities for violence. And what happens if an argument escalates or a gun falls into the wrong hands? The damage a single gun can cause is enormous.

Lisa: Ja, in den USA gibt es viele Waffen, aber das Problem dort liegt doch eher im mangelnden Waffentraining und in der fehlenden Kontrolle. Ich sage ja nicht, dass jeder ohne Prüfung und Kontrolle eine Waffe bekommen sollte. Wir könnten strenge Auflagen machen, aber trotzdem den Menschen die Freiheit lassen, sich zu schützen. Außerdem, Kriminelle bekommen Waffen sowieso illegal. Diejenigen, die sich an die Gesetze halten, werden durch Verbote benachteiligt, während Kriminelle sich immer noch bewaffnen können.

Lisa: Yes, there are many guns in the U.S., but the problem there is more about the lack of gun training and control. I'm not saying that everyone should get a gun without tests and regulations. We could impose strict requirements while still allowing people the freedom to protect themselves. Besides, criminals will get guns illegally anyway. Those who follow the laws are disadvantaged by bans, while criminals can still arm themselves.

Tom: Das Argument, dass Kriminelle sowieso Waffen bekommen, ist für mich problematisch. Natürlich gibt es illegale Waffen, aber je schwerer es ist, an Waffen zu kommen, desto weniger Gewalt gibt es insgesamt. Länder mit strengen Waffengesetzen haben deutlich weniger Kriminalität mit Schusswaffen. Wenn wir den legalen Zugang zu Waffen erleichtern, setzen wir die gesamte Gesellschaft einem höheren Risiko aus. Und es ist nicht nur die Kriminalität – auch Unfälle und häusliche Gewalt nehmen zu, wenn Waffen leichter verfügbar sind.

Tom: The argument that criminals will get guns anyway is problematic for me. Of course, there are illegal guns, but the harder it is to get guns, the less violence there is overall. Countries with strict gun laws have significantly less gun crime. If we make legal access to guns easier, we expose the whole society to a higher risk. And it's not just crime—accidents and domestic violence also increase when guns are more readily available.

Lisa: Aber was ist mit den Menschen, die in gefährlichen Gegenden leben und auf die Polizei nicht vertrauen können? Die haben oft keine andere Wahl, als sich selbst zu verteidigen. In solchen Fällen kann eine Waffe das entscheidende Mittel sein, um das eigene Leben zu retten. Wir können nicht immer davon ausgehen, dass jeder Staat oder jede Polizei in der Lage ist, alle Bürger zu schützen. Und was ist mit Menschen, die bedroht werden, sei es durch Stalker oder Gewalt in der Nachbarschaft?

Lisa: But what about people living in dangerous areas who can't trust the police? They often have no choice but to defend themselves. In such cases, a gun can be the crucial tool to save their own life. We can't always assume that every government or police force can protect all citizens. And what about people who are threatened, whether by stalkers or violence in their neighborhood?

Tom: Ich sehe, dass es Menschen gibt, die sich unsicher fühlen, aber ich glaube nicht, dass mehr Waffen die Lösung sind. Was wir brauchen, sind stärkere soziale Strukturen, bessere Polizeiarbeit und Programme zur Gewaltprävention. Wenn wir den Waffenbesitz lockern, könnte das am Ende mehr Gewalt schaffen, als es verhindert. Stell dir vor, in einem Streit eskaliert die Situation, weil jemand eine Waffe zieht – das passiert viel schneller, als man denkt. Die Vorstellung, dass Waffen zu mehr Sicherheit führen, hat sich in vielen Fällen als Trugschluss erwiesen.

Tom: I see that there are people who feel unsafe, but I don't believe that more guns are the solution. What we need are stronger social structures, better police work, and violence prevention programs. If we loosen gun ownership laws, it might create more violence than it prevents. Imagine a situation escalating in an argument because someone pulls out a gun – that can happen faster than you think. The idea that guns lead to more safety has often been proven to be a misconception.

Lisa: Aber was wäre die Alternative? Sollen Menschen sich einfach darauf verlassen, dass die Polizei rechtzeitig da ist? In der Realität dauert es oft zu lange, bis Hilfe kommt, besonders in ländlichen Gebieten. Es geht um das Recht des Einzelnen, sich und seine Familie zu schützen, wenn es notwendig ist. Und ja, es gibt auch soziale Programme und Prävention, aber das löst nicht das Problem akuter Gefahr. Eine Waffe kann in solchen Momenten der letzte Ausweg sein, um das eigene Leben zu retten.

Lisa: But what would be the alternative? Should people just rely on the police arriving in time? In reality, it often takes too long for help to arrive, especially in rural areas. It's about the individual's right to protect themselves and their family when necessary. And yes, there are social programs and prevention, but that doesn't solve the problem of immediate danger. In those moments, a gun can be the last resort to save your life.

Tom: Ich verstehe deinen Punkt, aber das Problem ist, dass Waffen oft mehr Schaden anrichten, als sie Nutzen bringen. In vielen Fällen werden sie in Momenten benutzt, in denen keine echte Gefahr besteht – sei es aus Angst, Missverständnissen oder Wut. Das Risiko, dass eine Situation eskaliert, ist einfach zu hoch. Außerdem gibt es andere Möglichkeiten zur Selbstverteidigung, die weniger gefährlich für die Allgemeinheit sind – Pfefferspray,

Tom: I understand your point, but the problem is that guns often cause more harm than good. In many cases, they are used in situations where there is no real danger – whether out of fear, misunderstanding, or anger. The risk of a situation escalating is simply too high. Besides, there are other ways to defend oneself that are less dangerous for the public – pepper spray, alarm systems, self-defense classes. We don't have to rely on guns to feel safe.

Lisa: Das mag stimmen, aber keine dieser Methoden bietet den gleichen Schutz wie eine Waffe in einer lebensbedrohlichen Situation. Pfefferspray funktioniert vielleicht gegen einen Angreifer, aber was, wenn mehrere Personen oder bewaffnete Täter beteiligt sind? Es geht doch darum, den Menschen das Recht zu geben, sich bestmöglich zu schützen. Klar, es gibt Risiken, aber wir sollten den Menschen nicht ihre Freiheit nehmen, nur weil es in Einzelfällen Missbrauch gibt.

Lisa: That may be true, but none of those methods offer the same protection as a gun in a life-threatening situation. Pepper spray might work against one attacker, but what if there are multiple people or armed assailants involved? It's about giving people the right to protect themselves as best as possible. Sure, there are risks, but we shouldn't take away people's freedom just because there are isolated cases of misuse.

Tom: Aber es sind nicht nur Einzelfälle. Waffengewalt ist ein ernstes Problem, und die Verfügbarkeit von Waffen erhöht dieses Risiko für alle. Es geht nicht nur um den individuellen Schutz, sondern um die Sicherheit der gesamten Gesellschaft. Wenn Waffen leichter zugänglich sind, werden auch die Risiken für unschuldige Menschen größer – sei es durch Unfälle, impulsive Handlungen oder Kriminalität. Wir müssen eine Abwägung treffen: Was ist wichtiger – das individuelle Recht auf Waffenbesitz oder das kollektive Bedürfnis nach Sicherheit?

Tom: But it's not just isolated cases. Gun violence is a serious issue, and the availability of guns increases this risk for everyone.

It's not just about individual protection but about the safety of society as a whole. If guns are more easily accessible, the risks for innocent people increase too – whether through accidents, impulsive actions, or crime. We have to weigh this: what's more important – the individual right to own a gun or the collective need for safety?

Lisa: Ich finde, wir können beides haben. Mit den richtigen Vorschriften und Kontrollen kann der Waffenbesitz reguliert werden, ohne dass die Sicherheit der Gesellschaft gefährdet wird. Die meisten Menschen, die Waffen besitzen, tun das verantwortungsvoll. Wir sollten denjenigen, die sich schützen wollen, diese Möglichkeit nicht verwehren, nur weil es einige gibt, die unverantwortlich handeln. Es ist eine Frage der Freiheit und der Eigenverantwortung.

Lisa: I believe we can have both. With the right regulations and controls, gun ownership can be regulated without endangering society's safety. Most people who own guns do so responsibly. We shouldn't deny those who want to protect themselves just because some act irresponsibly. It's a matter of freedom and personal responsibility.

Tom: Aber genau da sehe ich das Problem. Wir können nicht davon ausgehen, dass alle immer verantwortungsvoll handeln, besonders in stressigen oder emotionalen Situationen. Waffen schaffen ein zusätzliches Risiko, das schwer zu kontrollieren ist. Für mich steht die öffentliche Sicherheit an erster Stelle. Wenn weniger Waffen im Umlauf sind, sinkt das Risiko für uns alle. Die Freiheit des Einzelnen endet dort, wo sie die Sicherheit anderer gefährdet.

Tom: But that's exactly where I see the problem. We can't assume that everyone will always act responsibly, especially in stressful or emotional situations. Guns create an additional risk that's hard to control. For me, public safety comes first. If there are fewer guns around, the risk for all of us decreases. The individual's freedom ends where it threatens the safety of others.

Lisa: Und ich denke, die Freiheit, sich selbst zu schützen, ist ein grundlegendes Recht, das wir nicht so einfach aufgeben sollten. Es geht nicht darum, die Gesellschaft zu gefährden, sondern um die

Möglichkeit, im Ernstfall das eigene Leben verteidigen zu können. Am Ende müssen wir einen Weg finden, der beide Seiten respektiert – persönliche Freiheit und öffentliche Sicherheit.

Lisa: And I think the freedom to protect oneself is a fundamental right that we shouldn't give up so easily. It's not about endangering society, but about having the option to defend your life when it's necessary. In the end, we need to find a way that respects both sides – personal freedom and public safety.

Tom: Da stimme ich dir zu, es ist eine schwierige Balance. Aber ich glaube, dass weniger Waffen in der Gesellschaft insgesamt für mehr Sicherheit sorgen. Wir müssen einen Mittelweg finden, der den Menschen das Gefühl von Sicherheit gibt, ohne die Risiken für die Allgemeinheit zu erhöhen.

Tom: I agree with you, it's a difficult balance. But I believe that fewer guns in society overall lead to more safety. We need to find a middle ground that gives people a sense of security without increasing risks for the public.

Online-Zensur: Schutz gefährdeter Gruppen vs. Meinungsfreiheit

Maya: Weißt du, Jonas, ich finde, dass Online-Zensur absolut notwendig ist, um bestimmte Gruppen zu schützen. Schau dir doch an, was alles im Internet passiert – Hassrede, Mobbing, Fake News. Es gibt so viele Menschen, die durch hetzerische Kommentare und Desinformationen verletzt und sogar in Gefahr gebracht werden. Besonders Minderheiten oder Menschen, die ohnehin diskriminiert werden, sind online einem enormen Hass ausgesetzt. Da muss doch jemand eingreifen und für Ordnung sorgen.

Maya: You know, Jonas, I think online censorship is absolutely necessary to protect certain groups. Just look at what happens on the internet—hate speech, bullying, fake news. So many people are hurt and even endangered by hateful comments and disinformation. Especially minorities or people who are already discriminated against are exposed to enormous hate online. Someone needs to step in and restore order.

Jonas: Natürlich ist es wichtig, Menschen vor Hassrede und Mobbing zu schützen, aber Zensur kann auch ein zweischneidiges Schwert sein. Wer entscheidet denn, was zensiert wird und was nicht? Wenn wir anfangen, Inhalte im Internet zu regulieren, kommen wir schnell an den Punkt, wo auch kritische Stimmen oder unpopuläre Meinungen unterdrückt werden. Die Meinungsfreiheit ist ein fundamentales Recht, und die Gefahr ist groß, dass Zensur missbraucht wird, um bestimmte politische oder gesellschaftliche Ansichten zu unterdrücken.

Jonas: Of course, it's important to protect people from hate speech and bullying, but censorship can be a double-edged sword. Who decides what gets censored and what doesn't? Once we start regulating content on the internet, we quickly reach a point where critical voices or unpopular opinions could also be suppressed. Freedom of speech is a fundamental right, and there's a big risk that censorship could be misused to suppress certain political or social views.

Maya: Aber Meinungsfreiheit hat doch Grenzen, Jonas. Niemand sollte das Recht haben, andere Menschen zu beleidigen oder zu bedrohen. Wenn jemand online Hass verbreitet oder gezielt Falschinformationen streut, dann ist das doch kein Ausdruck der Meinungsfreiheit, sondern schlicht gefährlich. In der realen Welt gibt es auch Regeln, was gesagt werden darf und was nicht – warum sollte das im Internet anders sein?

Maya: But freedom of speech has limits, Jonas. No one should have the right to insult or threaten others. If someone spreads hate online or deliberately spreads misinformation, that's not an expression of free speech—it's simply dangerous. In the real world, there are rules about what can be said, so why should it be different on the internet?

Jonas: Das stimmt schon, dass auch in der realen Welt nicht alles erlaubt ist. Aber die Frage ist, wer festlegt, was als „Hassrede" oder „Desinformation" gilt. Was für den einen eine berechtigte Kritik ist, kann für den anderen bereits als Beleidigung empfunden werden. Wenn wir anfangen, bestimmte Meinungen zu zensieren, besteht die Gefahr, dass auch legitime Kritik unterdrückt wird. Es ist ein schmaler Grat zwischen Schutz und dem Eingriff in die Meinungsfreiheit.

Jonas: That's true, even in the real world, not everything is allowed. But the question is, who decides what counts as "hate speech" or "disinformation"? What might be fair criticism to one person could be offensive to another. If we start censoring certain opinions, there's a risk that legitimate criticism could also be suppressed. It's a fine line between protection and infringing on freedom of speech.

Maya: Ja, es ist schwierig, da eine klare Grenze zu ziehen, aber wir reden hier von wirklich gefährlichen Inhalten. Es gibt Plattformen, auf denen offene Aufrufe zu Gewalt verbreitet werden, Verschwörungstheorien, die Menschen radikalisieren, und hasserfüllte Hetze gegen bestimmte Gruppen. Das sind keine legitimen Meinungen, sondern gezielte Angriffe, die echten Schaden anrichten. Diese Inhalte dürfen einfach nicht unkontrolliert im Netz stehen bleiben. Die Plattformen müssen Verantwortung übernehmen und handeln.

Maya: Yes, it's hard to draw a clear line, but we're talking about truly dangerous content here. There are platforms where open calls for violence are spread, conspiracy theories that radicalize people, and hateful attacks against certain groups. These aren't legitimate opinions, they're targeted attacks that cause real harm. Such content cannot be left unchecked online. The platforms must take responsibility and act.

Jonas: Verantwortung ist wichtig, aber es geht auch darum, wer diese Verantwortung trägt. Wenn große Tech-Unternehmen wie Facebook, Twitter oder Google entscheiden, welche Inhalte zensiert werden, dann haben wir ein Problem. Diese Firmen sind privatwirtschaftliche Akteure, die oft nach ihren eigenen Interessen handeln. Sie könnten dazu neigen, Inhalte zu löschen, die ihren eigenen Geschäftsmodellen oder politischen Überzeugungen widersprechen. Das wäre eine gefährliche Machtkonzentration. Wer garantiert, dass dabei nicht auch unliebsame, aber wichtige Stimmen stummgeschaltet werden?

Jonas: Responsibility is important, but the question is, who bears that responsibility? If large tech companies like Facebook, Twitter, or Google decide what content gets censored, then we have a problem. These are private businesses that often act in their own interests. They might be inclined to delete content that goes against their business models or political beliefs. That would be a dangerous concentration of power. Who guarantees that important but unpopular voices aren't silenced too?

Maya: Natürlich sollte es nicht so sein, dass einige wenige große Konzerne alleine entscheiden, was gesagt werden darf und was nicht. Aber wir brauchen trotzdem klare Regeln, die auf ethischen und rechtlichen Grundsätzen basieren. Es geht nicht darum, alles zu kontrollieren, sondern gezielt gegen gefährliche Inhalte vorzugehen. Außerdem gibt es doch in vielen Ländern schon Gesetze, die Hassrede und Hetze verbieten – warum sollte das im Internet nicht gelten? Wir müssen die gleichen Maßstäbe anwenden.

Maya: Of course, it shouldn't be that just a few big companies decide what can and can't be said. But we still need clear rules based on ethical and legal principles. It's not about controlling everything, but about specifically targeting dangerous content. Plus, many countries already have laws banning hate speech—so why shouldn't that apply online? We need to apply the same standards.

Jonas: Ich verstehe, dass du für klare Regeln plädierst, aber die Umsetzung ist extrem kompliziert. Es gibt eine riesige Vielfalt an Meinungen und Überzeugungen, und das Internet ist ein globaler Raum, in dem unterschiedliche Kulturen und Gesetzgebungen aufeinanderprallen. Was in einem Land als Hassrede gilt, kann in einem anderen als legitime Meinungsäußerung gesehen werden. Und oft sind es gerade Minderheiten oder oppositionelle Gruppen, deren Stimmen unterdrückt werden könnten, wenn zu stark zensiert wird. Wir müssen aufpassen, dass Zensur nicht dazu führt, dass kritische Diskussionen erstickt werden.

Jonas: I understand that you advocate for clear rules, but implementing them is extremely complicated. There's a huge variety of opinions and beliefs, and the internet is a global space where different cultures and laws collide. What counts as hate speech in one country might be seen as legitimate expression in another. And often, it's minorities or opposition groups whose voices could be suppressed if censorship goes too far. We must be careful that censorship doesn't stifle critical discussions.

Maya: Da gebe ich dir recht, dass es komplex ist. Aber es geht mir nicht darum, legitime Kritik oder Diskussionen zu unterdrücken. Vielmehr müssen wir dafür sorgen, dass gefährdete Gruppen, wie ethnische Minderheiten, Frauen oder LGBTQ+-Personen, vor gezielter Online-Gewalt geschützt werden. Es gibt Studien, die zeigen, dass Online-Hass direkt zu Gewalt im echten Leben führen kann. Wir können doch nicht einfach tatenlos zusehen, während das Internet zu einem gefährlichen Raum für viele Menschen wird.

Maya: I agree with you that it's complex. But I'm not talking about suppressing legitimate criticism or discussions. Rather, we need to ensure that vulnerable groups, like ethnic minorities, women, or LGBTQ+ people, are protected from targeted online violence. Studies show that online hate can directly lead to real-life violence.

We can't just sit by while the internet becomes a dangerous space for many people.

*Jonas: Nein, natürlich nicht. Aber die Frage bleibt: Wie können wir das Internet sicherer machen, ohne die Meinungsfreiheit zu stark einzuschränken? Vielleicht wäre es besser, wenn wir die Nutzerinnen selbst stärker in die Verantwortung nehmen, anstatt auf Zensur durch Unternehmen oder Regierungen zu setzen. Wenn Menschen für ihre Online-Aktivitäten stärker zur Rechenschaft gezogen werden, könnte das ein wirksamer Weg sein, um Hassrede und Gewalt zu reduzieren, ohne dabei in die Meinungsfreiheit einzugreifen.**

Jonas: No, of course not. But the question remains: How can we make the internet safer without overly restricting free speech? Maybe it would be better if we held users more accountable for their online activities, instead of relying on censorship by companies or governments. If people are held more responsible for what they do online, it could be an effective way to reduce hate speech and violence without infringing on free speech.

Maya: Das ist sicher ein Teil der Lösung, aber ich glaube nicht, dass das alleine reicht. Viele Menschen verstecken sich hinter der Anonymität des Internets und fühlen sich unantastbar. Es muss auch von Seiten der Plattformen und Regierungen mehr getan werden, um ein sicheres Umfeld zu schaffen. Vielleicht könnten Algorithmen verbessert werden, um gefährliche Inhalte schneller zu identifizieren, oder es müsste eine unabhängige Institution geben, die überwacht, was als Hassrede eingestuft wird, um Missbrauch zu vermeiden.

Maya: That's certainly part of the solution, but I don't think it's enough on its own. Many people hide behind the anonymity of the internet and feel untouchable. Platforms and governments also need to do more to create a safe environment. Maybe algorithms could be improved to identify harmful content faster, or there could be an independent institution that monitors what's classified as hate speech to prevent abuse.

Jonas: Algorithmen haben aber auch ihre Tücken. Sie sind oft nicht präzise genug, um komplexe Inhalte richtig zu bewerten, und

Jonas: But algorithms have their flaws. They're often not precise enough to evaluate complex content properly and can easily make wrong decisions. Plus, there are cases where harmless or satirical content is mistakenly flagged as "problematic." An independent institution would certainly be a better approach, but even then, the question arises: Who sets the criteria? How do we ensure that this institution remains truly independent and isn't influenced by political or economic interests?

*Maya: Da hast du recht, es gibt keine perfekte Lösung. Aber wir können doch nicht einfach aufgeben, nur weil es schwierig ist. Das Internet ist zu einem zentralen Teil unseres Lebens geworden, und wir müssen es sicherer machen – vor allem für die Menschen, die am meisten gefährdet sind. Vielleicht müssen wir einen Mittelweg finden: Eine Kombination aus stärkeren Regulierungen für Plattformen, mehr Verantwortung für die Nutzerinnen und unabhängigen Kontrollinstanzen. Es geht nicht darum, jede Meinungsäußerung zu kontrollieren, sondern den wirklich gefährlichen Inhalten Einhalt zu gebieten.**

Maya: You're right, there's no perfect solution. But we can't just give up because it's difficult. The internet has become a central part of our lives, and we need to make it safer—especially for those most at risk. Maybe we need to find a middle ground: a combination of stronger regulations for platforms, more responsibility for users, and independent monitoring bodies. It's not about controlling every opinion, but stopping genuinely dangerous content.

Jonas: Ich bin grundsätzlich dafür, das Internet sicherer zu machen, aber ich glaube, dass wir extrem vorsichtig sein müssen, wie wir das angehen. Die Meinungsfreiheit ist ein hohes Gut, und in vielen Ländern ist sie schon jetzt bedroht. Zensur kann leicht missbraucht werden, um unliebsame Meinungen zu unterdrücken. Es muss wirklich transparent und fair gehandhabt werden, damit wir nicht am Ende in einer Welt leben, in der nur noch eine bestimmte, genehme Meinung zugelassen wird.

Jonas: I'm all for making the internet safer, but I think we need to be extremely careful about how we approach this. Freedom of speech is a high value, and in many countries, it's already under threat. Censorship can easily be misused to suppress unwanted opinions. It has to be handled in a transparent and fair way, so we don't end up in a world where only certain approved opinions are allowed.

Maya: Das sehe ich genauso. Transparenz und faire Verfahren sind der Schlüssel. Zensur darf nicht als Mittel missbraucht werden, um politische Kontrolle auszuüben oder bestimmte Meinungen zu unterdrücken. Aber wir dürfen auch nicht die Augen davor verschließen, dass das Internet heute ein gefährlicher Ort für viele Menschen ist. Es geht nicht darum, Meinungen zu unterdrücken, sondern darum, einen sicheren Raum für alle zu schaffen, in dem niemand Angst haben muss, bedroht oder diskriminiert zu werden.

Maya: I completely agree. Transparency and fair processes are key. Censorship shouldn't be used as a tool for political control or to suppress certain opinions. But we can't ignore the fact that the internet today is a dangerous place for many people. It's not about suppressing opinions, but about creating a safe space for everyone, where no one has to fear being threatened or discriminated against.

Jonas: Da bin ich bei dir. Es muss uns gelingen, die Balance zu finden – zwischen dem Schutz gefährdeter Gruppen und der Bewahrung der Meinungsfreiheit. Wir dürfen nicht das eine für das andere opfern. Vielleicht brauchen wir mehr öffentliche Diskussionen darüber, wie wir diese Balance erreichen können, und es sollten mehr Menschen in den Entscheidungsprozess einbezogen werden, um sicherzustellen, dass keine Seite übergangen wird.

Jonas: I'm with you on that. We have to find the balance—between protecting vulnerable groups and preserving freedom of speech. We can't sacrifice one for the other. Maybe we need more public discussions about how to achieve this balance, and more people should be involved in the decision-making process to ensure that no side is left out.

Maya: Das wäre auf jeden Fall ein guter Ansatz. Die öffentliche Debatte über Online-Zensur muss weitergeführt werden, und wir müssen sicherstellen, dass sowohl die Meinungsfreiheit als auch der Schutz gefährdeter Gruppen ernst genommen werden. Ich hoffe, dass wir irgendwann ein Internet schaffen, das sowohl sicher als auch frei ist – für alle.

Maya: That would definitely be a good approach. The public debate about online censorship needs to continue, and we need to ensure that both freedom of speech and the protection of vulnerable groups are taken seriously. I hope that someday we can create an internet that's both safe and free—for everyone.

Jonas: Das wäre ideal. Aber es wird sicher noch ein langer Weg.

Jonas: That would be ideal. But it's certainly going to be a long road.

Gig-Economy: Flexibilität für Arbeitnehmer vs. fehlende Jobsicherheit

Sophie: Ich muss sagen, ich sehe die Gig-Economy ziemlich positiv. Plattformen wie Uber, Lieferando oder Fiverr bieten den Menschen eine unglaubliche Flexibilität. Du kannst arbeiten, wann du willst, von wo du willst, und bist nicht an einen festen Arbeitgeber gebunden. Besonders für Menschen, die Familie haben oder nebenbei studieren, ist das doch eine super Möglichkeit, ihr Leben selbst zu gestalten. Warum sollte man in einem klassischen 9-to-5-Job feststecken, wenn man seine Arbeit flexibel einteilen kann?

Sophie: I have to say, I see the gig economy quite positively. Platforms like Uber, Lieferando, or Fiverr offer people incredible flexibility. You can work when you want, from where you want, and you're not tied to a fixed employer. Especially for people with families or those studying on the side, it's a great way to shape their own lives. Why should someone be stuck in a traditional 9-to-5 job when they can schedule their work flexibly?

Tom: Flexibilität klingt gut, aber was ist mit der Sicherheit? Die Gig-Economy mag kurzfristig attraktiv sein, aber die meisten dieser Jobs bieten keine Sozialleistungen, keine Krankenversicherung, keinen Kündigungsschutz – und oft nicht mal eine faire Bezahlung. Klar, man kann sich die Arbeitszeiten frei einteilen, aber wenn du krank wirst oder Urlaub brauchst, verdienst du nichts. Diese Jobs geben dir keine langfristige Perspektive, und das kann auf Dauer echt problematisch werden.

Tom: Flexibility sounds good, but what about security? The gig economy might be attractive in the short term, but most of these jobs offer no social benefits, no health insurance, no job protection – and often not even fair pay. Sure, you can set your own working hours, but if you get sick or need a vacation, you earn nothing. These jobs don't offer long-term prospects, and that can be a real problem in the long run.

Sophie: Das stimmt schon, die Sicherheit ist nicht vergleichbar mit einem festen Job, aber es geht doch darum, den Menschen mehr

Freiheit zu geben. Es gibt viele, die mit der starren Struktur eines traditionellen Jobs einfach nicht klarkommen. Manche Menschen wollen nicht 40 Stunden pro Woche arbeiten, sie wollen Projekte übernehmen, die sie wirklich interessieren, oder ihre Arbeitszeit mit anderen Dingen wie Reisen oder Hobbys kombinieren. Die Gig-Economy ermöglicht genau das. Warum sollte das schlecht sein, nur weil es anders ist als das, was wir gewohnt sind?

Sophie: That's true, the security isn't comparable to a fixed job, but it's about giving people more freedom. There are many who simply can't handle the rigid structure of a traditional job. Some people don't want to work 40 hours a week; they want to take on projects that really interest them or combine work with things like traveling or hobbies. The gig economy allows for exactly that. Why should that be bad just because it's different from what we're used to?

Tom: Weil es am Ende oft auf Kosten der Arbeitnehmer geht. Ja, die Gig-Economy bietet Flexibilität, aber zu welchem Preis? Du sagst, Menschen können arbeiten, wann sie wollen, aber die Realität sieht oft anders aus. Viele Gig-Worker arbeiten unregelmäßig, müssen sich ständig um neue Aufträge bemühen und stehen unter enormem Druck, weil sie nie wissen, wie viel sie im nächsten Monat verdienen werden. Sie sind abhängig von Algorithmen, die darüber entscheiden, wer welche Jobs bekommt, und haben kaum Rechte, wenn etwas schiefgeht. Das ist doch keine echte Freiheit, sondern eher eine neue Form der Ausbeutung.

Tom: Because in the end, it often comes at the workers' expense. Yes, the gig economy offers flexibility, but at what cost? You say people can work whenever they want, but the reality often looks different. Many gig workers work irregular hours, constantly have to chase new gigs, and are under enormous pressure because they never know how much they'll earn next month. They're dependent on algorithms that decide who gets which jobs and have few rights when things go wrong. That's not real freedom; it's more like a new form of exploitation.

Sophie: Aber du kannst doch nicht alle Gig-Jobs über einen Kamm scheren. Es gibt genug Menschen, die bewusst in der Gig-Economy arbeiten, weil sie genau diese Flexibilität schätzen. Sie wollen

Sophie: But you can't lump all gig jobs together. There are plenty of people who consciously work in the gig economy because they value this flexibility. They don't want to be tied to a single employer or sit in an office. For many, it's a deliberate choice, and they're happy with it. Plus, the gig economy offers opportunities for people who might not have a chance to earn money in traditional jobs – like artists, freelancers, or people who have other commitments on the side.

Tom: Das stimmt, es gibt sicher Menschen, die das so wollen, aber der Großteil der Gig-Arbeiter hat oft keine andere Wahl. Sie nehmen diese Jobs an, weil sie keine Alternativen haben oder weil sie aus prekären Verhältnissen kommen. In vielen Fällen sind es nicht gut bezahlte Freelancer, sondern Lieferfahrer, die für geringe Löhne unter prekären Bedingungen arbeiten müssen. Die Gig-Economy schafft oft eine unsichtbare Armee von Arbeitskräften, die kaum Rechte haben und sich von Job zu Job hangeln. Sie sind quasi moderne Tagelöhner, die ständig unter Druck stehen.

Tom: That's true, there are people who want it that way, but most gig workers often don't have a choice. They take these jobs because they have no alternatives or come from precarious situations. In many cases, they're not well-paid freelancers, but delivery drivers working for low wages under precarious conditions. The gig economy often creates an invisible army of workers who have few rights and scrape by from job to job. They're essentially modern-day day laborers, constantly under pressure.

Sophie: Aber liegt das nicht auch daran, dass die Regulierung in diesem Bereich noch nicht wirklich ausgereift ist? Anstatt die Gig-Economy grundsätzlich zu kritisieren, sollten wir daran arbeiten, bessere Bedingungen für die Menschen zu schaffen, die in diesem

Sektor arbeiten. Mehr Rechte, faire Löhne und soziale Absicherungen – das sollte das Ziel sein. Die Lösung kann doch nicht sein, die Gig-Economy abzuschaffen, sondern sie gerechter zu gestalten. Wir könnten zum Beispiel Mindeststandards festlegen, die für alle Plattformen gelten.

Sophie: But isn't that also because regulation in this area isn't fully developed yet? Instead of criticizing the gig economy as a whole, we should work on creating better conditions for the people working in this sector. More rights, fair wages, and social protections – that should be the goal. The solution can't be to abolish the gig economy, but rather to make it fairer. We could, for example, set minimum standards that apply to all platforms.

Tom: Ich stimme dir zu, dass bessere Regulierungen notwendig sind, aber das ist leichter gesagt als getan. Viele dieser Plattformen operieren international und nutzen Schlupflöcher in den nationalen Arbeitsgesetzen, um ihre Arbeiter zu beschäftigen, ohne ihnen die Rechte eines festen Angestellten zu gewähren. Und selbst wenn es Regulierungen gibt, ist es oft schwer, diese durchzusetzen. Viele Gig-Worker arbeiten in rechtlichen Grauzonen, und es gibt kaum Gewerkschaften oder Interessensvertretungen, die sie unterstützen könnten. Es geht nicht nur um Mindeststandards, sondern darum, wie wir ein System schaffen, das den Arbeitnehmern tatsächlich Sicherheit bietet.

Tom: I agree that better regulations are necessary, but that's easier said than done. Many of these platforms operate internationally and exploit loopholes in national labor laws to employ workers without giving them the rights of full employees. And even when there are regulations, they're often hard to enforce. Many gig workers operate in legal gray areas, and there are hardly any unions or advocacy groups to support them. It's not just about minimum standards, but about how we create a system that actually provides workers with security.

Sophie: Da hast du recht, die internationale Dimension macht es schwieriger. Aber wir sollten nicht vergessen, dass die Gig-Economy auch Chancen für Menschen weltweit schafft, die in ihren eigenen Ländern keine Möglichkeiten hätten. Gerade in

Entwicklungsländern bieten Plattformen wie Upwork oder Fiverr Menschen die Möglichkeit, global zu arbeiten und Geld zu verdienen, ohne in die großen Städte ziehen zu müssen. Die Gig-Economy kann also auch ein Mittel zur wirtschaftlichen Entwicklung sein, das Menschen mehr Zugang zu Arbeit gibt, unabhängig von ihrer geografischen Lage.

Sophie: You're right, the international dimension makes it more complicated. But we shouldn't forget that the gig economy also creates opportunities for people worldwide who might not have any in their own countries. Especially in developing countries, platforms like Upwork or Fiverr allow people to work globally and earn money without having to move to big cities. The gig economy can also be a tool for economic development, giving people more access to work regardless of their location.

Tom: Das mag in einigen Fällen stimmen, aber auch hier gilt: Die Mehrheit der Arbeiter in der Gig-Economy verdient oft sehr wenig und ist abhängig von den Plattformen, die die Bedingungen diktieren. Sie haben keine Verhandlungsmacht. Wenn die Plattform entscheidet, die Provisionen zu erhöhen oder den Algorithmus zu ändern, hat der einzelne Arbeiter keine Möglichkeit, sich dagegen zu wehren. Die Gig-Economy gibt vor, Menschen mehr Freiheit zu geben, aber in Wirklichkeit macht sie sie oft noch abhängiger von großen Konzernen, die nur auf Profit aus sind.

Tom: That might be true in some cases, but even here, the majority of workers in the gig economy often earn very little and are dependent on the platforms that dictate the conditions. They have no bargaining power. If the platform decides to raise commissions or change the algorithm, the individual worker has no way to fight back. The gig economy claims to offer more freedom, but in reality, it often makes people even more dependent on big corporations that only care about profit.

Sophie: Es stimmt, dass die Macht der Plattformen ein Problem ist. Aber das lässt sich durch Regulierung und mehr Transparenz lösen. Es wäre doch denkbar, dass Gig-Worker mehr Mitsprache bei den Arbeitsbedingungen bekommen, etwa durch Plattform-Räte oder Gewerkschaften speziell für diesen Bereich. Außerdem sind die meisten traditionellen Jobs heute auch nicht frei von Machtgefällen. Arbeitgeber haben oft ebenfalls die Kontrolle über Löhne und Arbeitsbedingungen, und das ist nichts Neues. Es geht doch darum, die richtige Balance zwischen Flexibilität und Sicherheit zu finden.

Sophie: It's true that the power of the platforms is a problem. But that can be solved through regulation and more transparency. It's possible that gig workers could have more say in their working conditions, perhaps through platform councils or unions specifically for this sector. Plus, most traditional jobs today aren't free from power imbalances either. Employers often control wages and working conditions, and that's nothing new. It's about finding the right balance between flexibility and security.

Tom: Aber genau das ist der Punkt – diese Balance gibt es in der Gig-Economy oft nicht. Du sprichst von Mitsprache, aber in den meisten Fällen haben die Arbeiter kaum eine Stimme. Und selbst wenn es Gewerkschaften oder Plattform-Räte gibt, werden diese oft von den Unternehmen ignoriert oder es wird schwer gemacht, sich zu organisieren. Die Gig-Economy basiert auf dem Prinzip, dass die Arbeiter keine Angestellten sind, sondern unabhängige Auftragnehmer. Das klingt gut, aber es bedeutet auch, dass sie keinerlei rechtlichen Schutz haben. Sie sind auf sich allein gestellt.

Tom: But that's exactly the point – this balance often doesn't exist in the gig economy. You talk about having a voice, but in most cases, workers have little say. And even when there are unions or platform councils, they are often ignored by companies, or it's made difficult to organize. The gig economy is based on the idea that workers aren't employees but independent contractors. That sounds good, but it also means they have no legal protection. They're on their own.

Sophie: Aber genau das macht die Gig Economy für viele so attraktiv. Nicht jeder will sich an ein Unternehmen binden oder in einer traditionellen Arbeitsstruktur gefangen sein. Viele Menschen schätzen die Unabhängigkeit und die Möglichkeit, selbst zu entscheiden, wann und wie viel sie arbeiten. Natürlich gibt es Probleme, aber die Frage ist, wie wir diese Unabhängigkeit bewahren und gleichzeitig die Arbeitsbedingungen verbessern können. Wir dürfen die Vorteile der Gig-Economy nicht übersehen, nur weil es einige Herausforderungen gibt.

Sophie: But that's exactly what makes the gig economy so attractive to many. Not everyone wants to be tied to a company or stuck in a traditional work structure. Many people value the independence and the ability to decide when and how much they work. Of course, there are problems, but the question is how we can maintain this independence while also improving working conditions. We can't overlook the benefits of the gig economy just because there are some challenges.

Tom: Die Unabhängigkeit mag für einige attraktiv sein, aber sie ist nicht für alle eine echte Wahl. Viele Menschen nehmen Gig-Jobs an, weil sie keine anderen Möglichkeiten haben. Für sie ist es keine Frage der Flexibilität, sondern der Notwendigkeit. Die Gig-Economy schafft oft Arbeitsbedingungen, die unvorhersehbar und unsicher sind, und das sollte nicht die Norm werden. Wir müssen verhindern, dass diese Art der Beschäftigung die Zukunft der Arbeit wird, in der immer mehr Menschen ohne Absicherung und Rechte arbeiten.

Tom: Independence might be attractive to some, but it's not a real choice for everyone. Many people take gig jobs because they have no other options. For them, it's not about flexibility but necessity. The gig economy often creates unpredictable and insecure working conditions, and that shouldn't become the norm. We need to prevent this type of employment from becoming the future of work, where more and more people work without security or rights.

Sophie: Ich verstehe deine Bedenken, aber ich glaube, dass wir nicht gegen die Gig-Economy kämpfen sollten, sondern sie weiterentwickeln müssen. Sie bietet so viele Chancen – für flexible Arbeitsmodelle, für Menschen, die unabhängig sein wollen, und für diejenigen, die in traditionellen Jobs keine Möglichkeiten finden. Wenn wir die richtigen Regulierungen einführen und den Arbeitern mehr Rechte geben, könnten wir das Beste aus beiden Welten haben: Flexibilität und Sicherheit.

Sophie: I understand your concerns, but I believe we shouldn't fight against the gig economy; we should develop it further. It offers so many opportunities – for flexible work models, for people who want to be independent, and for those who can't find opportunities in traditional jobs. If we introduce the right regulations and give workers more rights, we could have the best of both worlds: flexibility and security.

Tom: Das wäre wünschenswert, aber es wird nicht einfach sein, das umzusetzen. Die Gig-Economy bringt eine Menge struktureller Probleme mit sich, die tief in unserem Wirtschaftssystem verankert sind. Wir dürfen nicht vergessen, dass die Plattformen letztlich nur an ihren eigenen Profit denken. Die Herausforderung wird sein, eine Zukunft zu gestalten, in der diese Flexibilität nicht auf Kosten der Sicherheit geht. Aber ich hoffe, dass wir diesen Weg finden.

Tom: That would be ideal, but it won't be easy to implement. The gig economy brings a lot of structural problems that are deeply rooted in our economic system. We can't forget that the platforms ultimately only care about their own profit. The challenge will be to create a future where this flexibility doesn't come at the cost of security. But I hope we can find that path.

Sophie: Ich glaube, es ist möglich, wenn wir alle daran arbeiten. Die Gig-Economy ist eine Chance, die Arbeitswelt neu zu definieren – aber wir müssen sicherstellen, dass dabei niemand zurückgelassen wird.

Sophie: I believe it's possible if we all work on it. The gig economy is an opportunity to redefine the world of work – but we have to make sure no one is left behind.

Universelle Gesundheitsversorgung: Gesundheit als Grundrecht vs. Kosten und Effizienz

Emma: Ich verstehe ehrlich gesagt nicht, wie man gegen universelle Gesundheitsversorgung sein kann, Lukas. Gesundheit ist doch ein Grundrecht. Jeder Mensch sollte Zugang zu medizinischer Versorgung haben, egal, wie viel Geld er hat. Niemand sollte sich zwischen der Miete und einer lebensnotwendigen Behandlung entscheiden müssen. Für mich ist das eine Frage der Gerechtigkeit und Menschlichkeit. Es kann doch nicht sein, dass in einem reichen Land nur die Wohlhabenden sich gute medizinische Versorgung leisten können.

Emma: Honestly, I don't understand how anyone can be against universal healthcare, Lukas. Health is a basic right. Everyone should have access to medical care, no matter how much money they have. No one should have to choose between rent and a life-saving treatment. To me, it's a matter of justice and humanity. It can't be right that in a wealthy country, only the rich can afford good healthcare.

Lukas: Ich stimme dir zu, dass jeder Zugang zu Gesundheitsversorgung haben sollte, aber universelle Gesundheitsversorgung hat auch ihre Schattenseiten. Die Kosten sind enorm, und wer soll das bezahlen? In vielen Ländern, die ein solches System haben, leidet die Effizienz. Wartezeiten für Behandlungen sind oft extrem lang, und die Qualität der Versorgung kann darunter leiden, weil die Ressourcen überstrapaziert werden. Wenn der Staat die gesamte Gesundheitsversorgung übernimmt, kann das auch dazu führen, dass Innovationen und Fortschritte langsamer voranschreiten, weil der finanzielle Anreiz für private Anbieter fehlt.

Lukas: I agree that everyone should have access to healthcare, but universal healthcare also has its downsides. The costs are enormous, and who's going to pay for it? In many countries with such a system, efficiency suffers. Waiting times for treatments are often extremely long, and the quality of care can suffer because resources are overstretched. When the state takes over healthcare, it can also lead to slower innovation because private providers lack financial incentives.

Emma: Aber ist es das wirklich wert, ein Gesundheitssystem zu haben, das effizient ist, aber nur für diejenigen, die es sich leisten können? In Ländern ohne universelle Gesundheitsversorgung sehen wir doch, wie viele Menschen komplett durchs Raster fallen. Sie vermeiden Arztbesuche, weil sie sich die Behandlung nicht leisten können, oder sie verschulden sich durch medizinische Rechnungen. Das ist doch absurd! Jeder sollte das Recht haben, gesund zu leben, und das darf nicht vom Einkommen abhängen.

Emma: But is it really worth having an efficient healthcare system that only benefits those who can afford it? In countries without universal healthcare, we see how many people fall through the cracks. They avoid doctor visits because they can't afford the treatment, or they go into debt over medical bills. That's absurd! Everyone should have the right to live healthily, and that shouldn't depend on their income.

*Lukas: Es geht nicht darum, Menschen medizinische Versorgung zu verwehren, sondern darum, wie wir diese effizient und finanzierbar gestalten können. In einem System mit universeller Gesundheitsversorgung wird jeder Bürger zur Kasse gebeten, egal ob er krank ist oder nicht. Das bedeutet höhere Steuern für alle, und das trifft besonders

die Mittelschicht hart. Außerdem: Wenn jeder dieselbe Versorgung in Anspruch nehmen kann, könnte das System überlastet werden. Es gibt nur begrenzte Ressourcen, und wenn die Nachfrage zu hoch ist, müssen wir uns auf lange Wartezeiten einstellen – selbst für dringende Behandlungen.*

Lukas: It's not about denying people healthcare, but about how we can make it efficient and affordable. In a system with universal healthcare, every citizen has to pay, whether they're sick or not. That means higher taxes for everyone, and that hits the middle class hard. Also, if everyone has access to the same care, the system could become overwhelmed. There are only so many resources, and if demand is too high, we could face long wait times – even for urgent treatments.

Emma: Natürlich kostet es Geld, aber Gesundheit ist doch eine Investition in die Zukunft. Wenn Menschen Zugang zu präventiver und rechtzeitiger medizinischer Versorgung haben, sinken die langfristigen Kosten. Chronische Krankheiten können frühzeitig behandelt oder sogar verhindert werden, und das spart dem System auf lange Sicht viel Geld. In Ländern mit universeller Gesundheitsversorgung sind die Gesundheitskosten pro Kopf oft sogar niedriger, weil die Menschen früher behandelt werden, bevor ihre Krankheiten schwerwiegender werden.

Emma: Of course, it costs money, but healthcare is an investment in the future. When people have access to preventative and timely medical care, the long-term costs go down. Chronic diseases can be treated early or even prevented, which saves the system a lot of money in the long run. In countries with universal healthcare, healthcare costs per capita are often even lower because people are treated earlier, before their conditions become more severe.

Lukas: Das klingt in der Theorie gut, aber die Praxis sieht oft anders aus. In vielen Ländern mit staatlich finanziertem Gesundheitssystem gibt es enorme Bürokratie, die das System ineffizient macht. Die Menschen stehen monatelang auf Wartelisten für Operationen oder Untersuchungen, weil das System überfordert ist. Und am Ende bekommen viele nicht die Versorgung, die sie brauchen, weil die staatlichen Gelder begrenzt sind. Private Anbieter sind oft effizienter, weil sie wirtschaftlicher arbeiten müssen.

Lukas: That sounds good in theory, but in practice, it often looks different. In many countries with government-funded healthcare systems, there's a lot of bureaucracy that makes the system inefficient. People are stuck on waiting lists for months for surgeries or tests because the system is overwhelmed. And in the end, many don't get the care they need because government funding is limited. Private providers are often more efficient because they have to operate more economically.

Emma: Ich finde, das ist eine verzerrte Darstellung. Natürlich gibt es auch in staatlichen Systemen Herausforderungen, aber in vielen Ländern wie Kanada oder Skandinavien funktioniert das System gut, und die Menschen sind zufrieden. Es gibt dort keine Fälle von Menschen, die sterben, weil sie sich eine Behandlung nicht leisten können. Was nützt ein super effizientes System, wenn es nur denen zugutekommt, die das nötige Geld haben? Wir müssen das Gemeinwohl in den Vordergrund stellen und sicherstellen, dass niemand aufgrund seines Einkommens leidet.

Emma: I think that's a distorted view. Sure, there are challenges in public systems, but in many countries like Canada or Scandinavia, the system works well, and people are satisfied. There are no cases of people dying because they can't afford treatment. What's the point of having a super-efficient system if it only benefits those who have the money? We need to prioritize the common good and ensure that no one suffers because of their income.

Lukas: Ich sehe deinen Punkt, aber es gibt auch Menschen, die sagen, dass ein universelles Gesundheitssystem dazu führt, dass Menschen weniger Verantwortung für ihre eigene Gesundheit übernehmen. Wenn alles kostenlos ist, haben die Leute weniger Anreize, gesünder zu leben oder präventive Maßnahmen zu ergreifen. In einem privatwirtschaftlichen System denken die Menschen eher darüber nach, wie sie sich selbst um ihre Gesundheit kümmern können, weil sie wissen, dass die Kosten für eine Behandlung hoch sein könnten.

Lukas: I see your point, but there are also people who say that a universal healthcare system makes people take less responsibility for their own health. If everything is free, people have less incentive to live healthily or take preventive measures. In a private system, people are more likely to think about how to take care of their health because they know the costs of treatment can be high.

Emma: Das Argument finde ich ehrlich gesagt problematisch. Menschen sollten nicht aus Angst vor hohen Kosten gesund bleiben, sondern weil sie es wollen. Präventive Gesundheitsmaßnahmen müssen zugänglich und gefördert werden, unabhängig davon, ob man sich eine Behandlung leisten kann oder nicht. Außerdem ist es doch unfair, diejenigen zu bestrafen, die aus Gründen, die sie nicht kontrollieren können – wie genetische Faktoren oder chronische Krankheiten – krank werden. Sie haben

*keine Wahl. Sollten wir ihnen die Hilfe verweigern, nur weil sie
Pech hatten?*

Emma: Honestly, I find that argument problematic. People shouldn't stay healthy out of fear of high costs but because they want to. Preventative healthcare measures must be accessible and promoted, regardless of whether someone can afford treatment. Besides, it's unfair to punish those who get sick for reasons beyond their control—like genetic factors or chronic illnesses. They have no choice. Should we deny them help just because they were unlucky?

Lukas: Nein, natürlich nicht. Aber es gibt auch viele Krankheiten, die durch ungesunde Lebensweisen verursacht werden – Rauchen, schlechte Ernährung, Bewegungsmangel. Sollte die Gesellschaft für die Kosten solcher vermeidbaren Krankheiten aufkommen? In einem System, in dem jeder die gleichen Rechte auf Versorgung hat, aber einige ihre Gesundheit bewusst vernachlässigen, zahlt die Gemeinschaft für die Fehler Einzelner. Das ist auch nicht fair.

Lukas: No, of course not. But there are many diseases caused by unhealthy lifestyles—smoking, poor diet, lack of exercise. Should society bear the costs of these preventable illnesses? In a system where everyone has equal access to care, but some people deliberately neglect their health, the community pays for the mistakes of individuals. That's not fair either.

Emma: Aber wer entscheidet denn, was vermeidbar ist und was nicht? Viele Menschen leben unter Bedingungen, die ihnen keine gesunde Lebensweise ermöglichen – sei es wegen Armut, Stress oder mangelndem Zugang zu gesunden Lebensmitteln. Und selbst wenn jemand ungesund lebt, sollte das nicht bedeuten, dass er keine medizinische Versorgung verdient. Gesundheit ist ein Grundrecht, und niemand sollte ausgeschlossen werden, weil er Fehler gemacht hat. Es geht doch darum, solidarisch zu sein und als Gesellschaft füreinander einzustehen.

Emma: But who decides what's preventable and what's not? Many people live in conditions that don't allow for a healthy lifestyle—whether due to poverty, stress, or lack of access to healthy food. And even if someone lives unhealthily, that shouldn't mean they don't deserve healthcare. Health is a basic right, and no one should be excluded because they made mistakes. It's about solidarity and standing together as a society.

Lukas: Ich stimme dir zu, dass Solidarität wichtig ist. Aber wir müssen auch realistisch sein. Die Gesundheitskosten explodieren, und ein universelles System könnte das Problem noch verschärfen. Wo ziehen wir die Grenze? Wenn alle Behandlungen für alle verfügbar sind, wie gehen wir dann mit teuren, experimentellen Therapien um? Sollten wirklich alle Behandlungen, egal wie teuer oder wie gering die Erfolgschancen sind, von der Allgemeinheit getragen werden? Das führt zu schwierigen ethischen Fragen.

Lukas: I agree that solidarity is important. But we also have to be realistic. Healthcare costs are skyrocketing, and a universal system could make the problem worse. Where do we draw the line? If all treatments are available to everyone, how do we handle expensive, experimental therapies? Should all treatments, no matter how costly or how slim the chances of success, be covered by the public? That raises difficult ethical questions.

Emma: Das ist eine berechtigte Frage, aber ich denke, es gibt Wege, das zu lösen. In vielen universellen Systemen gibt es Gremien, die solche Entscheidungen treffen und Prioritäten setzen. Es muss natürlich nicht jede experimentelle Behandlung von der Allgemeinheit getragen werden, aber lebensnotwendige und grundlegende medizinische Versorgung sollte für jeden zugänglich sein. Wir dürfen nicht vergessen, dass es um Menschenleben geht, und wir sollten als Gesellschaft bereit sein, in die Gesundheit aller zu investieren.

Emma: That's a valid question, but I think there are ways to solve it. In many universal systems, committees make these decisions and set priorities. Of course, not every experimental treatment has to be covered by the public, but essential and basic medical care should be accessible to everyone. We can't forget that we're talking about human lives, and as a society, we should be willing to invest in the health of all.

Lukas: Aber es gibt auch den Punkt der Effizienz. Private Anbieter haben oft einen stärkeren Anreiz, effizient zu arbeiten, weil sie in einem Wettbewerb stehen. In einem rein staatlichen System gibt es diesen Wettbewerb nicht, und das kann zu Verschwendung und schlechterer Versorgung führen. Ich sage nicht, dass wir die Gesundheitsversorgung komplett privatisieren sollten, aber vielleicht wäre ein gemischtes Modell besser – eine Kombination aus staatlicher Grundversorgung und privaten Anbietern, die für spezialisierte Behandlungen zuständig sind.

Lukas: But there's also the issue of efficiency. Private providers often have a stronger incentive to be efficient because they're competing. In a purely public system, there's no such competition, which can lead to waste and poorer care. I'm not saying we should completely privatize healthcare, but maybe a mixed model would be better—a combination of public basic care and private providers handling specialized treatments.

Emma: Das könnte eine Lösung sein, aber wir müssen aufpassen, dass wir nicht die soziale Ungleichheit weiter verschärfen. In solchen Mischsystemen besteht oft die Gefahr, dass die Reichen Zugang zu besseren Behandlungen haben, während die ärmeren Menschen mit einer minimalen Grundversorgung abgespeist werden. Das führt zu einer Zweiklassenmedizin, die die gesellschaftliche Spaltung nur vertieft. Es sollte nicht davon abhängen, wie viel Geld man hat, welche Qualität der medizinischen Versorgung man bekommt.

Emma: That could be a solution, but we have to be careful not to deepen social inequality. In such mixed systems, there's often the risk that the rich will have access to better treatments while poorer people are left with minimal basic care. That leads to two-tier medicine, which only widens societal divisions. The quality of healthcare you receive shouldn't depend on how much money you have.

Lukas: Das ist ein wichtiger Punkt, aber selbst in universellen Systemen gibt es oft Ungleichheiten. Menschen, die sich private Zusatzversicherungen leisten können, bekommen oft eine bessere und schnellere Behandlung. Es ist schwierig, ein System zu schaffen, das wirklich für alle gleich ist. Die Frage ist, wie wir die Gesundheitsversorgung effizient gestalten, ohne dabei die Qualität zu opfern. Vielleicht wäre ein stärker reguliertes privates System mit staatlichen Eingriffen in die Preisgestaltung und faire Zugangsmöglichkeiten die bessere Lösung.

Lukas: That's an important point, but even in universal systems, there are often inequalities. People who can afford private insurance often get better and faster care. It's hard to create a system that's truly equal for everyone. The question is, how do we make healthcare efficient without sacrificing quality? Maybe a more regulated private system with government controls on pricing and fair access would be the better solution.

Emma: Das könnte funktionieren, aber die Gefahr bleibt, dass der Zugang zu guter medizinischer Versorgung für manche Menschen schwieriger wird. Für mich bleibt universelle Gesundheitsversorgung die beste Lösung, weil sie sicherstellt, dass niemand ausgeschlossen wird. Gesundheit sollte kein Luxus sein, sondern ein Grundrecht. Und ja, es wird immer Herausforderungen geben, aber wir müssen als Gesellschaft Prioritäten setzen – und die Gesundheit aller Bürger sollte ganz oben auf dieser Liste stehen.

Emma: That could work, but the danger remains that access to good healthcare could become harder for some people. For me, universal healthcare remains the best solution because it ensures that no one is left out. Health shouldn't be a luxury, but a basic right. And yes, there will always be challenges, but as a society, we must set priorities—and the health of all citizens should be at the top of that list.

Lukas: Ich stimme dir zu, dass Gesundheit wichtig ist, aber wir dürfen nicht vergessen, dass die Finanzierung und Effizienz ebenfalls entscheidende Faktoren sind. Ein System, das nicht nachhaltig ist, wird irgendwann zusammenbrechen, und dann haben alle ein Problem. Es geht nicht darum, die Idee der universellen Gesundheitsversorgung abzulehnen, sondern darum, sie so zu gestalten, dass sie sowohl gerecht als auch effizient ist.

Lukas: I agree that health is important, but we can't forget that funding and efficiency are also crucial factors. A system that isn't sustainable will eventually collapse, and then everyone has a problem. It's not about rejecting the idea of universal healthcare, but about designing it to be both fair and efficient.

Emma: Genau, es geht um Balance. Wir müssen sicherstellen, dass jeder Zugang zu medizinischer Versorgung hat, aber auch, dass das System finanzierbar bleibt. Es gibt keine einfache Lösung, aber ich denke, mit dem richtigen Willen und den richtigen Regulierungen können wir ein System schaffen, das sowohl fair als auch effizient ist. Gesundheit sollte für alle da sein, und das müssen wir als Gesellschaft gemeinsam tragen.

Emma: Exactly, it's about balance. We need to ensure that everyone has access to healthcare, but also that the system remains affordable. There's no simple solution, but I think with the right will and the right regulations, we can create a system that is both fair and efficient. Health should be for everyone, and we must share that responsibility as a society.

Lukas: Da sind wir uns einig. Es bleibt eine Herausforderung, aber mit einem gut durchdachten Ansatz können wir sicherlich ein System schaffen, das sowohl die Bedürfnisse der Menschen als auch die wirtschaftlichen Realitäten berücksichtigt.

Lukas: We agree on that. It remains a challenge, but with a well-thought-out approach, we can surely create a system that considers both the needs of people and economic realities.

Weltraumforschung: Fortschritt der Wissenschaft vs. Finanzierung wichtiger Projekte auf der Erde

Clara: Ich weiß nicht, wie du das siehst, Tobias, aber ich finde es absolut faszinierend, was wir in der Weltraumforschung erreichen. Die Erkundung des Weltalls eröffnet uns unendliche Möglichkeiten. Wir lernen nicht nur mehr über das Universum, sondern auch über unsere eigene Existenz und die Entstehung der Erde. Außerdem haben viele technologische Entwicklungen, die wir heute nutzen, ihren Ursprung in der Raumfahrt. Das ist ein Bereich, in den wir unbedingt weiter investieren sollten.

Clara: I don't know how you see it, Tobias, but I find it absolutely fascinating what we are achieving in space exploration. Exploring space opens up endless possibilities. We're not only learning more about the universe but also about our own existence and the formation of Earth. Additionally, many technological developments we use today originated from space research. This is an area where we should definitely continue to invest.

Tobias: Klar, die Weltraumforschung ist spannend, aber mal ehrlich, Clara: Ist es wirklich vernünftig, Milliarden von Euro in den Weltraum zu pumpen, während wir hier auf der Erde so viele dringende Probleme haben? Klimawandel, Armut, Hunger – wir könnten dieses Geld nutzen, um Menschen zu helfen, anstatt es für Projekte auszugeben, deren direkter Nutzen oft unklar ist. Es fühlt sich manchmal so an, als würde die Weltraumforschung nur die Neugier einiger weniger befriedigen, während die Welt vor großen Herausforderungen steht.

Tobias: Sure, space exploration is exciting, but honestly, Clara: Is it really reasonable to pour billions of euros into space when we have so many urgent problems here on Earth? Climate change, poverty, hunger – we could use that money to help people instead of spending it on projects whose direct benefits are often unclear. Sometimes it feels like space exploration only satisfies the curiosity of a few, while the world faces major challenges.

Clara: Ich verstehe deinen Punkt, aber man darf nicht vergessen, dass die Weltraumforschung langfristig auch Lösungen für

Probleme auf der Erde liefern kann. Schau dir die Satellitentechnologie an – ohne sie könnten wir den Klimawandel nicht so genau überwachen. Oder die Entwicklung neuer Materialien und Technologien, die ursprünglich für die Raumfahrt gedacht waren und jetzt in der Medizin oder anderen Bereichen Anwendung finden. Außerdem: Wer weiß, welche Möglichkeiten uns die Erforschung anderer Planeten bietet? Vielleicht finden wir dort irgendwann Ressourcen, die wir auf der Erde dringend brauchen.

Clara: I understand your point, but we mustn't forget that space exploration can also provide long-term solutions to problems on Earth. Take satellite technology, for example – without it, we couldn't monitor climate change as precisely. Or the development of new materials and technologies originally designed for space, which are now used in medicine and other fields. And who knows what opportunities exploring other planets might offer? We might one day find resources there that we desperately need on Earth.

Tobias: Aber ist es nicht eine gefährliche Einstellung zu glauben, dass wir Ressourcen auf anderen Planeten finden könnten, um unsere Probleme hier zu lösen? Wir haben nur eine Erde, und anstatt darauf zu hoffen, dass der Mars oder andere Planeten irgendwann nutzbar sind, sollten wir lieber unsere Ressourcen hier besser managen. Es ist, als würden wir die Erde aufgeben, bevor wir wirklich alles getan haben, um sie zu retten. Und was die Satellitentechnologie angeht – das ist nur ein kleiner Teil der Ausgaben. Die meisten Mittel fließen in teure Missionen, deren Nutzen fraglich bleibt.

Tobias: But isn't it a dangerous mindset to believe we can find resources on other planets to solve our problems here? We only have one Earth, and instead of hoping that Mars or other planets will become usable one day, we should better manage our resources here. It's as if we're giving up on Earth before we've truly done everything to save it. And as for satellite technology – that's just a small part of the expenses. Most of the funds go to expensive missions with questionable benefits.

Clara: Das sehe ich anders. Es geht nicht darum, die Erde aufzugeben, sondern darum, unser Wissen zu erweitern und neue Möglichkeiten zu entdecken. Die Menschheit ist immer dann am weitesten gekommen, wenn sie ihre Grenzen überschritten und das Unbekannte erforscht hat. Ja, wir müssen unsere Probleme auf der Erde angehen, aber das bedeutet nicht, dass wir die Forschung im Weltraum vernachlässigen sollten. Beides kann Hand in Hand gehen. Und wer weiß? Vielleicht entdecken wir im All tatsächlich Technologien oder Erkenntnisse, die uns helfen, unsere Probleme hier besser zu lösen.

Clara: I see it differently. It's not about giving up on Earth, but about expanding our knowledge and discovering new possibilities. Humanity has always made the most progress when it pushed its limits and explored the unknown. Yes, we must address our problems on Earth, but that doesn't mean we should neglect space research. Both can go hand in hand. And who knows? Maybe we'll actually discover technologies or insights in space that can help us solve our problems here.

Tobias: Ich gebe dir recht, dass Entdeckungen wichtig sind, aber ich habe das Gefühl, dass wir hier Prioritäten setzen müssen. Die Klimakrise verschärft sich jeden Tag, Millionen Menschen hungern, und wir stecken immer noch riesige Summen in Weltraumprojekte. Es gibt dringende Bedürfnisse, die sofort angegangen werden müssen. Es ist schön, über die Zukunft der Menschheit im All nachzudenken, aber was bringt das, wenn wir unsere Probleme auf der Erde nicht in den Griff bekommen?

Tobias: I agree that discoveries are important, but I feel like we need to prioritize. The climate crisis worsens every day, millions of people are hungry, and yet we're still pouring huge sums into space projects. There are urgent needs that must be addressed immediately. It's nice to think about humanity's future in space, but what's the point if we can't get our problems on Earth under control?

Clara: Ich stimme dir zu, dass die Probleme auf der Erde dringend sind. Aber wir sollten nicht vergessen, dass Wissenschaft und Forschung langfristige Investitionen sind. Die Ergebnisse der

Weltraumforschung brauchen Zeit, um sich in greifbare Fortschritte zu verwandeln, aber sie können langfristig enorme Auswirkungen haben. Wir dürfen nicht nur in kurzen Zeiträumen denken. Was, wenn wir durch die Raumfahrttechnologie neue, nachhaltige Energiequellen entdecken oder Fortschritte in der Medizin machen, die Millionen Menschenleben retten?

Clara: I agree that the problems on Earth are urgent. But we shouldn't forget that science and research are long-term investments. The results of space exploration take time to translate into tangible progress, but they can have huge long-term impacts. We can't think only in short time frames. What if space technology leads us to new sustainable energy sources or medical breakthroughs that save millions of lives?

Tobias: Ja, aber genau das ist der Punkt: Es ist alles hypothetisch. Wir wissen nicht, ob und wann diese Entdeckungen kommen. Was wir wissen, ist, dass wir hier und jetzt massive Probleme haben, die unmittelbare Lösungen erfordern. Investitionen in Bildung, saubere Energie, Armutsbekämpfung – das sind Bereiche, in denen das Geld sofort einen spürbaren Unterschied machen würde. Es ist eine Frage der Prioritäten. Warum sollten wir Milliarden in Weltraummissionen investieren, während wir auf der Erde noch nicht mal sicherstellen können, dass alle Menschen Zugang zu sauberem Wasser oder Bildung haben?

Tobias: Yes, but that's exactly the point: it's all hypothetical. We don't know if or when those discoveries will come. What we do know is that we have massive problems right here, right now that require immediate solutions. Investments in education, clean energy, poverty reduction – these are areas where money would make an immediate, noticeable difference. It's a matter of priorities. Why should we invest billions in space missions when we can't even ensure access to clean water or education for everyone on Earth?

Clara: Weil es nicht immer um „entweder oder" geht. Wir können sowohl in die Lösung aktueller Probleme als auch in die Erforschung des Weltalls investieren. Du kannst doch nicht sagen, dass wir keine langfristigen Visionen mehr haben sollen, nur weil es gerade akute Probleme gibt. Außerdem fließt nicht das gesamte Geld der Wissenschaft in die Raumfahrt. Es gibt genug Bereiche, die parallel finanziert werden können. Wenn wir nur im Hier und Jetzt denken, verlieren wir die Zukunft aus den Augen.

Clara: Because it's not always about "either-or." We can invest both in solving current problems and in exploring space. You can't say that we shouldn't have long-term visions just because there are urgent problems right now. Besides, not all science funding goes to space exploration. There are enough areas that can be financed in parallel. If we only think about the here and now, we lose sight of the future.

Tobias: Aber wir müssen doch pragmatisch sein. Es ist einfach, von langfristigen Visionen zu sprechen, wenn man die unmittelbaren Probleme nicht spürt. Die Realität ist, dass viele Menschen täglich mit existenziellen Herausforderungen konfrontiert sind. Der Gedanke, Milliarden in Weltraumprojekte zu stecken, während Kinder auf der Erde hungern oder Menschen an vermeidbaren Krankheiten sterben, ist schwer zu rechtfertigen. Wir müssen das Geld dort einsetzen, wo es sofortige Auswirkungen hat.

Tobias: But we need to be pragmatic. It's easy to talk about long-term visions when you're not feeling the immediate problems. The reality is that many people face existential challenges daily. The thought of pouring billions into space projects while children on Earth go hungry or people die from preventable diseases is hard to justify. We need to put the money where it will have immediate effects.

Clara: Ich finde, es geht auch um die langfristige Verantwortung gegenüber der Menschheit. Die Erforschung des Weltraums könnte uns irgendwann retten, wenn die Erde – sei es durch den Klimawandel oder andere Katastrophen – unbewohnbar wird. Das mag jetzt wie Science-Fiction klingen, aber es ist eine Möglichkeit, die wir nicht ignorieren dürfen. Außerdem haben viele wissenschaftliche Durchbrüche in der Vergangenheit gezeigt, dass das, was auf den ersten Blick wie eine ferne Vision aussieht, später unser Leben grundlegend verändert. Sollte die Menschheit nicht immer den Drang haben, weiter zu forschen und zu entdecken?

Clara: I think it's also about long-term responsibility to humanity. Exploring space could one day save us if Earth becomes uninhabitable—whether due to climate change or other disasters. That might sound like science fiction now, but it's a possibility we can't ignore. Also, many scientific breakthroughs in the past have shown that what initially seems like a distant vision can later fundamentally change our lives. Shouldn't humanity always have the drive to keep researching and discovering?

Tobias: Das klingt nach einem sehr spekulativen Argument, Clara. Klar, es ist spannend, über Kolonien auf dem Mars oder interstellare Reisen nachzudenken, aber das löst unsere aktuellen Probleme nicht. Wir müssen aufhören, uns auf hypothetische Zukünfte zu verlassen, wenn wir hier und jetzt eine funktionierende Welt aufbauen wollen. Die Erde ist unser Zuhause, und alles Geld, das in den Weltraum fließt, könnte viel sinnvoller hier auf der Erde eingesetzt werden – sei es für Bildung, Gesundheitsversorgung oder den Umweltschutz.

Tobias: That sounds like a very speculative argument, Clara. Sure, it's exciting to think about colonies on Mars or interstellar travel, but that doesn't solve our current problems. We need to stop relying on hypothetical futures if we want to build a functioning world here and now. Earth is our home, and all the money going into space could be used much more effectively here—whether for education, healthcare, or environmental protection.

Clara: Ich verstehe deine Bedenken, aber ich glaube, dass die Menschheit beides tun kann: Hier auf der Erde investieren und gleichzeitig den Blick in den Himmel richten. Weltraumforschung hat uns schon jetzt so viel gebracht – von Technologien, die unseren Alltag verbessern, bis hin zu Erkenntnissen über unseren Planeten. Wir dürfen die Neugier und den Fortschritt nicht aufgeben, nur weil es schwer ist. Wenn wir immer nur auf die unmittelbaren Probleme schauen, verpassen wir die Chance auf etwas Größeres.

Clara: I understand your concerns, but I believe humanity can do both: invest here on Earth while also looking to the stars. Space exploration has already brought us so much—from technologies that improve our daily lives to insights about our planet. We can't give up curiosity and progress just because it's hard. If we only focus on immediate problems, we miss out on the chance for something bigger.

Tobias: Es ist nicht so, dass ich die Bedeutung von Forschung und Fortschritt leugne. Aber ich finde, wir sollten unsere Ressourcen besser priorisieren. Die Menschheit steht vor gewaltigen Herausforderungen, und wir müssen uns fragen, ob die Weltraumforschung wirklich die beste Investition ist. Vielleicht sollte der Fokus erstmal darauf liegen, die Lebensbedingungen auf der Erde zu verbessern, bevor wir Milliarden für Projekte im All ausgeben, deren Ergebnisse ungewiss sind.

Tobias: It's not that I deny the importance of research and progress. But I think we should better prioritize our resources. Humanity is facing huge challenges, and we need to ask whether space exploration is really the best investment. Maybe the focus should first be on improving living conditions on Earth before we spend billions on space projects with uncertain results.

Clara: Ich denke, wir sollten beides tun. Wir können es uns nicht leisten, die Zukunft der Wissenschaft und der Menschheit aufzugeben, nur weil die Probleme der Gegenwart dringend erscheinen. Die Weltraumforschung ist nicht nur eine Frage der Wissenschaft, sondern auch der Inspiration und der Hoffnung. Sie zeigt uns, dass es noch so viel zu entdecken gibt – und vielleicht liegt genau darin die Lösung für die Herausforderungen, vor denen wir heute stehen.

Clara: I think we should do both. We can't afford to give up the future of science and humanity just because the problems of the present seem urgent. Space exploration is not just a matter of science but also of inspiration and hope. It shows us that there's still so much to discover—and maybe the solution to today's challenges lies in that discovery.

Tobias: Vielleicht hast du recht, dass wir uns die Zukunft nicht verbauen sollten. Aber ich bleibe dabei: Die dringenden Probleme hier auf der Erde sollten im Vordergrund stehen. Wenn wir die Ressourcen effizient nutzen und gleichzeitig nach neuen Entdeckungen streben können, wäre das ideal. Aber wir müssen sicherstellen, dass wir die richtigen Prioritäten setzen – und im Moment sehe ich die größte Dringlichkeit hier auf unserem eigenen Planeten.

Tobias: Maybe you're right that we shouldn't close off our future. But I still believe the urgent problems here on Earth should come first. If we can use resources efficiently while striving for new discoveries, that would be ideal. But we need to make sure we're setting the right priorities—and right now, I see the greatest urgency here on our own planet.

Clara: Da stimme ich dir zu, Tobias. Wir müssen die Balance finden – zwischen der Lösung der aktuellen Probleme und dem Streben nach neuen Horizonten. Es ist eine schwierige Aufgabe, aber ich bin überzeugt, dass wir beides schaffen können.

Clara: I agree with you, Tobias. We need to find the balance—between solving current problems and reaching for new horizons. It's a difficult task, but I'm convinced we can achieve both.

Impfpflicht: Öffentliche Gesundheit vs. individuelle Freiheit

Laura: Ich finde, eine Impfpflicht ist absolut notwendig, besonders bei so einer gefährlichen Pandemie wie COVID-19. Es geht hier nicht nur um die individuelle Entscheidung, sondern um den Schutz der gesamten Gesellschaft. Wenn genug Menschen geimpft sind, erreichen wir Herdenimmunität und können das Virus eindämmen. Es kann doch nicht sein, dass einzelne Menschen sich weigern und dadurch andere in Gefahr bringen, besonders diejenigen, die aus gesundheitlichen Gründen nicht geimpft werden können.

Laura: I think a vaccination mandate is absolutely necessary, especially in such a dangerous pandemic like COVID-19. It's not just about individual decisions, but about protecting society as a whole. If enough people are vaccinated, we achieve herd immunity and can contain the virus. It can't be that a few people refuse and endanger others, especially those who can't get vaccinated for health reasons.

Markus: Ich verstehe, dass die öffentliche Gesundheit wichtig ist, aber eine Impfpflicht greift massiv in die persönliche Freiheit ein. Jeder Mensch sollte das Recht haben, selbst über seinen Körper zu entscheiden. Es ist ein Grundprinzip, dass der Staat nicht über die Gesundheit jedes Einzelnen bestimmen sollte. Was, wenn jemand berechtigte Bedenken hat – sei es wegen Nebenwirkungen oder aus persönlichen oder religiösen Gründen? Sollten wir diese Menschen zwingen, sich impfen zu lassen?

Markus: I understand that public health is important, but a vaccination mandate is a major intrusion into personal freedom. Everyone should have the right to decide for themselves about their body. It's a basic principle that the state shouldn't control each person's health decisions. What if someone has legitimate concerns—whether about side effects or for personal or religious reasons? Should we force these people to get vaccinated?

Laura: Aber es geht hier nicht nur um den Einzelnen, sondern um die Gemeinschaft. Wenn sich jemand nicht impfen lässt, gefährdet er nicht nur sich selbst, sondern auch andere – besonders die

Schwächsten in der Gesellschaft. Zum Beispiel Kinder oder ältere Menschen, die ein höheres Risiko haben. Es ist doch unverantwortlich, sich nur auf die individuelle Freiheit zu berufen, wenn die Konsequenzen für die Gesellschaft so gravierend sind. Bei Masern gibt es doch auch eine Impfpflicht, und niemand stellt das infrage.

Laura: But this is not just about the individual, it's about the community. If someone doesn't get vaccinated, they endanger not only themselves but also others—especially the most vulnerable in society. For example, children or elderly people who are at higher risk. It's irresponsible to rely solely on individual freedom when the consequences for society are so serious. There's a vaccination mandate for measles too, and no one questions that.

Markus: Ja, aber Masern und COVID-19 sind nicht dasselbe. Die COVID-Impfstoffe wurden sehr schnell entwickelt, und es gibt Menschen, die sich Sorgen machen, dass die Langzeitwirkungen nicht ausreichend erforscht wurden. Wir dürfen nicht ignorieren, dass es viele gibt, die sich nicht wohl dabei fühlen, sich einen neuen Impfstoff verabreichen zu lassen. Es sollte eine bewusste Entscheidung bleiben, keine staatlich verordnete Maßnahme. Sonst verlieren wir das Vertrauen der Menschen in das Gesundheitssystem.

Markus: Yes, but measles and COVID-19 are not the same. The COVID vaccines were developed very quickly, and there are people who worry that the long-term effects haven't been sufficiently studied. We can't ignore that many people feel uneasy about getting a new vaccine. It should remain a conscious decision, not a government-mandated measure. Otherwise, we risk losing people's trust in the healthcare system.

Laura: Natürlich war die Entwicklung der COVID-Impfstoffe schnell, aber sie basierte auf jahrelanger Forschung. Die Wissenschaftler haben alles gründlich getestet, und die Impfstoffe sind sicher und wirksam. Wir können nicht ewig warten, bis alle Bedenken ausgeräumt sind, während das Virus weiter wütet. Es ist auch eine Frage der Solidarität. Wenn jeder nur nach seinem eigenen Bauchgefühl entscheidet, kommen wir nie aus dieser

Pandemie raus. Manchmal muss das Gemeinwohl vor der individuellen Entscheidung stehen.

Laura: Of course, the COVID vaccines were developed quickly, but they were based on years of research. Scientists thoroughly tested everything, and the vaccines are safe and effective. We can't wait forever until every concern is resolved while the virus continues to spread. It's also a matter of solidarity. If everyone decides based on their own feelings, we'll never get out of this pandemic. Sometimes, the common good must take precedence over individual choice.

Markus: Aber wo ziehen wir dann die Grenze? Was kommt als Nächstes? Eine Impfpflicht für jede Krankheit, die potenziell gefährlich ist? Der Staat könnte anfangen, immer mehr über unser Privatleben zu bestimmen, wenn wir ihm jetzt die Kontrolle über so persönliche Entscheidungen wie Impfungen geben. Es geht hier um das Prinzip. Der Staat sollte niemals das Recht haben, uns zu zwingen, etwas in unseren Körper zu injizieren, wenn wir das nicht wollen. Das ist ein grundlegendes Menschenrecht.

Markus: But where do we draw the line? What comes next? A vaccination mandate for every disease that's potentially dangerous? The state could start controlling more and more aspects of our private lives if we give it control over such personal decisions as vaccinations. It's about the principle. The state should never have the right to force us to inject something into our bodies if we don't want it. That's a fundamental human right.

Laura: Ich verstehe deine Sorgen, aber wir müssen auch realistisch sein. In einer globalen Pandemie ist die Situation außergewöhnlich. Wenn wir alle Entscheidungen den Einzelnen überlassen, gefährden wir das Leben vieler Menschen. Impfungen sind nicht nur eine persönliche Entscheidung, sondern eine gesellschaftliche Verantwortung. Der Staat hat die Pflicht, seine Bürger zu schützen, besonders vor einer Bedrohung, die so groß ist wie COVID-19. Es geht hier nicht um eine schleichende Kontrolle, sondern um den Schutz der Gesundheit und das Leben aller.

Laura: I understand your concerns, but we have to be realistic. In a global pandemic, the situation is extraordinary. If we leave all decisions to individuals, we endanger the lives of many people. Vaccination is not just a personal decision; it's a societal responsibility. The state has a duty to protect its citizens, especially from a threat as large as COVID-19. This isn't about creeping control but about protecting the health and lives of everyone.

Markus: Das mag sein, aber es gibt auch andere Wege, die Pandemie zu bekämpfen, ohne den Menschen eine Impfung aufzuzwingen. Wir könnten auf freiwillige Impfungen setzen, gepaart mit umfassender Aufklärung und transparenten Informationen. Wenn die Menschen verstehen, warum die Impfung wichtig ist, werden sie eher bereit sein, sich impfen zu lassen. Eine Pflicht erzeugt nur Widerstand und Misstrauen. Der Zwang führt dazu, dass sich Menschen entfremdet fühlen und das Vertrauen in den Staat verlieren.

Markus: That may be true, but there are other ways to fight the pandemic without forcing people to get vaccinated. We could focus on voluntary vaccinations, combined with extensive education and transparent information. When people understand why the vaccine is important, they'll be more willing to get vaccinated. A mandate only creates resistance and mistrust. Forcing people leads to alienation and a loss of trust in the state.

Laura: Aufklärung ist wichtig, aber reicht das wirklich aus? Wir haben gesehen, dass viele Menschen trotz aller Informationen skeptisch bleiben oder sich von falschen Informationen beeinflussen lassen. Das ist doch genau das Problem: Fake News und Verschwörungstheorien haben sich so weit verbreitet, dass sie das Vertrauen in die Wissenschaft untergraben. Es geht nicht nur um den individuellen Widerstand, sondern um kollektives Handeln. Ohne eine klare Linie und Impfpflicht werden wir nie genügend Menschen dazu bringen, sich impfen zu lassen, um das Virus dauerhaft einzudämmen.

Laura: Education is important, but is it really enough? We've seen that many people remain skeptical despite all the information, or are influenced by false information. That's exactly the problem:

fake news and conspiracy theories have spread so widely that they undermine trust in science. It's not just about individual resistance, but about collective action. Without a clear line and a vaccination mandate, we'll never get enough people vaccinated to contain the virus permanently.

Markus: Aber was ist, wenn die Impfpflicht genau das Gegenteil bewirkt? Je mehr Druck der Staat ausübt, desto stärker wird der Widerstand. Menschen lassen sich nicht gerne zwingen, und dieser Zwang könnte dazu führen, dass die Impfgegner noch radikaler werden. Wir sehen ja jetzt schon, wie stark der Widerstand gegen die Maßnahmen ist. Zwang wird das Problem nicht lösen, sondern nur verschärfen. Stattdessen sollten wir den Dialog suchen und den Menschen die Freiheit lassen, selbst zu entscheiden.

Markus: But what if the vaccination mandate has the opposite effect? The more pressure the state applies, the stronger the resistance will be. People don't like being forced, and this coercion could lead anti-vaxxers to become even more radical. We're already seeing how strong the resistance to the measures is now. Force won't solve the problem, it will only make it worse. Instead, we should focus on dialogue and give people the freedom to decide for themselves.

Laura: Aber diese Freiheit, wie du sie nennst, hat Konsequenzen für uns alle. Es geht nicht nur darum, was ein Einzelner für sich entscheidet, sondern was diese Entscheidung für die gesamte Gesellschaft bedeutet. Wenn Menschen sich nicht impfen lassen, steigt das Risiko für alle – besonders für die, die sich nicht impfen lassen können oder bei denen die Impfung weniger wirksam ist. Die Freiheit des Einzelnen endet doch dort, wo sie anderen schadet. Es gibt Situationen, in denen das Wohl der Gemeinschaft über der persönlichen Freiheit stehen muss.

Laura: But this freedom, as you call it, has consequences for all of us. It's not just about what one person decides for themselves, but what that decision means for society as a whole. If people don't get vaccinated, the risk increases for everyone – especially for those who can't get vaccinated or for whom the vaccine is less effective. Individual freedom ends where it harms others. There are situations where the well-being of the community must take precedence over personal freedom.

Markus: Aber das ist doch genau die Gefahr: Wenn wir anfangen, das Wohl der Gemeinschaft über alles zu stellen, wo hört das dann auf? Wir können nicht jedes Mal, wenn eine Krise auftritt, die Grundrechte der Menschen einschränken. Der Schutz der Gesundheit ist wichtig, aber die Freiheit, selbst über den eigenen Körper zu entscheiden, ist genauso wichtig. Eine Impfpflicht ist ein zu großer Eingriff in diese Freiheit. Wir müssen einen Weg finden, der beides respektiert: die öffentliche Gesundheit und die individuellen Rechte.

Markus: But that's exactly the danger: if we start placing the well-being of the community above everything else, where does it end? We can't restrict people's fundamental rights every time a crisis arises. Protecting health is important, but so is the freedom to decide over one's own body. A vaccination mandate is too big an intrusion on this freedom. We need to find a way that respects both public health and individual rights.

Laura: Ich sehe das ein, aber ich glaube, in einer Pandemie ist es schwierig, beides gleichermaßen zu wahren. Es gibt keinen perfekten Weg, der alle glücklich macht. Aber wenn wir die Wahl haben zwischen dem Schutz von Leben und der Wahrung absoluter individueller Freiheiten, dann sollten wir uns für den Schutz von Leben entscheiden. Eine Impfpflicht ist vielleicht nicht die ideale Lösung, aber sie ist eine, die uns hilft, diese Krise zu überwinden und viele Menschenleben zu retten.

Laura: I understand that, but I believe it's difficult to maintain both equally in a pandemic. There is no perfect solution that makes everyone happy. But if we have to choose between protecting lives and maintaining absolute individual freedoms, we should choose to protect lives. A vaccination mandate may not be the ideal solution, but it's one that helps us overcome this crisis and save many lives.

Markus: Ich bin nicht dagegen, Menschenleben zu schützen, aber ich glaube, wir dürfen dabei nicht die langfristigen Konsequenzen übersehen. Wenn wir jetzt eine Impfpflicht einführen, könnten wir einen Präzedenzfall schaffen, bei dem der Staat immer weiter in persönliche Entscheidungen eingreift. Es geht nicht nur um diese eine Pandemie, sondern um das, was danach kommt. Wir müssen sicherstellen, dass die Freiheit des Einzelnen auch in Krisenzeiten geschützt bleibt.

Markus: I'm not against protecting lives, but I think we shouldn't overlook the long-term consequences. If we introduce a vaccination mandate now, we could set a precedent where the state increasingly interferes in personal decisions. It's not just about this one pandemic, but about what comes after. We need to ensure that individual freedom is protected, even in times of crisis.

Laura: Ich verstehe deine Bedenken, aber wir müssen in der Lage sein, uns als Gesellschaft an außergewöhnliche Situationen anzupassen. Eine Pandemie ist keine gewöhnliche Krise. Wenn wir hier nicht schnell und entschlossen handeln, gefährden wir das Leben von Millionen Menschen. Die Impfpflicht ist ein Mittel, um diese Gefahr einzudämmen und die Gesellschaft zu schützen. Es geht nicht darum, die persönliche Freiheit grundsätzlich zu untergraben, sondern um einen notwendigen Schritt, um Leben zu retten.

Laura: I understand your concerns, but we have to be able to adapt as a society to extraordinary situations. A pandemic is not an ordinary crisis. If we don't act quickly and decisively here, we risk endangering the lives of millions of people. The vaccination mandate is a tool to contain this danger and protect society. It's not about fundamentally undermining personal freedom, but about taking a necessary step to save lives.

Markus: Vielleicht. Aber ich glaube, wir müssen immer wachsam bleiben, wenn es darum geht, wie weit der Staat gehen darf. Eine Impfpflicht könnte das Vertrauen in staatliche Institutionen langfristig untergraben, wenn die Menschen das Gefühl haben, dass sie zu etwas gezwungen werden, das sie nicht wollen. Wir brauchen mehr Dialog, mehr Aufklärung und weniger Zwang. Nur so können wir sicherstellen, dass die Menschen freiwillig die richtige Entscheidung treffen.

Markus: Maybe. But I think we always have to remain vigilant about how far the state should be allowed to go. A vaccination mandate could undermine trust in state institutions in the long run if people feel they're being forced to do something they don't want. We need more dialogue, more education, and less coercion. Only this way can we ensure that people voluntarily make the right decision.

Laura: Das wäre natürlich ideal, aber ich bin mir nicht sicher, ob wir genug Zeit haben, um darauf zu warten, dass alle freiwillig mitmachen. Die Pandemie verlangt schnelles Handeln, und manchmal erfordert das auch unbequeme Entscheidungen. Am Ende geht es darum, Leben zu schützen – und das muss in dieser Situation unser oberstes Ziel sein.

Laura: That would be ideal, of course, but I'm not sure we have enough time to wait for everyone to voluntarily participate. The pandemic demands quick action, and sometimes that requires uncomfortable decisions. In the end, it's about protecting lives – and that must be our top priority in this situation.

Markus: Vielleicht hast du recht, dass schnelles Handeln notwendig ist, aber wir dürfen dabei nicht vergessen, dass Freiheit und Gesundheit beide essenzielle Werte sind. Wir müssen einen Weg finden, beides in Einklang zu bringen – für diese Krise und auch für die Zukunft.

Markus: Maybe you're right that quick action is necessary, but we mustn't forget that both freedom and health are essential values. We need to find a way to balance both – for this crisis and for the future.

Elektroautos: Umweltvorteile vs. aktuelle Grenzen der Infrastruktur

Johanna: Also, ich bin total überzeugt von Elektroautos. Sie sind die Zukunft! Der größte Vorteil ist doch ganz klar der Umweltschutz. Keine direkten CO_2-Emissionen, weniger Luftverschmutzung in den Städten – wir brauchen diese Veränderung, um den Klimawandel aufzuhalten. Außerdem wird die Technologie immer besser. Wenn wir wirklich eine grünere Zukunft wollen, müssen wir weg von Benzin- und Dieselfahrzeugen und stattdessen voll auf Elektromobilität setzen.

Johanna: So, I'm totally convinced by electric cars. They are the future! The biggest advantage is clearly the environmental protection. No direct CO_2 emissions, less air pollution in cities – we need this change to stop climate change. Plus, the technology is getting better and better. If we really want a greener future, we need to move away from gasoline and diesel vehicles and fully embrace electromobility.

Sebastian: Das klingt gut, Johanna, aber so einfach ist das nicht. Ja, Elektroautos haben das Potenzial, die Umwelt zu schonen, aber die Infrastruktur hinkt noch massiv hinterher. Wie viele Ladestationen siehst du in deiner Stadt? Es gibt noch viel zu wenige, und in ländlichen Gebieten ist die Lage noch schlimmer. Die Menschen werden nicht massenhaft auf Elektroautos umsteigen, solange sie Angst haben müssen, irgendwo liegenzubleiben, weil es keine Ladestation in der Nähe gibt.

Sebastian: That sounds good, Johanna, but it's not that simple. Yes, electric cars have the potential to help the environment, but the infrastructure is still lagging behind. How many charging stations do you see in your city? There are still far too few, and in rural areas, the situation is even worse. People won't switch en masse to electric cars as long as they're afraid of getting stuck somewhere because there's no charging station nearby.

Johanna: Natürlich gibt es da noch Nachholbedarf, aber genau deshalb sollten wir jetzt investieren, um die Infrastruktur auszubauen. Es braucht nur den politischen Willen und klare

Investitionen, dann können wir das relativ schnell auf die Beine stellen. Schau dir Länder wie Norwegen an – die haben gezeigt, dass es geht. Dort gibt es fast an jeder Ecke eine Ladestation, und der Großteil der neu zugelassenen Autos sind Elektroautos. Wenn wir wollen, dass die Leute umsteigen, müssen wir einfach die Bedingungen dafür schaffen.

Johanna: Of course, there's still room for improvement, but that's exactly why we should invest now to expand the infrastructure. It just needs political will and clear investments, then we can get it up and running relatively quickly. Look at countries like Norway – they've shown that it's possible. There's a charging station on almost every corner, and most of the newly registered cars are electric. If we want people to switch, we just need to create the right conditions.

Sebastian: Ja, Norwegen ist ein gutes Beispiel, aber wir dürfen nicht vergessen, dass Norwegen ein kleines Land mit einer hohen Kaufkraft und massiven Subventionen ist. In Deutschland oder anderen großen Ländern sieht das anders aus. Das Stromnetz ist vielerorts nicht auf eine so hohe Nachfrage ausgelegt, besonders wenn immer mehr Menschen Elektroautos nutzen. Stell dir mal vor, jeder würde abends sein Auto aufladen – das könnte unser Stromnetz schnell überlasten. Außerdem, wo soll all der zusätzliche Strom herkommen? Wenn wir dafür Kohlekraftwerke nutzen, verlieren Elektroautos ihren Umweltvorteil.

Sebastian: Yes, Norway is a good example, but we shouldn't forget that Norway is a small country with high purchasing power and massive subsidies. In Germany or other large countries, it's different. The power grid in many places isn't built for such high demand, especially if more people start using electric cars. Imagine if everyone plugged in their car in the evening – that could quickly overload our power grid. And where will all the extra electricity come from? If we use coal plants for that, electric cars lose their environmental advantage.

Johanna: Da stimme ich dir zu, dass wir das Stromnetz modernisieren müssen. Aber auch hier gilt: Wenn wir in erneuerbare Energien investieren, wie Solar- oder Windenergie,

Johanna: I agree with you that we need to modernize the power grid. But again, if we invest in renewable energy, like solar or wind power, we can generate clean electricity for electric cars. That's the real plan – we don't just want to switch cars, we want to switch the entire energy supply to green sources. And regarding the overload: there are already smart charging systems that can manage demand so that not all cars charge at the same time. It's a solvable challenge.

Sebastian: Das klingt alles theoretisch gut, aber in der Praxis sieht es oft anders aus. Die Umstellung auf erneuerbare Energien geht nicht so schnell, wie du es darstellst. Wind- und Solarenergie sind wetterabhängig, und die Speicherung dieser Energie ist nach wie vor ein großes Problem. Außerdem: Was machen wir mit den vielen alten Verbrennerautos? Man kann nicht einfach von einem Tag auf den anderen alle Autos auf Elektro umstellen. Und was ist mit den Menschen, die sich kein neues Elektroauto leisten können? Nicht jeder hat das Geld für einen Tesla oder ein anderes Elektrofahrzeug.

Sebastian: That all sounds good in theory, but in practice, it's often different. The switch to renewable energy isn't happening as quickly as you suggest. Wind and solar power are weather-dependent, and storing that energy is still a big problem. And what do we do with all the old combustion cars? You can't just switch all cars to electric from one day to the next. And what about the people who can't afford a new electric car? Not everyone has the money for a Tesla or another electric vehicle.

Johanna: Klar, das ist ein Übergang, der Zeit braucht, und ich sage ja nicht, dass wir morgen alle Verbrenner abschaffen sollen. Aber die Automobilindustrie entwickelt bereits günstigere Modelle, und es gibt Förderungen und Subventionen, um den Umstieg für die Verbraucher attraktiver zu machen. Und was die alten Autos angeht: Wir können parallel arbeiten. Ältere Fahrzeuge könnten mit synthetischen Kraftstoffen betrieben werden, während wir langsam die Elektroflotte ausbauen. Niemand muss von heute auf morgen auf ein Elektroauto umsteigen, aber wir müssen die Richtung vorgeben.

Johanna: Sure, this is a transition that will take time, and I'm not saying we should ban all combustion cars by tomorrow. But the automotive industry is already developing more affordable models, and there are subsidies and incentives to make the switch more attractive for consumers. And regarding the old cars: we can work in parallel. Older vehicles can be powered by synthetic fuels while we gradually expand the electric fleet. No one has to switch to an electric car overnight, but we need to set the direction.

Sebastian: Subventionen sind schön und gut, aber was passiert, wenn diese auslaufen? Die Preise für Elektroautos sind immer noch deutlich höher als für herkömmliche Fahrzeuge. Und synthetische Kraftstoffe – ja, das wäre eine Option, aber auch die sind extrem teuer und aufwendig in der Herstellung. Außerdem: Die Batterieproduktion ist nicht so grün, wie du denkst. Die Herstellung von Lithium-Ionen-Batterien verbraucht Unmengen an Energie und Rohstoffen, oft unter fragwürdigen Bedingungen. Wir lösen ein Problem, schaffen aber gleichzeitig neue.

Sebastian: Subsidies are nice and all, but what happens when they run out? The prices for electric cars are still much higher than for conventional vehicles. And synthetic fuels – yes, that could be an option, but they're also extremely expensive and complex to produce. Plus, battery production isn't as green as you think. Making lithium-ion batteries uses huge amounts of energy and raw materials, often under questionable conditions. We're solving one problem but creating new ones at the same time.

Johanna: Das stimmt, die Batterieproduktion ist momentan nicht perfekt. Aber auch da gibt es schon Fortschritte – es wird an alternativen Materialien geforscht, die umweltfreundlicher sind. Neue Batterietechnologien könnten in den nächsten Jahren auf den

Markt kommen, die weniger problematisch sind. Und was die Subventionen angeht: Wenn die Elektroautos erst einmal in der Massenproduktion angekommen sind, werden die Preise auch sinken. Das ist doch bei jeder neuen Technologie so – am Anfang teuer, und mit der Zeit wird es für alle erschwinglich.

Johanna: That's true, battery production isn't perfect right now. But there's already progress – research is being done on alternative materials that are more environmentally friendly. New battery technologies could come to market in the next few years that are less problematic. And as for the subsidies: once electric cars reach mass production, prices will also drop. That's how it goes with any new technology – expensive at first, and over time it becomes affordable for everyone.

Sebastian: Ich hoffe, du hast recht, aber es bleibt die Frage, ob der Übergang schnell genug geht. Wir haben ja nicht unendlich Zeit, den Klimawandel zu bekämpfen, und ich sehe nicht, wie Elektroautos das allein schaffen sollen. Vor allem, weil der Verkehrssektor nur ein Teil des Problems ist. Wir brauchen einen viel umfassenderen Ansatz. Vielleicht sollten wir stärker auf den Ausbau des öffentlichen Nahverkehrs setzen und den Individualverkehr insgesamt reduzieren, anstatt nur auf Elektroautos zu hoffen. Es geht doch nicht nur darum, was für Antriebe wir nutzen, sondern auch darum, wie wir insgesamt mobiler und nachhaltiger werden können.

Sebastian: I hope you're right, but the question remains whether the transition will happen fast enough. We don't have unlimited time to fight climate change, and I don't see how electric cars alone can solve the problem. Especially since the transportation sector is just one part of the issue. We need a much broader approach. Maybe we should focus more on expanding public transport and reducing individual car usage instead of relying solely on electric cars. It's not just about what type of engines we use, but how we can make mobility overall more sustainable.

Johanna: Absolut, der öffentliche Nahverkehr muss definitiv ausgebaut werden, besonders in den Städten. Aber das eine schließt das andere doch nicht aus. Elektroautos sind eine von vielen Lösungen. Und nicht jeder kann oder will auf öffentliche Verkehrsmittel umsteigen, besonders in ländlichen Gegenden. Da brauchen die Menschen einfach ihr Auto. Und wenn das Auto elektrisch betrieben wird, haben wir schon einen großen Schritt in die richtige Richtung gemacht. Der Verkehr wird sich verändern, aber es wird immer eine Kombination aus verschiedenen Mobilitätsformen geben.

Johanna: Absolutely, public transport definitely needs to be expanded, especially in cities. But one doesn't exclude the other. Electric cars are one of many solutions. And not everyone can or wants to switch to public transport, especially in rural areas. People simply need their cars there. And if those cars are electric, we've already made a big step in the right direction. Transportation will change, but there will always be a combination of different forms of mobility.

Sebastian: Das stimmt, aber es bleibt die Herausforderung, wie wir das Ganze finanzieren. Die Ladeinfrastruktur auszubauen, das Stromnetz zu modernisieren, mehr erneuerbare Energien zu erzeugen – all das kostet Unsummen. Und am Ende zahlen das die Steuerzahler. Wir müssen aufpassen, dass wir nicht blind auf Elektroautos setzen, ohne alle Aspekte zu berücksichtigen. Was ist mit Recycling von Batterien? Was machen wir mit den alten Lithium-Ionen-Batterien, die nicht mehr funktionieren? Es gibt noch so viele offene Fragen.

Sebastian: That's true, but the challenge remains how to finance all of this. Expanding the charging infrastructure, modernizing the power grid, generating more renewable energy – all of this costs huge amounts. And in the end, it's the taxpayers who pay for it. We have to be careful not to blindly rely on electric cars without considering all aspects. What about battery recycling? What do we do with the old lithium-ion batteries that no longer work? There are still so many unanswered questions.

Johanna: Natürlich, die Fragen müssen geklärt werden, und es gibt viel zu tun. Aber ich sehe das eher als eine Herausforderung, die wir gemeinsam angehen müssen, als ein unüberwindbares Hindernis. Wir dürfen den Fortschritt nicht bremsen, nur weil es noch Probleme gibt. Batterierecycling ist ein Thema, an dem bereits intensiv geforscht wird. Es gibt Unternehmen, die sich darauf spezialisiert haben, alte Batterien zu recyceln und die Rohstoffe wiederzuverwenden. Wir sind auf dem richtigen Weg, und ich glaube fest daran, dass wir diese Herausforderungen lösen können.

Johanna: Of course, these questions need to be addressed, and there's a lot of work to be done. But I see this more as a challenge that we need to tackle together rather than an insurmountable obstacle. We shouldn't slow down progress just because there are still problems. Battery recycling is an issue that's already being heavily researched. There are companies specializing in recycling old batteries and reusing the raw materials. We're on the right track, and I firmly believe we can solve these challenges.

Sebastian: Ich finde deinen Optimismus bewundernswert, aber ich bleibe skeptisch. Wir dürfen nicht vergessen, dass jede technologische Veränderung auch neue Probleme schafft. Elektroautos sind ein Schritt, ja, aber sie sind nicht die ultimative Lösung. Wir müssen breiter denken und nachhaltige Mobilität ganzheitlich betrachten. Das bedeutet auch, dass wir unsere Städte neu gestalten, mehr Raum für Fahrräder und Fußgänger schaffen und den Individualverkehr insgesamt reduzieren. Elektroautos allein werden uns nicht retten.

Sebastian: I admire your optimism, but I remain skeptical. We shouldn't forget that every technological change also creates new problems. Electric cars are a step, yes, but they're not the ultimate solution. We need to think more broadly and consider sustainable mobility as a whole. That also means redesigning our cities, creating more space for bikes and pedestrians, and reducing individual car use overall. Electric cars alone won't save us.

Johanna: Da bin ich voll bei dir, Sebastian. Die Verkehrswende muss umfassend sein und viele verschiedene Aspekte berücksichtigen. Aber ich sehe Elektroautos als einen wichtigen Baustein in dieser Transformation. Wir können es uns nicht leisten, sie zu ignorieren. Es wird nie die eine perfekte Lösung geben, aber wenn wir Elektroautos mit einem verbesserten öffentlichen

Verkehr, mehr Fahrradwegen und nachhaltigen Stadtplanungen kombinieren, können wir viel erreichen. Wir müssen einfach mutig genug sein, diese Schritte zu gehen – trotz der Hindernisse.

Johanna: I completely agree with you, Sebastian. The transportation shift needs to be comprehensive and take many different aspects into account. But I see electric cars as an important building block in this transformation. We can't afford to ignore them. There will never be one perfect solution, but if we combine electric cars with improved public transport, more bike lanes, and sustainable urban planning, we can achieve a lot. We just need to be bold enough to take these steps – despite the obstacles.

Sebastian: Ja, mutige Schritte sind definitiv nötig. Vielleicht wird sich die Technik schneller entwickeln, als ich denke. Aber wir müssen sicherstellen, dass wir das große Ganze im Blick behalten und nicht einfach nur von einer Technologie zur nächsten springen, ohne die langfristigen Auswirkungen zu berücksichtigen. Ich denke, der Schlüssel wird sein, eine Balance zu finden – zwischen technologischen Innovationen wie Elektroautos und einer grundsätzlichen Neugestaltung unserer Mobilität.

Sebastian: Yes, bold steps are definitely needed. Maybe the technology will develop faster than I think. But we need to make sure we keep the big picture in mind and not just jump from one technology to the next without considering the long-term impacts. I think the key will be to find a balance – between technological innovations like electric cars and a fundamental redesign of our mobility.

Johanna: Genau das. Es geht um eine Balance. Die Herausforderungen sind groß, aber ich bin überzeugt, dass wir sie meistern können. Wenn wir weiterhin in Innovationen investieren und gleichzeitig die nötige Infrastruktur schaffen, können wir eine nachhaltige Zukunft aufbauen. Elektroautos sind nur der Anfang – der erste Schritt in Richtung einer grüneren und umweltfreundlicheren Welt.

Johanna: Exactly. It's about balance. The challenges are big, but I'm convinced we can overcome them. If we keep investing in innovation while also building the necessary infrastructure, we can create a sustainable future. Electric cars are just the beginning – the first step toward a greener and more environmentally friendly world.

Sebastian: Dann hoffen wir, dass dieser erste Schritt ein solider ist und wir die Richtung nicht aus den Augen verlieren. Wir stehen vor einer großen Aufgabe, aber mit den richtigen Prioritäten können wir tatsächlich viel erreichen.

Sebastian: Let's hope that this first step is a solid one and that we don't lose sight of the direction. We're facing a big challenge, but with the right priorities, we can indeed achieve a lot.

Corporate Social Responsibility: Freiwillige ethische Verantwortung vs. Profitdenken

Nina: Also, ich finde, Unternehmen sollten sich mehr ihrer gesellschaftlichen Verantwortung stellen. Corporate Social Responsibility (CSR) sollte kein „nice to have" sein, sondern eine Selbstverständlichkeit. Firmen profitieren schließlich massiv von der Gesellschaft, sei es durch Arbeitskräfte, Infrastruktur oder die Ressourcen, die sie nutzen. Da ist es doch nur fair, wenn sie auch etwas zurückgeben, sei es durch umweltfreundliche Praktiken, faire Löhne oder soziale Projekte. Es reicht einfach nicht, sich nur auf den Profit zu konzentrieren.

Nina: So, I think companies should take more responsibility for their societal impact. Corporate Social Responsibility (CSR) shouldn't be a "nice to have," but a given. Companies benefit massively from society, whether it's through the workforce, infrastructure, or resources they use. It's only fair that they give something back, whether through eco-friendly practices, fair wages, or social projects. It's just not enough to focus solely on profit.

Max: Das klingt in der Theorie gut, Nina, aber in der Praxis ist es nicht so einfach. Unternehmen existieren, um Gewinne zu erzielen – das ist ihr primäres Ziel. Wenn sie anfangen, sich mehr auf ethische Verantwortung zu konzentrieren, könnte das ihre Wettbewerbsfähigkeit schwächen. Besonders in einem globalen Markt, wo es Länder gibt, die weniger strikte Vorgaben haben, kann ein Unternehmen, das viel Geld in CSR investiert, leicht ins Hintertreffen geraten. Am Ende des Tages sind es die Aktionäre, die Ergebnisse sehen wollen, und ohne Gewinne gibt es auch keine Zukunft für das Unternehmen.

Max: That sounds good in theory, Nina, but in practice, it's not that simple. Companies exist to make profits—that's their primary goal. If they start focusing more on ethical responsibility, it could weaken their competitiveness. Especially in a global market, where some countries have fewer regulations, a company that invests heavily in CSR can easily fall behind. At the end of the day, it's the shareholders who want to see results, and without profits, there's no future for the company.

Nina: Aber wenn wir so denken, wird sich nie etwas ändern. Es gibt doch genug Beispiele von Unternehmen, die es schaffen, sowohl profitabel als auch ethisch zu handeln. Nehmen wir Patagonia oder The Body Shop – beide Firmen setzen stark auf Nachhaltigkeit und faire Arbeitsbedingungen, und sie sind trotzdem erfolgreich. Ich glaube, Kunden legen immer mehr Wert auf ethisches Verhalten und sind bereit, für Produkte von verantwortungsbewussten Unternehmen mehr zu bezahlen. Es ist also kein Widerspruch, sozial verantwortlich zu handeln und gleichzeitig erfolgreich zu sein.

Nina: But if we think like that, nothing will ever change. There are plenty of examples of companies that manage to be both profitable and ethical. Take Patagonia or The Body Shop – both companies emphasize sustainability and fair labor conditions, and they're still successful. I believe customers increasingly value ethical behavior and are willing to pay more for products from responsible companies. So it's not a contradiction to be socially responsible and successful at the same time.

Max: Das mag auf einige Unternehmen zutreffen, aber das sind Ausnahmen, nicht die Regel. Viele Branchen, besonders die, die stark auf Ressourcen angewiesen sind – wie die Modeindustrie oder die Agrarwirtschaft – können es sich oft nicht leisten, strenge CSR-Maßnahmen einzuführen, ohne ihre Gewinnmargen drastisch zu verkleinern. Außerdem gibt es Regionen auf der Welt, in denen die Menschen auf diese billigen Produkte angewiesen sind. Wenn Unternehmen die Preise aufgrund von CSR erhöhen, trifft das oft die ärmeren Bevölkerungsschichten, die sich teurere, ethisch produzierte Produkte nicht leisten können.

Max: That may be true for some companies, but those are exceptions, not the rule. Many industries, especially those heavily reliant on resources – like the fashion or agriculture sectors – often can't afford to implement strict CSR measures without drastically cutting their profit margins. Plus, there are regions in the world where people depend on these low-cost products. If companies raise prices due to CSR, it often hits poorer populations who can't afford more expensive, ethically produced products.

Nina: Das ist ein guter Punkt, aber sollte das wirklich eine Ausrede sein, um weiterhin Umweltverschmutzung oder schlechte Arbeitsbedingungen in Kauf zu nehmen? Wenn Unternehmen verantwortungsvoller handeln, könnten sie langfristig sogar Kosten sparen – sei es durch Ressourcenschonung oder durch eine stärkere Kundenbindung, weil die Konsumenten zunehmend auf ethischen Konsum achten. Und was die ärmeren Bevölkerungsschichten betrifft: Vielleicht ist es dann an den Regierungen, Regelungen zu schaffen, die solche Unternehmen unterstützen oder die Belastung nicht allein auf den Konsumenten abwälzen.

Nina: That's a good point, but should that really be an excuse to continue tolerating pollution or poor working conditions? If companies act more responsibly, they could even save costs in the long run—whether through resource conservation or stronger customer loyalty, as consumers are increasingly mindful of ethical consumption. And as for poorer populations: maybe it's up to governments to create regulations that support such companies or ensure the burden isn't solely passed on to the consumer.

Max: Ich bin nicht gegen ethische Verantwortung, aber es sollte freiwillig sein. Unternehmen sollten selbst entscheiden, wie sie CSR umsetzen, und nicht durch staatliche Regelungen dazu gezwungen werden. Wenn es Anreize gibt – zum Beispiel Steuererleichterungen oder Subventionen –, könnten mehr Firmen CSR ernst nehmen, ohne dass ihre wirtschaftliche Existenz gefährdet wird. Aber es darf nicht so weit kommen, dass Unternehmen verpflichtet werden, Dinge zu tun, die ihren wirtschaftlichen Erfolg gefährden. Am Ende leidet darunter nicht nur das Unternehmen, sondern auch die Arbeitsplätze und die Wirtschaft insgesamt.

Max: I'm not against ethical responsibility, but it should be voluntary. Companies should decide for themselves how to implement CSR, and not be forced by government regulations. If there are incentives – like tax breaks or subsidies – more companies might take CSR seriously without risking their economic survival. But it shouldn't go so far that companies are required to do things that jeopardize their economic success. In the end, not only the company suffers, but also jobs and the economy as a whole.

Nina: Das Problem ist, dass freiwillige Maßnahmen oft nicht weit genug gehen. Viele Unternehmen betreiben „Greenwashing" – sie tun nur so, als wären sie nachhaltig, während sich im Hintergrund nichts ändert. CSR wird oft als PR-Instrument genutzt, ohne wirklich etwas an den Grundstrukturen zu verändern. Wenn wir echte Veränderungen wollen, braucht es klare Vorgaben und Standards, an die sich alle halten müssen. Das ist doch auch eine Frage der Fairness – wenn einige Unternehmen ethisch handeln und andere nicht, entsteht ein ungleicher Wettbewerb. Einheitliche Regeln würden für gleiche Bedingungen sorgen.

Nina: The problem is that voluntary measures often don't go far enough. Many companies engage in "greenwashing" – they pretend to be sustainable while nothing actually changes in the background. CSR is often used as a PR tool without really changing the underlying structures. If we want real change, we need clear guidelines and standards that everyone has to follow. It's also a question of fairness – if some companies act ethically and others don't, it creates unfair competition. Uniform rules would level the playing field.

Max: Aber wer legt diese Regeln fest? Und wo zieht man die Grenze? Wenn der Staat zu stark eingreift, könnte das Innovationen hemmen und den freien Markt verzerren. Unternehmen müssen flexibel bleiben, um sich an die Marktbedingungen anzupassen, besonders in einer globalisierten Welt. Natürlich gibt es schwarze Schafe, die CSR nur als Marketingtrick nutzen, aber das gilt nicht für alle. Wir sollten den Unternehmen mehr Vertrauen entgegenbringen, dass sie von sich aus verantwortungsvoll handeln, anstatt sie durch starre Regeln zu kontrollieren.

Max: But who sets these rules? And where do we draw the line? If the government intervenes too much, it could stifle innovation and distort the free market. Companies need to remain flexible to adapt to market conditions, especially in a globalized world. Of course, there are bad actors who use CSR as a marketing trick, but that doesn't apply to everyone. We should trust companies to act responsibly on their own rather than controlling them with rigid rules.

Nina: Ich wünschte, ich könnte dir zustimmen, aber die Realität sieht oft anders aus. Zu viele Unternehmen handeln nur, wenn sie müssen, weil der Druck der Aktionäre oder der Markt zu groß ist. Und selbst wenn sie freiwillig CSR betreiben, wie stellen wir sicher, dass das wirklich nachhaltig ist? Es gibt so viele intransparente Lieferketten und Praktiken, bei denen wir als Konsumenten oft gar nicht wissen, was wirklich dahintersteckt. Wenn es klare Regeln gibt, die Unternehmen dazu verpflichten, ihre Lieferketten und Arbeitsbedingungen offenzulegen, könnten wir viel mehr Vertrauen in ihre ethischen Versprechen haben.

Nina: I wish I could agree with you, but the reality is often different. Too many companies only act when they have to because of shareholder or market pressure. And even if they voluntarily practice CSR, how can we ensure that it's truly sustainable? There are so many opaque supply chains and practices where, as consumers, we often don't know what's really happening behind the scenes. If there were clear rules requiring companies to disclose their supply chains and working conditions, we could have much more trust in their ethical promises.

Max: Aber das ist genau der Punkt: Mehr Transparenz ist gut, aber das heißt nicht, dass wir jedes Unternehmen mit endlosen Vorschriften überziehen sollten. Jedes Unternehmen ist anders, und was für den einen funktioniert, kann für den anderen ruinös sein. Vor allem kleine und mittelständische Unternehmen könnten unter einem strengen CSR-Regime stark leiden. Für große Konzerne wie Patagonia mag das einfacher umzusetzen sein, aber ein kleines Familienunternehmen hat nicht die Ressourcen, um dieselben ethischen Standards zu erfüllen, ohne sich finanziell zu ruinieren.

Max: But that's exactly the point: More transparency is good, but that doesn't mean we should burden every company with endless regulations. Every business is different, and what works for one could ruin another. Especially small and medium-sized enterprises could suffer under a strict CSR regime. For big corporations like Patagonia, it might be easier to implement, but a small family business doesn't have the resources to meet the same ethical standards without financially crippling itself.

Nina: Natürlich müssen wir Unterschiede machen, je nach Größe und Branche. Aber genau deshalb braucht es ein Regelwerk, das flexibel genug ist, um Anpassungen je nach Unternehmensgröße zuzulassen. Kleine Unternehmen könnten Unterstützung bekommen, um CSR umzusetzen, und es muss auch nicht alles auf einmal passieren. Es geht um einen schrittweisen Prozess. Am Ende profitieren doch alle: die Umwelt, die Gesellschaft und sogar die Unternehmen selbst. Ethisches Verhalten zahlt sich langfristig aus, sowohl in Form von Kundentreue als auch in Form von Nachhaltigkeit und einer stabileren Wirtschaft.

Nina: Of course, we need to make distinctions based on size and industry. But that's exactly why we need a framework that's flexible enough to allow adjustments based on company size. Small businesses could receive support to implement CSR, and it doesn't have to happen all at once. It's a gradual process. In the end, everyone benefits: the environment, society, and even the companies themselves. Ethical behavior pays off in the long run, both in terms of customer loyalty and sustainability and a more stable economy.

Max: Ich verstehe, dass du langfristige Vorteile siehst, aber ich bleibe skeptisch, ob das wirklich für alle Unternehmen zutrifft. In einer idealen Welt würde jedes Unternehmen freiwillig und ohne Zwang handeln, aber wir leben in einer hart umkämpften Wirtschaft, in der viele Firmen ums Überleben kämpfen. Zu viel Regulierung könnte gerade in wirtschaftlich schwierigen Zeiten fatale Auswirkungen haben. Wir sollten Unternehmen Anreize geben, aber keinen Zwang ausüben.

Max: I understand that you see long-term benefits, but I remain skeptical that it applies to all companies. In an ideal world, every business would act voluntarily and without coercion, but we live in a fiercely competitive economy where many firms are struggling to survive. Too much regulation could have fatal consequences, especially in tough economic times. We should give companies incentives, not impose obligations.

Nina: Ich verstehe deine Bedenken, aber wie lange wollen wir noch warten? Die Erde hat nicht unendlich Zeit, und die sozialen Probleme werden auch nicht von selbst verschwinden. Unternehmen haben eine riesige Macht und Einfluss, und es ist Zeit, dass sie diese Macht für das Gemeinwohl einsetzen. Ohne klare Regeln und Verpflichtungen werden wir immer hinter den Erwartungen zurückbleiben. Es geht um mehr als nur Profit – es geht um die Zukunft unseres Planeten und unserer Gesellschaft.

Nina: I understand your concerns, but how long are we going to wait? The Earth doesn't have unlimited time, and social problems won't just disappear on their own. Companies have enormous power and influence, and it's time they used that power for the common good. Without clear rules and obligations, we will always fall short of expectations. It's about more than just profit – it's about the future of our planet and our society.

Max: Das ist ein nobler Gedanke, Nina, aber Unternehmen können nicht allein die Verantwortung für den Planeten übernehmen. Es braucht auch die Konsumenten, die sich ethischer verhalten, und die Regierungen, die sinnvolle Rahmenbedingungen setzen. Unternehmen können viel tun, aber sie dürfen nicht die einzige Instanz sein, die für soziale Gerechtigkeit und Umweltschutz sorgt. Am Ende ist es ein Zusammenspiel von allen Akteuren – aber der Markt sollte frei genug bleiben, damit Unternehmen nicht unter der Last der Verantwortung zusammenbrechen.

Max: That's a noble thought, Nina, but companies can't take sole responsibility for the planet. It also takes consumers acting more ethically and governments setting sensible frameworks. Companies can do a lot, but they shouldn't be the only entity responsible for social justice and environmental protection. In the end, it's a collective effort from all actors – but the market should remain free enough so companies don't collapse under the weight of responsibility.

Nina: Da gebe ich dir recht – es ist ein Gemeinschaftsprojekt. Aber Unternehmen haben durch ihre Größe und ihren Einfluss eine besondere Verantwortung. Sie können viel bewegen, wenn sie es wollen. Ich denke, wir brauchen eine Kombination aus staatlichen Vorgaben, freiwilligem Engagement und einem Bewusstsein der Konsumenten. Nur so können wir sicherstellen, dass CSR nicht nur ein Marketinggag bleibt, sondern wirklich zu einer besseren Welt beiträgt.

Nina: I agree with you – it's a collective project. But companies, due to their size and influence, have a special responsibility. They can make a big difference if they want to. I think we need a combination of government regulations, voluntary commitment, and consumer awareness. Only then can we ensure that CSR isn't just a marketing gimmick but truly contributes to a better world.

Max: Vielleicht. Aber ich hoffe, dass wir einen Weg finden, der sowohl Unternehmen die nötige Freiheit lässt als auch die Verantwortung ernst nimmt. Wenn wir das schaffen, könnten wir tatsächlich beides erreichen: wirtschaftlichen Erfolg und eine ethischere Welt.

Max: Maybe. But I hope we can find a way that gives companies the freedom they need while also taking responsibility seriously. If we can do that, we might actually achieve both: economic success and a more ethical world.

Nina: Das wäre der Idealzustand, und ich glaube, dass es möglich ist. Mit der richtigen Balance können wir die Wirtschaft menschlicher und nachhaltiger gestalten – ohne die Profitziele zu opfern, aber mit mehr Verantwortung gegenüber der Welt, in der wir leben.

Nina: That would be the ideal state, and I believe it's possible. With the right balance, we can make the economy more humane and sustainable – without sacrificing profit goals but with more responsibility towards the world we live in.

Kryptowährungen: Finanzielle Freiheit vs. ökonomische Risiken

Lena: Ich muss sagen, ich bin ein absoluter Fan von Kryptowährungen. Bitcoin, Ethereum und all die anderen Coins geben den Menschen endlich die finanzielle Freiheit, die sie verdienen. Du bist nicht mehr auf Banken angewiesen, keine Mittelsmänner, keine hohen Gebühren – du kannst dein Geld direkt und weltweit transferieren. Das ist doch die Zukunft! Die Macht der traditionellen Finanzinstitute wird endlich durchbrochen, und die Menschen bekommen mehr Kontrolle über ihr eigenes Geld.

Lena: I have to say, I'm a huge fan of cryptocurrencies. Bitcoin, Ethereum, and all the other coins finally give people the financial freedom they deserve. You no longer depend on banks, no middlemen, no high fees – you can transfer your money directly and globally. This is the future! The power of traditional financial institutions is finally being broken, and people are gaining more control over their own money.

Philipp: Ich verstehe, warum das für viele attraktiv klingt, Lena, aber Kryptowährungen sind extrem riskant. Sie mögen kurzfristig finanzielle Freiheit bieten, aber auf lange Sicht stellen sie eine riesige Gefahr für die Stabilität unseres Wirtschaftssystems dar. Der Markt ist so volatil – die Preise können von einem Tag auf den anderen in den Keller fallen. Stell dir vor, jemand legt all seine Ersparnisse in Bitcoin an und verliert dann alles, weil der Markt plötzlich einbricht. Das ist doch keine solide Basis für ein Finanzsystem.

Philipp: I understand why that sounds attractive to many, Lena, but cryptocurrencies are extremely risky. They may offer short-term financial freedom, but in the long run, they pose a huge danger to the stability of our economic system. The market is so volatile – prices can crash overnight. Imagine someone puts all their savings into Bitcoin and then loses everything because the market crashes. That's not a solid foundation for a financial system.

Lena: Natürlich sind Kryptowährungen volatil, aber das ist bei neuen Technologien immer der Fall. Sie sind noch in einer

Entwicklungsphase. Mit der Zeit wird sich der Markt stabilisieren, und die Technologie wird reifen. Aber das Risiko gehört doch auch zur Freiheit dazu. Wenn du in traditionelle Anlagen investierst, hast du auch keine Garantie, dass alles reibungslos läuft. Aktien können genauso fallen, und die Inflation frisst dein Geld auf, wenn du es nur auf der Bank liegen lässt. Kryptowährungen bieten eine echte Alternative, gerade in Ländern, in denen die nationalen Währungen stark schwanken oder unsicher sind.

Lena: Of course, cryptocurrencies are volatile, but that's always the case with new technologies. They are still in a developmental phase. Over time, the market will stabilize, and the technology will mature. But risk is part of freedom, too. If you invest in traditional assets, there's also no guarantee everything will go smoothly. Stocks can drop, and inflation eats away at your money if you just leave it in the bank. Cryptocurrencies offer a real alternative, especially in countries where national currencies fluctuate or are unstable.

Philipp: Das mag in einigen Ländern zutreffen, aber in stabilen Volkswirtschaften sind Kryptowährungen eher eine Gefahr als eine Lösung. Stell dir vor, immer mehr Menschen würden ihre Ersparnisse in Bitcoin anlegen, anstatt sie in lokale Währungen zu investieren. Das könnte massive Auswirkungen auf die Stabilität der nationalen Wirtschaft haben. Außerdem fördern Kryptowährungen auch kriminelle Aktivitäten, weil Transaktionen oft anonym und schwer nachverfolgbar sind. Du öffnest Tür und Tor für Geldwäsche, Steuerhinterziehung und den Schwarzmarkt.

Philipp: That might be true in some countries, but in stable economies, cryptocurrencies are more of a threat than a solution. Imagine more and more people putting their savings into Bitcoin instead of investing in local currencies. That could have massive impacts on national economic stability. Plus, cryptocurrencies also facilitate criminal activities since transactions are often anonymous and hard to trace. You're opening the door to money laundering, tax evasion, and the black market.

Lena: Das Argument mit den kriminellen Aktivitäten höre ich oft, aber ehrlich gesagt, werden traditionelle Währungen auch für kriminelle Zwecke genutzt. Bargeld ist genauso anonym, und es gibt genug Möglichkeiten, Gelder zu waschen, auch ohne Kryptowährungen. Man sollte nicht eine ganze Technologie verdammen, nur weil sie von einigen wenigen missbraucht wird. Außerdem wird der Kryptomarkt zunehmend reguliert, und es gibt bereits Plattformen, die KYC (Know Your Customer)-Verfahren nutzen, um sicherzustellen, dass alles legal abläuft. Wir brauchen einfach die richtigen Regeln, aber die Technologie selbst ist nicht das Problem.

Lena: I hear the argument about criminal activities often, but honestly, traditional currencies are also used for criminal purposes. Cash is just as anonymous, and there are plenty of ways to launder money even without cryptocurrencies. We shouldn't condemn an entire technology just because a few misuse it. Plus, the crypto market is becoming increasingly regulated, and there are already platforms that use KYC (Know Your Customer) processes to ensure everything is legal. We just need the right rules, but the technology itself isn't the problem.

Philipp: Regulierung mag helfen, aber Kryptowährungen sind in ihrer Grundidee darauf ausgelegt, außerhalb des traditionellen Systems zu funktionieren. Das macht sie schwer kontrollierbar. Es gibt Tausende von Coins und Tokens, viele davon sind reine Spekulation oder sogar Betrug. Wir haben in den letzten Jahren so viele „Pump-and-Dump"-Skandale gesehen, wo Menschen in wertlose Coins investieren und alles verlieren. Wer schützt die Investoren in solchen Fällen? In unserem traditionellen Finanzsystem gibt es Absicherungen, aber im Kryptobereich bist du im Grunde auf dich allein gestellt.

Philipp: Regulation may help, but cryptocurrencies are fundamentally designed to operate outside of the traditional system. That makes them hard to control. There are thousands of coins and tokens, many of which are pure speculation or even scams. In recent years, we've seen so many "pump-and-dump" schemes where people invest in worthless coins and lose everything. Who protects the investors in such cases? In our traditional financial system, there are safeguards, but in crypto, you're essentially on your own.

Lena: Das stimmt, es gibt Betrügereien, aber das gibt es auch an der Börse oder in der traditionellen Finanzwelt. Denk mal an den Immobiliencrash 2008 oder an den Wirecard-Skandal. Menschen verlieren immer wieder Geld, egal in welchem System. Kryptowährungen sind da keine Ausnahme, aber sie bieten eben auch enorme Chancen. Und was die Regulierung angeht – ich bin nicht gegen vernünftige Regulierungen. Wenn wir klare Regeln schaffen, die Betrug verhindern, können wir das Potenzial von Kryptowährungen nutzen, ohne die Risiken völlig außer Acht zu lassen.

Lena: That's true, there are scams, but that happens in the stock market or traditional finance too. Think about the 2008 housing crash or the Wirecard scandal. People lose money repeatedly, no matter the system. Cryptocurrencies are no exception, but they also offer enormous opportunities. And regarding regulation – I'm not against reasonable regulations. If we create clear rules to prevent fraud, we can harness the potential of cryptocurrencies without ignoring the risks entirely.

Philipp: Das Problem ist, dass die Regulierungen im Kryptobereich noch in den Kinderschuhen stecken. Viele Länder wissen gar nicht, wie sie mit dieser neuen Technologie umgehen sollen. Und die Anonymität vieler Kryptowährungen erschwert eine effektive Regulierung. Außerdem geht es nicht nur um individuelle Investitionen – wenn Kryptowährungen wirklich großflächig eingesetzt werden, könnte das das traditionelle Bankensystem destabilisieren. Banken und Regierungen haben bisher die Kontrolle über die Geldmenge, aber bei Kryptowährungen ist das nicht mehr der Fall. Was passiert, wenn diese Kontrolle komplett entfällt?

Philipp: The problem is that regulations in the crypto space are still in their infancy. Many countries don't even know how to handle this new technology. And the anonymity of many cryptocurrencies makes effective regulation difficult. Plus, it's not just about individual investments – if cryptocurrencies are widely adopted, it could destabilize the traditional banking system. Banks and governments currently control the money supply, but with cryptocurrencies, that control is lost. What happens when that control completely disappears?

Lena: Aber ist es nicht genau das, was viele Menschen wollen? Die Finanzkrisen der letzten Jahrzehnte haben doch gezeigt, dass wir uns auf Banken und Regierungen nicht immer verlassen können. Sie haben das System mehrfach zum Einsturz gebracht, und es waren die einfachen Menschen, die die Rechnung bezahlt haben. Kryptowährungen geben uns die Chance, dieses Machtmonopol zu brechen. Die Kontrolle über das eigene Geld in den Händen der Menschen selbst zu lassen, ist eine revolutionäre Idee, die das Finanzsystem transparenter und gerechter machen kann.

Lena: But isn't that exactly what many people want? The financial crises of the past decades have shown that we can't always rely on banks and governments. They've crashed the system multiple times, and it's the ordinary people who paid the price. Cryptocurrencies give us the chance to break this monopoly of power. Letting people have control over their own money is a revolutionary idea that can make the financial system more transparent and fair.

Philipp: Ich bin skeptisch, ob Kryptowährungen wirklich mehr Gerechtigkeit schaffen. Am Ende profitieren doch wieder die, die das technische Wissen und die Ressourcen haben, um früh einzusteigen. Die großen „Wale" – also die Investoren, die riesige Mengen an Kryptowährungen besitzen – haben oft die Macht, den Markt zu manipulieren. Das ist doch keine wirkliche Freiheit, sondern einfach eine neue Form der Ungleichheit. Und was passiert mit denjenigen, die keine Ahnung von Technik oder Finanzen haben? Sie könnten leicht ausgenutzt werden und alles verlieren.

Philipp: I'm skeptical that cryptocurrencies will really create more fairness. In the end, it's those with the technical knowledge and resources who benefit by getting in early. The big "whales" – the investors who hold huge amounts of cryptocurrency – often have the power to manipulate the market. That's not real freedom, it's just a new form of inequality. And what about those who have no clue about technology or finance? They could easily be exploited and lose everything.

Lena: Da stimme ich dir zu, dass es momentan noch eine gewisse Ungleichheit gibt, aber das ist bei jeder neuen Technologie so. Mit der Zeit werden mehr Menschen Zugang zu Wissen und Ressourcen bekommen, um sich im Kryptobereich zurechtzufinden. Außerdem gibt es bereits viele Bildungsangebote, die den Einstieg erleichtern. Und was die „Wale" angeht – es stimmt, dass es große Investoren gibt, die den Markt beeinflussen können. Aber genau deshalb brauchen wir mehr dezentrale Strukturen. Dezentralisierte Finanzplattformen (DeFi) könnten das Problem lösen, indem sie den Menschen direkten Zugang zu Finanzdienstleistungen ohne Zwischenhändler bieten.

Lena: I agree that there's still some inequality right now, but that's true with any new technology. Over time, more people will gain access to the knowledge and resources they need to navigate the crypto space. Plus, there are already many educational resources available to help people get started. And regarding the "whales" – it's true that large investors can influence the market. But that's exactly why we need more decentralized structures. Decentralized finance platforms (DeFi) could solve that problem by giving people direct access to financial services without middlemen.

Philipp: DeFi klingt zwar spannend, aber auch hier lauern Risiken. Viele dieser Plattformen sind noch in der Experimentierphase, und es gab bereits mehrere Fälle, in denen DeFi-Projekte gehackt wurden und Investoren enorme Summen verloren haben. Es gibt keinen Schutz, keine Absicherung, wenn etwas schiefgeht. Im traditionellen Bankensystem hast du zumindest ein Mindestmaß an Sicherheit – Einlagensicherung, Regulierungsbehörden, die den Markt überwachen. In der Welt der Kryptowährungen bist du komplett auf dich allein gestellt.

Philipp: DeFi sounds exciting, but there are risks there too. Many of these platforms are still in the experimental phase, and there have already been cases where DeFi projects were hacked, causing investors to lose huge sums. There's no protection, no safety net if something goes wrong. In the traditional banking system, you at least have a minimum level of security – deposit insurance, regulatory bodies overseeing the market. In the world of cryptocurrencies, you're completely on your own.

Lena: Ja, das Risiko ist real, und ich denke, niemand sollte in Kryptowährungen investieren, ohne sich vorher gut zu informieren. Aber das Potenzial von DeFi und Kryptowährungen allgemein ist enorm. Wir könnten ein Finanzsystem schaffen, das wirklich transparent ist, in dem Menschen ihre eigenen Banken sein können und in dem jeder Zugang zu den gleichen Chancen hat. Es wird noch eine Weile dauern, bis wir alle Sicherheitslücken geschlossen haben, aber ich glaube fest daran, dass diese Technologie die Zukunft ist – gerade weil sie so viel Freiheit bietet.

Lena: Yes, the risk is real, and I think no one should invest in cryptocurrencies without properly educating themselves first. But the potential of DeFi and cryptocurrencies in general is enormous. We could create a financial system that's truly transparent, where people can be their own banks, and everyone has access to the same opportunities. It will take some time to close all the security gaps, but I firmly believe that this technology is the future – precisely because it offers so much freedom.

Philipp: Freiheit ist wichtig, aber sie darf nicht auf Kosten der Stabilität gehen. Wenn wir ein Finanzsystem haben, das so volatil und unvorhersehbar ist wie der Kryptomarkt, riskieren wir, dass die gesamte Wirtschaft destabilisiert wird. Menschen brauchen ein gewisses Maß an Sicherheit, wenn es um ihr Geld geht. Ich glaube, dass Kryptowährungen ein Teil der Zukunft sein können, aber nur, wenn sie sinnvoll in das bestehende Finanzsystem integriert werden und strenger reguliert sind.

Philipp: Freedom is important, but it shouldn't come at the cost of stability. If we have a financial system as volatile and unpredictable as the crypto market, we risk destabilizing the entire economy. People need a certain level of security when it comes to their money. I believe that cryptocurrencies can be part of the future, but only if they're sensibly integrated into the existing financial system and more strictly regulated.

Lena: I think there will always be some tension between freedom and regulation. But I hope we can find a way that allows both – financial freedom for individuals and enough security to keep the system stable. Cryptocurrencies are a step in a new direction, and like any revolution, there are risks. But if we use them correctly, they could fundamentally improve our financial system.

Philipp: Maybe. But we should be careful and make sure we don't act too quickly. The risks are real, and there's still a lot to figure out before cryptocurrencies become a real alternative to the traditional financial system. I hope we can find a way to harness the potential of this technology without jeopardizing the stability of our economy.

Lena: We can agree on that. A balanced approach is definitely needed. I'm optimistic that cryptocurrencies will be part of the future, but we need to manage the transition wisely   with enough freedom for innovation and the necessary security for everyone.

Smart Cities: Mehr Effizienz vs. Verlust der Privatsphäre

Sarah: Ich finde die Idee von Smart Cities einfach großartig. Stell dir vor, wie effizient unser Alltag werden könnte! Verkehr, der sich automatisch regelt, Straßenlaternen, die nur dann leuchten, wenn jemand vorbeigeht, Mülltonnen, die melden, wenn sie voll sind – das ist doch der Traum jeder modernen Stadt. Wir könnten Ressourcen sparen, den Verkehr flüssiger gestalten und unsere Städte viel nachhaltiger und lebenswerter machen. Warum sollte man das nicht wollen?

Sarah: I think the idea of Smart Cities is simply fantastic. Just imagine how efficient our daily lives could become! Traffic that automatically regulates itself, streetlights that only turn on when someone passes by, trash cans that signal when they're full – that's the dream of every modern city. We could save resources, make traffic flow more smoothly, and make our cities much more sustainable and livable. Why wouldn't we want that?

David: Das klingt natürlich beeindruckend, Sarah, aber mir macht die Idee einer Smart City eher Angst. Alles, was du beschreibst, basiert auf Daten. Das bedeutet, dass überall Sensoren und Kameras installiert werden, die unsere Bewegungen und Handlungen überwachen. Wir geben mehr und mehr unserer Privatsphäre auf, nur um ein bisschen mehr Effizienz zu haben. Weißt du, was mit diesen Daten passiert? Wer garantiert, dass sie nicht missbraucht werden? Eine Stadt, die alles über dich weiß, könnte das sehr leicht für Kontrolle und Überwachung nutzen.

David: That sounds impressive, Sarah, but the idea of a Smart City scares me more. Everything you describe is based on data. This means sensors and cameras would be installed everywhere, monitoring our movements and actions. We give up more and more of our privacy just to gain a bit more efficiency. Do you know what happens to that data? Who guarantees that it won't be misused? A city that knows everything about you could easily use that information for control and surveillance.

Sarah: Aber wir leben doch ohnehin schon in einer Welt voller Daten. Jedes Mal, wenn du dein Smartphone benutzt, hinterlässt du digitale Spuren. Und trotzdem nutzen wir die Vorteile der Technologie, weil sie unseren Alltag erleichtert. Bei Smart Cities geht es nicht darum, Menschen auszuspionieren, sondern darum, das Leben für alle bequemer und nachhaltiger zu gestalten. Wir können ja Regulierungen einführen, die den Datenschutz gewährleisten. Die Vorteile sind einfach zu groß, um sie zu ignorieren.

Sarah: But we already live in a world full of data. Every time you use your smartphone, you leave digital footprints. And yet we still use technology because it makes our lives easier. Smart Cities aren't about spying on people; they're about making life more convenient and sustainable for everyone. We can introduce regulations to ensure data protection. The benefits are simply too great to ignore.

David: Natürlich hinterlassen wir schon Spuren, aber der Unterschied ist, dass wir immer noch die Wahl haben, ob und wann wir Technologien nutzen. In einer Smart City hast du diese Wahl nicht mehr. Alles wird überwacht – dein Weg zur Arbeit, wann du das Haus verlässt, wie lange du im Park spazieren gehst. Das ist eine ständige, allgegenwärtige Überwachung, die auf lange Sicht dazu führen kann, dass wir immer mehr Freiheit verlieren. Und auch mit Regulierungen: Wer garantiert, dass Regierungen oder Unternehmen sich daran halten? Es gibt genügend Beispiele, wo Datenschutz vernachlässigt wurde.

David: Of course, we already leave traces, but the difference is that we still have the choice of whether and when to use technology. In a Smart City, you no longer have that choice. Everything is monitored – your commute, when you leave the house, how long you walk in the park. This is constant, pervasive surveillance that can lead to a gradual loss of freedom. And even with regulations: who guarantees that governments or companies will follow them? There are enough examples where data protection was neglected.

Sarah: Das ist ein berechtigter Punkt, aber wir dürfen nicht vergessen, dass die Technologie hinter Smart Cities uns auch mehr

Freiheit geben kann. Wenn der Verkehr intelligent gesteuert wird, sparen wir Zeit. Wenn Energie effizienter genutzt wird, sparen wir Ressourcen und Kosten. Wenn Städte besser organisiert sind, haben wir mehr Raum für Kreativität, Kultur und Freizeit. Ich glaube, die Herausforderung liegt darin, die richtige Balance zu finden: Effizienz und Komfort ohne den Verlust der Privatsphäre. Es muss ja nicht alles überwacht werden, und es gibt Techniken wie Anonymisierung, die den Datenschutz gewährleisten können.

Sarah: That's a valid point, but we mustn't forget that the technology behind Smart Cities can also give us more freedom. If traffic is intelligently managed, we save time. If energy is used more efficiently, we save resources and costs. If cities are better organized, we have more space for creativity, culture, and leisure. I think the challenge lies in finding the right balance: efficiency and comfort without losing privacy. Not everything needs to be monitored, and there are techniques like anonymization that can ensure data protection.

David: Aber wie realistisch ist diese Balance? Schon jetzt sehen wir, wie schwer es ist, die Datenflut zu kontrollieren. Unternehmen und Behörden haben oft Zugriff auf viel mehr Daten, als uns bewusst ist. In einer Smart City könnte das noch weitergehen: Gesichtserkennungskameras, die dich überall identifizieren, smarte Assistenten, die deine Gespräche mitschneiden – und all das, um vermeintlich „effizienter" zu leben? Die Versuchung, diese Daten für andere Zwecke zu nutzen, ist einfach zu groß. Am Ende könnten wir in einer dystopischen Überwachungsgesellschaft landen, in der Freiheit nur noch eine Illusion ist.

David: But how realistic is this balance? We already see how hard it is to control the flood of data. Companies and governments often have access to far more data than we realize. In a Smart City, this could go even further: facial recognition cameras identifying you everywhere, smart assistants recording your conversations – and all of this in the name of living "more efficiently?" The temptation to use that data for other purposes is too great. We could end up in a dystopian surveillance society where freedom is just an illusion.

Sarah: I understand your concern, but we shouldn't just demonize technology. It always depends on how we use it. With the right laws and regulations, we can enjoy the benefits of a Smart City without completely giving up our privacy. Just imagine how many problems we could solve: less traffic, less energy waste, more security in the city. In this case, data isn't just a tool for control, but a way to make life better for everyone.

David: Das klingt nach einer idealistischen Vorstellung, aber die Realität ist oft anders. Du sagst, wir könnten Daten nutzen, um das Leben besser zu machen – aber für wen? Wer profitiert davon? Große Technologieunternehmen, die diese Daten sammeln und verkaufen, verdienen Millionen damit. Die Bürger haben selten die Kontrolle darüber, was mit ihren Informationen passiert. Und selbst wenn die Absichten gut sind, was passiert, wenn die Technologie in die falschen Hände gerät? Regierungen könnten diese Daten nutzen, um Bürger zu überwachen und zu kontrollieren – ein Schritt hin zu weniger Freiheit und mehr Autoritarismus.

David: That sounds like an idealistic idea, but reality is often different. You say we could use data to make life better – but for whom? Who benefits from this? Big tech companies that collect and sell this data make millions from it. Citizens rarely have control over what happens to their information. And even if the intentions are good, what happens if the technology falls into the wrong hands? Governments could use this data to monitor and control citizens – a step toward less freedom and more authoritarianism.

Sarah: Aber das ist doch keine zwangsläufige Entwicklung. Nur weil eine Technologie das Potenzial hat, missbraucht zu werden, heißt das nicht, dass sie es auch wird. Wir müssen aufpassen, aber wir dürfen auch die Chancen nicht ignorieren. Denk nur an den Klimawandel – Smart Cities könnten dabei helfen, den Energieverbrauch drastisch zu senken und die Umwelt zu schützen. Wir müssen doch Wege finden, effizienter zu leben, wenn wir den Planeten retten wollen. Es ist nicht alles Schwarz-Weiß, und Technologie kann ein mächtiges Werkzeug für positive Veränderungen sein.

Sarah: But that doesn't mean it's an inevitable development. Just because a technology has the potential to be abused doesn't mean it will be. We need to be careful, but we also shouldn't ignore the opportunities. Just think about climate change – Smart Cities could help drastically reduce energy consumption and protect the environment. We have to find ways to live more efficiently if we want to save the planet. It's not all black and white, and technology can be a powerful tool for positive change.

David: Ich bestreite nicht, dass Technologie eine Rolle im Kampf gegen den Klimawandel spielen kann. Aber ich glaube nicht, dass Smart Cities die einzige oder die beste Lösung sind. Es gibt andere Wege, Energie zu sparen und Städte nachhaltiger zu gestalten, ohne dass wir unsere gesamte Privatsphäre opfern müssen. Wir sollten viel stärker in erneuerbare Energien, öffentliche Verkehrsmittel und nachhaltige Stadtplanung investieren. Smart Cities basieren zu sehr auf der Idee, dass Daten der Schlüssel zu allem sind – und das macht uns extrem verletzlich.

David: I don't deny that technology can play a role in the fight against climate change. But I don't believe that Smart Cities are the only or best solution. There are other ways to save energy and make cities more sustainable without sacrificing all of our privacy. We should invest much more in renewable energy, public transportation, and sustainable city planning. Smart Cities rely too much on the idea that data is the key to everything – and that makes us extremely vulnerable.

Sarah: Das stimmt, nachhaltige Stadtplanung ist wichtig, und ich bin auch dafür, in erneuerbare Energien zu investieren. Aber ich glaube, dass Smart Cities ein Teil dieser Lösung sein können.

Daten können uns helfen, unsere Städte besser zu verstehen und effizienter zu gestalten, ohne dass wir unsere Freiheiten komplett aufgeben müssen. Es gibt genug Technologien, die Privatsphäre schützen, und es liegt an uns, diese Technologien richtig einzusetzen. Wir können nicht einfach stehen bleiben, nur weil wir Angst vor möglichen negativen Konsequenzen haben.

Sarah: That's true, sustainable city planning is important, and I also support investing in renewable energy. But I believe that Smart Cities can be part of the solution. Data can help us better understand and design our cities more efficiently, without having to give up all of our freedoms. There are enough technologies that protect privacy, and it's up to us to use these technologies correctly. We can't just stand still because we're afraid of possible negative consequences.

David: Aber genau diese negativen Konsequenzen müssen wir ernst nehmen, bevor wir blind in diese Zukunft schreiten. Wir haben bereits gesehen, wie Daten missbraucht werden – sei es durch große Konzerne wie Facebook oder durch Regierungen, die Überwachungsprogramme einführen. Wenn wir erst einmal in einer Smart City leben, gibt es kein Zurück mehr. Die Überwachungstechnologie ist dann allgegenwärtig, und es wird schwer, sich dem zu entziehen. Wir müssen sicherstellen, dass wir diese Entscheidung bewusst treffen und nicht nur aus einem Wunsch nach Bequemlichkeit.

David: But we have to take those negative consequences seriously before we blindly step into that future. We've already seen how data is misused – whether by big companies like Facebook or by governments implementing surveillance programs. Once we're living in a Smart City, there's no going back. The surveillance technology will be everywhere, and it will be hard to escape it. We need to make sure we're making this decision consciously and not just out of a desire for convenience.

Sarah: Natürlich müssen wir vorsichtig sein, aber ich denke, wir können die Vorteile nicht einfach ignorieren. Technologie ist immer ein zweischneidiges Schwert, aber es liegt an uns, wie wir damit umgehen. Wenn wir jetzt die richtigen Regulierungen schaffen, können wir verhindern, dass die Technologie aus dem Ruder läuft. Gleichzeitig könnten wir unsere Städte lebenswerter, effizienter und umweltfreundlicher machen. Ich glaube, die Chancen überwiegen die Risiken, wenn wir es richtig angehen.

Sarah: Of course, we need to be cautious, but I think we can't just ignore the benefits. Technology is always a double-edged sword, but it's up to us how we handle it. If we create the right regulations now, we can prevent the technology from getting out of control. At the same time, we could make our cities more livable, efficient, and environmentally friendly. I believe the opportunities outweigh the risks if we approach it correctly.

David: Vielleicht hast du recht, dass wir nicht einfach alles ablehnen sollten. Aber ich bleibe skeptisch, ob wir wirklich genug Kontrolle haben, um sicherzustellen, dass unsere Privatsphäre geschützt bleibt. Wir sollten sehr genau darauf achten, wer diese Daten sammelt, wie sie genutzt werden und welche Auswirkungen das auf unsere Freiheit hat. Smart Cities könnten in die richtige Richtung gehen, aber nur, wenn wir die Bedenken um die Privatsphäre ernst nehmen und sie priorisieren.

David: Maybe you're right that we shouldn't just reject everything. But I remain skeptical about whether we really have enough control to ensure that our privacy is protected. We need to be very careful about who collects this data, how it's used, and what impact it has on our freedom. Smart Cities could go in the right direction, but only if we take privacy concerns seriously and make them a priority.

Sarah: Da stimme ich dir vollkommen zu. Wir müssen wachsam bleiben und sicherstellen, dass Technologie immer im Dienst der Menschen steht – und nicht umgekehrt. Aber ich glaube, mit dem richtigen Ansatz können wir eine Balance finden. Wir können smarte, effiziente Städte schaffen, die unsere Lebensqualität verbessern, ohne dass wir dabei unsere Privatsphäre opfern müssen. Es liegt an uns, diese Zukunft zu gestalten.

Sarah: I completely agree with you. We have to stay vigilant and ensure that technology always serves people – and not the other way around. But I believe that with the right approach, we can find a balance. We can create smart, efficient cities that improve our quality of life without sacrificing our privacy. It's up to us to shape this future.

ISBN:9798223283690

Unlock the power of the German language by diving into one of the most compelling and emotional histories ever told. "Learn German with The Most Persecuted People in History" is a carefully crafted B2-level reader that combines language learning with the rich and complex history of the Jewish people. Spanning thousands of years, from ancient Babylon to the rise of Nazism, this book guides you through pivotal moments that shaped not only Jewish history but also the world.

Step into the turbulent world of the Merovingian dynasty with Felix Dahn's mesmerizing historical novel, "Fredigundis." Follow the incredible journey of Fredigundis, a woman of humble beginnings who rose to become one of the most feared and formidable queens of the early medieval era. Dahn masterfully blends historical accuracy with compelling storytelling, capturing Fredigundis's relentless ambition, fierce intelligence, and the ruthless tactics she employed to secure her power. From orchestrating assassinations to commanding armies, her tale is one of passion, power, and survival against overwhelming odds.

Exclusive on www.briansmith.de